马克思主义理论研究和建设工程重点教材

硕士研究生思想政治理论课教材

新时代中国特色社会主义理论与实践

（2024 年版）

本书编写组

高等教育出版社·北京

目　录

导　　论

人类社会的每一次进步，人类思想的每一次飞跃，都伴随着理论和实践的相互激荡、共进同行。当代中国正经历着我国历史上最为广泛而深刻的社会变革，也正进行着人类历史上最为宏大而独特的实践创新。习近平新时代中国特色社会主义思想，是从新时代中国特色社会主义伟大实践中产生的理论结晶，是新时代坚持和发展中国特色社会主义的思想旗帜，是当代中国马克思主义、二十一世纪马克思主义，是中华文化和中国精神的时代精华，实现了马克思主义中国化时代化新的飞跃。

一、新时代坚持和发展中国特色社会主义的指导思想

我们所处的时代，是一个需要思想理论的时代，是一个能够产生思想理论的时代，也是一个在伟大变革中不断推动思想理论向前发展的时代。面对国内外形势的深刻复杂变化，面对新时代的新机遇新挑战，必须深刻理解、统筹把握中华民族伟大复兴战略全局和世界百年未有之大变局。这"两个大局"同步交织、相互激荡，构成了我们这个时代鲜明而显著的特征，习近平新时代中国特色社会主义思想正是在这一时代背景下创立并不断丰富发展的。

中华民族伟大复兴进入关键时期。近代以来，为了实现民族复兴的伟大梦想，亿万人魂牵梦萦，几代人上下求索。100多年来，中国共产党团结带领中国人民进行的一切奋斗、一切牺牲、一切创造，归结起来就

是一个主题：实现中华民族伟大复兴。实现这一伟大梦想需要全局谋划、全面推进、全过程发力。在新中国成立以来特别是改革开放以来取得重大成就的基础上，我国发展站在了新的历史起点上，社会主要矛盾发生历史性变化，我们具备过去难以想象的良好发展条件，也面临着许多前所未有的困难和问题，战略机遇和风险挑战并存、不确定难预料因素增多。以习近平同志为核心的党中央坚定不移坚持和加强党的全面领导，深入推进新时代党的建设新的伟大工程，以伟大自我革命引领伟大社会革命，团结带领全党全国各族人民推进新时代伟大变革，坚持以中国式现代化推进中华民族伟大复兴，如期全面建成小康社会，推动我国迈上全面建设社会主义现代化国家新征程。中国特色社会主义正成为 21 世纪科学社会主义发展的旗帜，成为振兴世界社会主义的中流砥柱。今天，我们比历史上任何时期都更接近、更有信心和能力实现中华民族伟大复兴的目标，实现中华民族伟大复兴进入了不可逆转的历史进程。

世界百年未有之大变局加速演进。当今世界呈现出一系列前所未有的新现象、新特征。一是国际力量对比发生的革命性变化前所未有。一大批新兴市场国家和发展中国家走上发展的快车道，多个发展中心在世界各地区逐渐形成。自 2008 年国际金融危机爆发至今，许多资本主义国家经济持续低迷、失业问题严重、两极分化加剧、社会矛盾加深。国际政治和社会思潮深刻演变，"东升西降"的发展趋势日益显著，世界范围内两种意识形态、两种社会制度的历史演进及其较量发生了有利于马克思主义、社会主义的重大转变。二是新一轮科技革命和产业变革带来的新陈代谢和激烈竞争前所未有。人工智能、大数据、量子信息、生物技术等新一轮科技革命和产业变革正在积聚力量，催生大量新产业、新业态、新模式，给全球发展和人类生产生活带来了翻天覆地的变化。各主要国家纷纷把科技创新作为国际战略博弈的主要战场，围绕科技制高点的竞争空前激烈。三是全球治理体系与国际形势变化的不适应、不对称前所未有。世界经济复苏乏力，逆全球化思潮抬头，单边主义、保护主义明显上升，世纪疫情影响深远，局部冲突和动荡频发，全球性问题加剧，世界进入新的动荡变革期。国际经济、科技、文化、安全、政治等格局都在发生深刻调整，和平赤字、发展赤字、安全赤字、治理赤字加重，西方发达国家主导的国际政治经济秩序越来越难以适应国际形势变化。

国内外形势新变化和实践新要求，迫切需要我们从理论和实践的结合上，深入回答关系党和国家事业发展、党治国理政的一系列重大时代课题。以习近平同志为主要代表的中国共产党人，顺应时代要求，结合新的实际，科学回答了新时代坚持和发展什么样的中国特色社会主义、怎样坚持和发展中国特色社会主义，建设什么样的社会主义现代化强国、怎样建设社会主义现代化强国，建设什么样的长期执政的马克思主义政党、怎样建设长期执政的马克思主义政党等重大时代课题，创立了习近平新时代中国特色社会主义思想，并在实践中不断丰富发展这一思想。习近平新时代中国特色社会主义思想，继承和发展了马克思列宁主义、毛泽东思想、邓小平理论、"三个代表"重要思想、科学发展观，凝结着党和人民实践经验和集体智慧，以全新的视野深化了对共产党执政规律、社会主义建设规律、人类社会发展规律的认识，开辟了马克思主义中国化时代化新境界。

习近平新时代中国特色社会主义思想，坚持马克思主义立场、观点、方法，坚持科学社会主义基本原则，深刻总结和充分运用党百年奋斗的历史经验，继承弘扬中华优秀传统文化，根据时代和实践发展变化，以崭新的思想内容丰富发展了马克思主义，形成了系统科学的理论体系。

习近平新时代中国特色社会主义思想内涵十分丰富，涵盖新时代坚持和发展中国特色社会主义的总目标、总任务、总体布局、战略布局和发展方向、发展方式、发展动力、战略步骤、外部条件、政治保证等基本问题，并根据新的实践对党的领导和党的建设、经济、政治、法治、科技、文化、教育、民生、民族、宗教、社会、生态文明、国家安全、国防和军队、"一国两制"和祖国统一、统一战线、外交等各方面作出新的理论概括和战略指引。

党的十九大、十九届六中全会提出的"十个明确""十四个坚持""十三个方面成就",概括了习近平新时代中国特色社会主义思想的主要内容。党的二十大提出的"六个必须坚持",概括阐述了习近平新时代中国特色社会主义思想的世界观、方法论和贯穿其中的立场观点方法。其中,"十个明确"概括了习近平新时代中国特色社会主义思想的主体内容,集中体现了这一思想的主要观点和基本精神,构成了这一思想的"四梁八柱",发挥着统摄作用。"十四个坚持"是新时代坚持和发展中国特色社会主义的基本方略,是习近平新时代中国特色社会主义思想的重要组成部分,是落实这一思想的实践要求。"十三个方面成就"全景展示了以习近平同志为核心的党中央治国理政理念、成就和经验,既是习近平新时代中国特色社会主义思想指导的结果,又以一系列重要原创性成果丰富发展了这一思想。"六个必须坚持"继承和发展了马克思主义的世界观和方法论,体现了习近平新时代中国特色社会主义思想的理论品格和鲜明特征。

"十个明确""十四个坚持""十三个方面成就""六个必须坚持"内在贯通、有机统一,凝结着我们党认识世界、改造世界的宝贵经验和重大成果,体现了理论与实际相结合、认识论和方法论相统一的鲜明特色,共同构成了习近平新时代中国特色社会主义思想的科学体系。这一科学体系逻辑严密、内涵丰富、系统全面、博大精深,贯通马克思主义哲学、马克思主义政治经济学、科学社会主义,贯通历史、现实和未来,贯通改革发展稳定、内政外交国防、治党治国治军等各领域,既坚持了老祖宗,又讲了很多新话,为丰富发展马克思主义作出了原创性贡献,为传承发展中华优秀传统文化作出了历史性贡献,为推动人类文明进步事业作出了世界性贡献。

习近平新时代中国特色社会主义思想,是新时代中国共产党的思想旗帜,是全党全国人民为实现中华民族伟大复兴而奋斗的行动指南,是新时代党和国家事业发展的根本遵循。这一思想植根于新时代坚持和发展中国特色社会主义的伟大实践，坚持理论指导和实践探索相统一，在指导实践、推动实践中展现出巨大真理力量和独特思想魅力，是经过实践检验、富有实践伟力的强大思想武器。习近平新时代中国特色社会主义思想是不断发展的开放的理论，在向着实现第二个百年奋斗目标进军的新征程上，必将随着党的新的伟大事业和党的建设新的伟大工程的深入推进，随着强国建设、民族复兴伟业的全面拓展而持续发展、不断丰富、更加完善。在当代中国，坚持和发展习近平新时代中国特色社会主义思想，就是真正坚持和发展马克思主义，就是真正坚持和发展科学社会主义。

二、新时代的伟大变革及其里程碑意义

新思想指导新实践，新思想引领新征程。新时代党和国家事业之所以取得历史性成就、发生历史性变革，最根本的原因在于有习近平总书记作为党中央的核心、全党的核心掌舵领航，在于有习近平新时代中国特色社会主义思想科学指引。新时代以来，以习近平同志为核心的党中央统筹国内国际两个大局，全面贯彻党的基本理论、基本路线、基本方略，统揽伟大斗争、伟大工程、伟大事业、伟大梦想，采取一系列战略性举措，推进一系列变革性实践，实现一系列突破性进展，取得一系列标志性成果，经受住了来自政治、经济、意识形态、自然界等方面的风险挑战考验，攻克了许多长期没有解决的难题，办成了许多事关长远的大事要事，续写了经济快速发展和社会长期稳定两大奇迹，创造了新时代中国特色社会主义的伟大成就。其中，最具标志性意义的成果有以下方面。

取得了"两个确立"重大政治成果。党的十八大以来，习近平以马克思主义政治家、思想家、战略家的雄韬伟略、远见卓识、战略定力，

带领全党全军全国各族人民砥砺奋斗、开拓进取，把新时代中国特色社会主义不断推向前进，推动我国迈上全面建设社会主义现代化国家新征程。习近平新时代中国特色社会主义思想，以一系列治国理政新理念新思想新战略，回答了中国之问、世界之问、人民之问、时代之问，开辟了马克思主义中国化时代化新境界。党的十九届六中全会强调指出："党确立习近平同志党中央的核心、全党的核心地位，确立习近平新时代中国特色社会主义思想的指导地位，反映了全党全军全国各族人民共同心愿，对新时代党和国家事业发展、对推进中华民族伟大复兴历史进程具有决定性意义。"① 正是因为有习近平掌舵领航，全党才有了"顶梁柱"，14亿多中国人民才有了"主心骨"；正是有了习近平新时代中国特色社会主义思想的科学指引，全党全军全国各族人民才有了思想上的"定盘星"、行动上的"指南针"。实践证明，"两个确立"是党的十八大以来我们党作出的重大政治抉择，是新时代最重大的政治成果，也是实现伟大变革最根本的原因。

党在革命性锻造中更加坚强有力。办好中国的事情关键在党，关键在党要管党、全面从严治党。以习近平同志为核心的党中央坚持治国必先治党、强国必须强党，旗帜鲜明加强党的全面领导，系统完善党的领导制度体系，严明政治纪律和政治规矩，要求全党增强"四个意识"、坚定"四个自信"、做到"两个维护"，确保党中央权威和集中统一领导。以党的政治建设为统领，全面推进党的各方面建设，把制度建设贯穿其中，持之以恒纠治"四风"，以前所未有的力度惩治腐败，一体推进不敢腐、不能腐、不想腐，反腐败斗争取得压倒性胜利并全面巩固。经过艰巨努力和坚决斗争，管党治党宽松软状况得到根本扭转，党同人民群众的血肉联系更加紧密，党内良好政治生态不断形成和发展，党的自我净化、自我完善、自我革新、自我提高能力显著增强。这对于确保我们党

---

① 《中共中央关于党的百年奋斗重大成就和历史经验的决议》，人民出版社2021年版，第26页。

永远不变质、不变色、不变味，确保党始终成为中国特色社会主义事业的坚强领导核心，具有极其重大而深远的意义。

胜利实现全面建成小康社会目标。我们统筹推进"五位一体"总体布局、协调推进"四个全面"战略布局，紧紧围绕全面建成小康社会这个战略任务，系统推进经济社会发展各项工作。举全国之力打赢脱贫攻坚战，历史性地解决了绝对贫困问题，书写了人类减贫史上的奇迹；坚持绿水青山就是金山银山的理念，开展污染防治攻坚战，生态环境保护发生历史性、转折性、全局性变化；坚持人民至上、生命至上，取得疫情防控重大决定性胜利；立足新发展阶段、贯彻新发展理念、构建新发展格局，推动高质量发展，2012 年到 2022 年我国经济总量翻了一番多，稳居世界第二位，国家经济实力、科技实力、综合国力和国际影响力都跃上了一个大台阶；等等。如期全面建成小康社会，开创了中华民族有史以来未曾有过的经济社会全面进步、全体人民共同受惠的好时代，为实现第二个百年奋斗目标、实现中华民族伟大复兴奠定了更为坚实的物质基础。

维护国家安全能力显著提高。我们贯彻总体国家安全观，统筹发展和安全，完善国家安全体系，在涉及国家主权、安全、发展利益问题上寸步不让。坚决反对"台独"分裂行径，有力反击外部势力干涉台湾事务的挑衅活动，牢牢把握两岸关系主导权和主动权。坚持"爱国者治港""爱国者治澳"，推动香港局势实现由乱到治重大转折，香港、澳门保持长期稳定发展态势，"一国两制"取得巨大成功。坚持党在新时代的强军目标，大刀阔斧深化国防和军队改革，人民军队体制一新、结构一新、格局一新、面貌一新，捍卫国家主权和安全的能力显著增强。有效遏制民族分裂势力、宗教极端势力、暴力恐怖势力，加强社会治理，平安中国建设迈向更高水平。如今，我国成为全球公认的最安全的国家之一。

我国国际地位显著提升。我们全面推进中国特色大国外交，推动构建人类命运共同体，坚定维护国际公平正义，倡导践行真正的多边主义，旗帜鲜明反对一切霸权主义和强权政治，毫不动摇反对任何单边主义、保护主义、霸凌行径，有力维护我国主权、安全、发展利益。完善外交总体布局，积极建设覆盖全球的伙伴关系网络，推动构建新型国际关系。展示负责任大国担当，积极参与全球治理体系改革和建设，全面开展抗击新冠疫情国际合作，赢得广泛国际赞誉，我国国际影响力、感召力、塑造力显著提升。

我国制度优势更加彰显。制度稳则国家稳，制度强则国家强。国家之间的竞争，最根本的是制度之争。新时代以来，党中央以巨大政治勇气全面深化改革，加强改革顶层设计，敢于突进深水区，敢于啃硬骨头，敢于涉险滩，坚决破除各方面体制机制弊端，推动许多领域实现历史性变革、系统性重塑、整体性重构，使各方面制度更加成熟更加定型。坚持全面依法治国，中国特色社会主义法治体系更加完善。无论是脱贫攻坚、新冠疫情防控的实践，还是政通人和、社会长期稳定的良好局面，都凸显了我国制度优势和治理效能，"中国之治"与"西方之乱"对比更加鲜明，中国制度优势更加明显。这为党和国家长治久安、为实现中华民族伟大复兴奠定了更为完善的制度保证。

新时代的伟大变革，在党史、新中国史、改革开放史、社会主义发展史、中华民族发展史上具有里程碑意义。走过百年奋斗历程的中国共产党在革命性锻造中成为强国建设、民族复兴伟业的坚强领导核心，党的政治领导力、思想引领力、群众组织力、社会号召力显著增强，党同人民群众始终保持血肉联系，中国共产党在世界形势深刻变化的历史进程中始终走在时代前列，在应对国内外各种风险和考验的历史进程中始终成为全国人民的主心骨，在坚持和发展中国特色社会主义的历史进程中始终成为坚强领导核心。中国人民的前进动力更加强大、奋斗精神更加昂扬、必胜信念更加坚定，焕发出更为强烈的历史自觉和主动精神，中国共产党和中国人民正信心百倍推进中华民族从站起来、富起来到强起来的伟大飞跃。改革开放和社会主义现代化建设深入推进，我国发展具备了更为坚实的物质基础、更为完善的制度保证，实现中华民族伟大复兴进入了不可逆转的历史进程。科学社会主义在 21 世纪的中国焕发出新的蓬勃生机，中国式现代化为人类实现现代化提供了新的选择，中国共产党和中国人民为解决人类面临的共同问题提供更多更好的中国智慧、中国方案、中国力量，为人类和平与发展崇高事业作出新的更大的贡献。

三、在推进"两个结合"、把握"六个必须坚持"中谱写马克思主义中国化时代化新篇章

时代是思想之母，实践是理论之源。实践没有止境，理论创新也没有止境。新征程上，必须坚持科学理论指导，必须不断推进马克思主义中国化时代化。党的二十大在总结历史经验基础上，阐述了"两个结合""六个必须坚持"等推进理论创新的科学方法，为坚持和发展马克思主义、开辟马克思主义中国化时代化新境界提供了根本遵循。

推进马克思主义中国化时代化是一个追求真理、揭示真理、笃行真理的过程。马克思、恩格斯在《共产党宣言》1872 年德文版序言中指出，"不管最近 25 年来的情况发生了多大的变化，这个《宣言》中所阐述的一般原理整个说来直到现在还是完全正确的……这些原理的实际运用，正如《宣言》中所说的，随时随地都要以当时的历史条件为转移"[①]。"随时随地"，强调的正是马克思主义的本土化时代化，在中国，就是马克思主义中国化时代化。马克思主义在中国的发展，是马克思主义中国化时代化同行并进的过程。马克思主义中国化是"化中国"和"中国化"的统一，马克思主义时代化是马克思主义与时俱进理论品质的必然要求，马克思主义中国化时代化是中国共产党人坚持历史主动和理论自觉的重

---

① 《马克思恩格斯选集》第一卷，人民出版社 2012 年版，第 376 页。

要体现。在推进马克思主义中国化时代化的历史进程中，我们党取得了毛泽东思想、邓小平理论、"三个代表"重要思想、科学发展观、习近平新时代中国特色社会主义思想等重大理论成果，为党和人民事业发展提供了科学理论指导，实现了党和国家指导思想的与时俱进。

推进马克思主义中国化时代化，根本途径就是坚持把马克思主义基本原理同中国具体实际相结合、同中华优秀传统文化相结合，这是我们在探索中国特色社会主义道路中得出的规律性认识。我们党一直强调把马克思主义基本原理同中国具体实际相结合。党的十八大以来，以习近平同志为核心的党中央深刻总结我们党百年来的理论创新经验，又明确提出"第二个结合"。习近平指出："只有立足波澜壮阔的中华五千多年文明史，才能真正理解中国道路的历史必然、文化内涵与独特优势。历史正反两方面的经验表明，'两个结合'是我们取得成功的最大法宝。"[1] 第一，"结合"的前提是彼此契合。马克思主义和中华优秀传统文化来源不同，但彼此存在高度的契合性。相互契合才能有机结合。正是在这个意义上，我们才说中国共产党既是马克思主义的坚定信仰者和践行者，又是中华优秀传统文化的忠实继承者和弘扬者。第二，"结合"的结果是互相成就。"结合"不是"拼盘"，不是简单的"物理反应"，而是深刻的"化学反应"，造就了一个有机统一的新的文化生命体，让马克思主义成为中国的，中华优秀传统文化成为现代的，让经由"结合"而形成的新文化成为中国式现代化的文化形态。第三，"结合"筑牢了道路根基。中国特色社会主义道路是在马克思主义指导下走出来的，也是从5000多年中华文明史中走出来的，"第二个结合"让中国特色社会主义道路有了更加宏阔深远的历史纵深，拓展了中国特色社会主义道路的文化根基。第四，"结合"打开了创新空间。"结合"本身就是创新，同时又开启了广阔的理论和实践创新空间。"第二个结合"让我们掌握了思想和

---

① 习近平:《在文化传承发展座谈会上的讲话》,《求是》2023 年第 17 期。

文化主动，能够在更广阔的文化空间中，充分运用中华优秀传统文化的宝贵资源，探索面向未来的理论和制度创新。第五，"结合"巩固了文化主体性。中国共产党历来重视文化，新时代我们在道路自信、理论自信、制度自信的基础上增加了文化自信。文化自信就来自我们的文化主体性。这一主体性是中国共产党带领中国人民在中国大地上建立起来的；是在创造性转化、创新性发展中华优秀传统文化，继承革命文化，发展社会主义先进文化的基础上，借鉴吸收人类一切优秀文明成果的基础上建立起来的；是通过"两个结合"建立起来的。创立习近平新时代中国特色社会主义思想就是这一文化主体性的最有力体现。党的全部理论和实践充分证明，"第二个结合"是又一次的思想解放，是我们党对马克思主义中国化时代化历史经验的深刻总结，是对中华文明发展规律的深刻把握，表明我们党对中国道路、理论、制度的认识达到了新高度，表明我们党的历史自信、文化自信达到了新高度，表明我们党在传承中华优秀传统文化中推进文化创新的自觉性达到了新高度。

习近平新时代中国特色社会主义思想是"两个结合"的重大成果，是坚持"两个结合"的光辉典范，实现了马克思主义中国化时代化新的飞跃。不断谱写马克思主义中国化时代化新篇章，是当代中国共产党人的庄严历史责任。新时代新征程，必须在"两个结合"中不断推进马克思主义中国化时代化。要始终坚持马克思主义基本原理同中国具体实际相结合，坚持解放思想、实事求是、与时俱进、求真务实，从中国实际出发，着眼解决新时代改革开放和社会主义现代化建设的实际问题，洞察时代大势，把握历史主动，进行艰辛探索，不断回答中国之问、世界之问、人民之问、时代之问，得出符合客观规律的科学认识，形成与时俱进的理论成果，不断推进马克思主义中国化时代化，指导中国人民不断推进伟大社会革命。始终坚持马克思主义基本原理同中华优秀传统文化相结合，坚定历史自信、文化自信，坚持古为今用、推陈出新，把马克思主义思想精髓同中华优秀传统文化精华贯通起来、同人民群众日用而不觉的共同价值观念融通起来，不断赋予科学理论鲜明的中国特色，不断夯实马克思主义中国化时代化的历史基础和群众基础。推进马克思主义中国化时代化，决不能抛弃马克思主义这个魂脉，决不能抛弃中华优秀传统文化这个根脉。坚守好这个魂和根是理论创新的基础和前提，理论创新也是为了更好坚守这个魂和根。

继续推进实践基础上的理论创新，既要坚持"两个结合"这一根本途径，也要坚持以科学的世界观和方法论为指导。科学的世界观和方法论是我们研究问题、解决问题的"总钥匙"。辩证唯物主义和历史唯物主义是马克思主义世界观和方法论，也是我们党一以贯之的世界观和方法论。"六个必须坚持"是习近平新时代中国特色社会主义思想的世界观、方法论和贯穿其中的立场观点方法的重要体现，是辩证唯物主义和历史唯物主义同中华优秀传统文化精华融合的重要成果，也是继续推进理论创新必须始终坚持的基本点。

坚持人民至上。人民性是马克思主义的本质属性。如何认识人民群众在历史上的作用，是社会历史观的重大问题。一切为了人民、一切依靠人民，始终把人民放在心中最高位置，是新时代党治国理政的鲜明底色，体现了新的历史条件下对历史唯物主义群众史观的丰富和发展。人民的创造性实践是理论创新的不竭源泉。一切脱离人民的理论都是苍白无力的，一切不为人民造福的理论都是没有生命力的。我们要紧贴亿万人民创造性实践，站稳人民立场、把握人民愿望、尊重人民创造、集中人民智慧，形成为人民所喜爱、所认同、所拥有的理论，使之成为指导人民认识世界和改造世界的强大思想武器。

坚持自信自立。任何实践都是人能动地改造世界的活动。坚持自信自立，体现了客观规律性和主观能动性的辩证统一。党的百年奋斗成功道路是党领导人民独立自主探索开辟出来的，马克思主义的中国篇章是中国共产党人依靠自身力量实践出来的，贯穿其中的一个基本点就是中国的问题必须从中国基本国情出发，由中国人自己来解答。新征程上，必须坚持对马克思主义的坚定信仰、对中国特色社会主义的坚定信念，增强民族自尊心和自信心，增强做中国人的志气、骨气、底气，不信邪、不怕鬼、不怕压，在重大政治问题上有定力、有主见，坚定不移走自己的路。

坚持守正创新。守正才能不迷失方向、不犯颠覆性错误，创新才能把握时代、引领时代。守正就是坚守真理、坚守正道，坚持马克思主义基本原理不动摇，坚持党的全面领导不动摇，坚持中国特色社会主义不动摇。创新就是勇于探索、开辟新境，敢于说前人没有说过的新话，敢于干前人没有干过的事情。守正与创新相辅相成，体现了"变"与"不变"、继承与发展、原则性与创造性的辩证统一。必须坚持守正和创新相统一，在守正中创新，在创新中发展，勇于坚持真理、修正错误，勇于求变、求新、求进，在新的实践中推进理论创新，以新的理论指导新的实践。

坚持问题导向。这深刻体现了一切从实际出发、坚持矛盾分析等辩证唯物主义世界观和方法论。从马克思主义认识论来看，问题导向也就是实践导向。实践是认识的基础，问题在其中发挥着重要作用。问题既是认识产生的逻辑起点，也是认识发展的重要动力。今天，我们所面临问题的复杂程度、解决问题的艰巨程度明显加大。要以解决问题为工作导向，瞄着问题去，追着问题走，聚焦实践遇到的新问题、改革发展稳定存在的深层次问题、人民群众急难愁盼问题、国际变局中的重大问题、党的建设面临的突出问题，不断提出真正解决问题的新理念新思路新办法。

坚持系统观念。唯物辩证法认为，万事万物是相互联系、相互依存的，整个世界是相互联系的整体，也是相互作用的系统。我们要善于通过历史看现实、透过现象看本质，把握好全局和局部、当前和长远、宏观和微观、主要矛盾和次要矛盾、特殊和一般的关系，不断提高战略思维、历史思维、辩证思维、系统思维、创新思维、法治思维、底线思维、极限思维能力，为前瞻性思考、全局性谋划、整体性推进党和国家各项事业提供科学思想方法。

坚持胸怀天下。大道之行，天下为公。中国共产党是为中国人民谋幸福、为中华民族谋复兴的党，也是为人类谋进步、为世界谋大同的党。大时代需要大格局，大格局呼唤大胸怀。中国共产党立志于中华民族千秋伟业，致力于人类和平与发展崇高事业，责任无比重大，使命无上光荣。我们要拓展世界眼光，深刻洞察人类发展进步潮流，积极回应各国人民普遍关切，为解决人类面临的共同问题作出贡献，以海纳百川的宽阔胸襟借鉴吸收人类一切优秀文明成果，推动建设更加美好的世界。

"六个必须坚持"深刻揭示了习近平新时代中国特色社会主义思想的根本价值立场、内在精神气质、鲜明理论品格、重要实践要求、基本的思想和工作方法、特有的大视野大境界，既讲是什么、为什么，又讲怎么看、怎么办，既部署"过河"的任务，又指导解决"桥或船"的问题，生动体现了科学的世界观和方法论的统一。深刻认识和把握"六个必须坚持"，有助于我们更好领会党的创新理论的精髓要义，使思维方式和精神世界更好适应事业发展需要，使各项工作朝着正确方向、按照客观规律推进。

当代中国发生了深刻变革，置身这一历史巨变之中的中国人更有资格、更有能力揭示其中所蕴含的历史经验和发展规律，为发展马克思主义作出中国的原创性贡献。当前，推进马克思主义中国化时代化的任务不是轻了，而是更重了。我们要在推进"两个结合"、把握"六个必须坚持"中，全面系统地提出解决现实问题的科学理念、有效对策，不断谱写马克思主义中国化时代化新篇章，让当代中国马克思主义、二十一世纪马克思主义展现出更为强大、更有说服力的真理力量。

四、学习本课程的目的、意义与方法

"新时代中国特色社会主义理论与实践"是硕士研究生思想政治理论课的必修课程。学好这门课程，需要明确学习的目的和意义，掌握正确的学习方法。

本课程是在本科生思想政治理论课基础上开设的。学习本课程的目的，是要进一步深化对习近平新时代中国特色社会主义思想的认识，提高运用马克思主义中国化时代化最新成果观察世界、分析和解决实际问题的能力和本领，坚定对马克思主义的信仰、对中国特色社会主义的信念、对实现中华民族伟大复兴中国梦的信心。硕士研究生是青年中思想活跃、知识层次较高的群体，学习这门课程，对于硕士研究生的成长成才具有重要意义。

一是有助于系统了解新时代中国特色社会主义理论发展和实践探索最新成果，牢固树立中国特色社会主义共同理想。本课程在理论和实践相结合的基础上，系统讲授习近平新时代中国特色社会主义思想，对新时代中国特色社会主义经济建设、政治建设、文化建设、社会建设、生态文明建设、重要保障、国际战略、党的领导和党的建设等方面进行了专题阐述。学习这门课程，有助于全面了解习近平新时代中国特色社会主义思想的基本理论观点，全面了解新时代党和国家事业取得的历史性成就、发生的历史性变革，深刻把握中国特色社会主义的历史必然性和科学真理性，在新的历史起点上不断增强道路自信、理论自信、制度自信、文化自信。

二是有助于认清新时代新阶段新要求，把握社会发展趋势，促进成长成才。本课程着重阐述了我国社会主要矛盾的变化及其根据、新时代的鲜明特征、新发展阶段及其带来的新机遇新挑战，阐述了新时代坚持和发展中国特色社会主义的基本逻辑、战略部署、重大要求等基本问题，阐述了中国式现代化的中国特色、本质要求、重大原则等重要问题，进

一步揭示中国式现代化是强国建设、民族复兴的唯一正确道路。学习这门课程，有助于将当前学习和未来发展有机衔接起来，将个人发展同社会发展趋势有机结合起来，在时代大潮中建功立业，成就精彩人生。

三是有助于树立正确的世界观、人生观、价值观，自觉担当起实现中华民族伟大复兴中国梦的历史使命。中国梦是国家情怀、民族情怀、人民情怀相统一的梦，是中华民族近代以来最伟大的梦想，我们现在比历史上任何时期都更接近中华民族伟大复兴的目标。学习这门课程，有助于牢固树立为实现中华民族伟大复兴而奋斗的信心，自觉培育和践行社会主义核心价值观，做到勤学、修德、明辨、笃实，使人生有信念、有梦想、有奋斗、有奉献。

学习本课程，需要运用正确的方法。硕士研究生的学习不同于本科阶段的学习，应该更加注重学习内容的理论性、学理性，更加注重在学习基本知识的基础上，不断增强独立思考、研究和解决问题的能力，努力达成新认识、收获新体会。

要认真研读马克思主义经典著作。青年时代是世界观形成和确立的时期，也是系统接受科学的世界观和方法论的重要时期。认真研读马克思主义经典著作，读原著、学原文、悟原理，掌握贯穿其中的马克思主义立场、观点、方法，是树立科学的世界观、掌握正确的方法论的重要前提。学习本课程，必须把学习课程知识同学习马克思主义经典著作结合起来，学好用好马克思主义经典著作，在学思践悟中不断提高马克思主义理论素养。

要深入思考重大理论和实践问题。理论联系实际是马克思主义最重要的方法论原则之一。理解和把握新时代中国特色社会主义的理论成果，要在掌握相关理论、观点和知识的基础上，加强对新时代中国特色社会主义重大问题的研究和思考。学习这门课程，必须强化问题意识，确立问题导向，深入研究新时代新征程我国发展面临的重大理论和实践问题，不断提高分析问题和解决问题的能力。

要着力提高思维能力和人文素养。本课程涉及马克思主义哲学、马克思主义政治经济学、科学社会主义等学科原理，涵盖经济、政治、文化、科技、历史、社会和生态等多领域专业知识。同时，新时代中国特色社会主义又是在把握各种机遇挑战中开创和发展的。这就要求学生努力把握习近平新时代中国特色社会主义思想的世界观、方法论和贯穿其中的立场观点方法，并转化为自己的科学思想方法，切实提升各种思维能力；拓展专业学习视野，把思想政治理论学习同专业知识的学习和实际能力的提升结合起来，广泛涉猎各方面的新思想、新知识，提高综合素质特别是人文素养。只有这样，才能更全面深刻地了解和认识新时代中国特色社会主义理论与实践。

青年兴则国家兴，青年强则国家强。每一代青年都有自己的际遇，都要在自己所处的时代条件下谋划人生、创造历史。当代中国青年是与新时代同向同行、共同前进的一代，生逢盛世，肩负重任。我们要以实现中华民族伟大复兴为己任，在学习中坚定信仰、获得启发、汲取力量，不断坚定"四个自信"，立志做有理想、敢担当、能吃苦、肯奋斗的新时代好青年，不负时代，不负韶华，不负党和人民的殷切期望，努力为强国建设、民族复兴贡献青春力量。

思考题

1. 如何理解和把握习近平新时代中国特色社会主义思想的科学体系？

2. 如何认识新时代取得的伟大成就及其里程碑意义？

3. 如何理解"两个结合"的丰富内涵和重大意义？

4. 如何理解"六个必须坚持"的基本内涵和实践要求？

第一章 中国特色社会主义进入新时代

教学要点

1. 中国特色社会主义的历史必然性和科学真理性
2. 中国特色社会主义进入新时代的历史方位
3. 我国进入新发展阶段的内涵和机遇挑战
4. 新时代坚持和发展中国特色社会主义的战略部署及重大要求

第一节 当代中国发展进步的根本方向

　　方向决定前途，道路决定命运。中国共产党团结和带领中国人民在长期实践探索中，坚持独立自主走自己的路，开创和发展了中国特色社会主义，从根本上改变了中国人民和中华民族的前途命运。中国特色社会主义，既是我们必须不断推进的伟大事业，又是我们开辟未来的根本保证。中国特色社会主义的不断发展，日益彰显出更大的真理力量和实践伟力，谱写了科学社会主义发展新篇章。在新时代，坚持当代中国发展进步的根本方向，必须坚定中国特色社会主义道路自信、理论自信、制度自信、文化自信。

一、历史的结论、人民的选择

江河万里总有源，树高千尺也有根。习近平指出："中国特色社会主义不是从天上掉下来的，是党和人民历尽千辛万苦、付出巨大代价取得的根本成就。"① 中国特色社会主义具有深厚的历史基础和现实根基。

第一，中国特色社会主义是在对中华文明5000多年的传承发展中得来的。如果不从源远流长的历史连续性来认识中国，就不可能理解古代中国，也不可能理解现代中国，更不可能理解未来中国。中国特色社会主义植根于中华文化沃土，独特的文化传统塑造出中华文明的突出的连续性，从根本上决定了中华民族必然走自己的路。中华优秀传统文化是中华民族的根和魂，是中华民族的突出优势，也是中国特色社会主义的文化之根、文明之源。连绵不断、博大精深的中华文化，包含着中华民族最根本的精神基因，是中华民族生生不息、发展壮大的丰厚滋养。中华优秀传统文化的丰富哲学思想、人文精神、传统美德等，是解决当代人类面临的共同难题的重要思想源泉，可以为全球治理和治国理政提供有益启发。

第二，中国特色社会主义是在世界社会主义500多年波澜壮阔的发展历程中得来的。社会主义从产生以来，经历了空想社会主义产生和发展、马克思恩格斯创立科学社会主义、列宁领导十月革命胜利并实践社会主义、苏联社会主义制度的建立和苏联模式的兴衰，以及中国共产党对社会主义建设道路的探索、中国特色社会主义的开创和发展、中国特色社会主义进入新时代等发展过程。面对民族独立、人民解放的历史任务，是马克思列宁主义给苦苦探寻救亡图存之路的中国人民提供了全新选择。20世纪80年代末90年代初，世界社会主义一度遭遇曲折，但社会主义代替资本主义的总趋势并未改变。在世界社会主义运动史上，是

① 《习近平谈治国理政》第二卷，外文出版社2017年版，第36页。

中国共产党坚定举起马克思主义、社会主义的旗帜。实践证明，我们不仅把这面旗帜举住了、举稳了，而且举得更高、更加鲜明，把科学社会主义大大向前推进了一步。

第三，中国特色社会主义是在近代以来中华民族由衰到盛180多年的历史进程中得来的。中华民族是世界上古老而伟大的民族，为人类文明进步作出了不可磨灭的贡献。1840年鸦片战争以后，由于西方列强入侵和封建统治腐败，中国逐步成为半殖民地半封建社会，国家蒙辱、人民蒙难、文明蒙尘，中华民族遭受了前所未有的劫难。为了拯救民族危亡，中国人民奋起反抗，仁人志士奔走呐喊，进行了可歌可泣的斗争。太平天国运动、洋务运动、戊戌变法、义和团运动接连而起，各种救国方案轮番出台，但都以失败告终。孙中山先生领导的辛亥革命推翻了统治中国几千年的君主专制制度，但未能改变中国半殖民地半封建的社会性质和中国人民的悲惨命运。十月革命一声炮响，给中国送来了马克思列宁主义。中国先进分子从马克思列宁主义的科学真理中看到了解决中国问题的出路。中国共产党成立以来，为了实现为中国人民谋幸福、为中华民族谋复兴的初心和使命，团结带领全国各族人民绘就了人类发展史上的壮美画卷，中华民族伟大复兴展现出前所未有的光明前景。

第四，中国特色社会主义是在中国共产党领导人民进行伟大革命100多年的实践中得来的。走自己的路，是党百年奋斗得出的历史结论。过去，我们照搬过本本，也模仿过别人，有过迷茫，也有过挫折，一次次碰壁、一次次觉醒，一次次实践、一次次突破，最终走出了一条民族复兴的康庄大道。为了实现民族复兴，我们党团结带领人民找到了一条符合中国国情的正确革命道路，经过28年的浴血奋战，取得了新民主主义革命的胜利，建立了中华人民共和国。新中国成立以后，我们党团结带领人民完成社会主义革命，确立社会主义基本制度，推进探索社会主义建设，完成了中华民族有史以来最为广泛而深刻的社会变革。党的十一届三中全会以后，我们党团结带领人民进行改革开放和社会主义现代化建设，在社会主义道路、理论、制度、文化上进行了一系列革命性变革，破除阻碍国家和民族发展的一切思想和体制障碍，开辟了中国特色社会主义道路，党的面貌、国家的面貌、人民的面貌、军队的面貌、中华民族的面貌发生了前所未有的变化。

第五，中国特色社会主义是在中华人民共和国成立 70 多年的持续探索中得来的。新中国成立后，以毛泽东同志为主要代表的中国共产党人，团结带领全党全国各族人民，在迅速医治战争创伤、恢复国民经济的基础上，创造性地进行社会主义改造，建立起社会主义基本制度。如何在中国建设社会主义、如何巩固和发展社会主义，是党面临的一个崭新课题，没有现成的模式可循，我们党为此进行了艰辛探索。在学习研究苏联社会主义建设历程的过程中，我们党很快察觉到苏联模式的局限，提出要以苏为鉴，独立探索适合中国国情的社会主义建设道路。在党的领导下，我国社会主义建设取得了巨大成就，为新的历史时期开创中国特色社会主义提供了宝贵经验、理论准备、物质基础。我们党领导人民进行社会主义建设，主要分为改革开放前和改革开放后两个历史时期。这是两个相互联系又有重大区别的时期。毋庸讳言，改革开放前后两个历史时期在进行社会主义建设的思想指导、方针政策、实际工作上有很大差别，但两者决不是彼此割裂的，更不是相互对立的，它们本质上都是我们党领导人民进行社会主义建设的实践探索。

第六，中国特色社会主义是在改革开放 40 多年的伟大实践中得来的。党的十一届三中全会以后，以邓小平同志为主要代表的中国共产党人，重新确立了解放思想、实事求是的思想路线，彻底否定"文化大革命"的错误理论和实践，作出把党和国家的工作重点转移到以经济建设为中心的社会主义现代化建设上来、坚持四项基本原则和实行改革开放的历史性决策，成功开创了中国特色社会主义。党的十三届四中全会以后，以江泽民同志为主要代表的中国共产党人，在国内外形势十分复杂、世界社会主义出现严重曲折的严峻考验面前捍卫了中国特色社会主义，确立了社会主义市场经济体制的改革目标和基本框架，推进党的建设新的伟大工程，成功把中国特色社会主义推向 21 世纪。党的十六大以后，以胡锦涛同志为主要代表的中国共产党人，坚持以人为本、全面协调可持续发展，着力保障和改善民生，促进社会公平正义，坚持走科学发展道路，开始形成建设中国特色社会主义事业总体布局，着力推进党的执政能力建设和先进性建设，成功在新的历史起点上坚持和发展了中国特色社会主义。党的十八大以来，以习近平同志为主要代表的中国共产党人不忘初心、牢记使命，确立新时代坚持和发展中国特色社会主义的基本方略，统筹推进"五位一体"总体布局，协调推进"四个全面"战略布局，在全面建成小康社会基础上，开启全面建设社会主义现代化国家新征程，续写新时代坚持和发展中国特色社会主义的崭新篇章。

厘清中国特色社会主义的历史渊源和发展演进，就能明白我们党在推进革命、建设、改革的进程中，是怎样经过反复比较和总结，历史地选择了马克思主义、选择了社会主义道路的；是怎样把马克思主义基本原理同中国具体实际相结合、同中华优秀传统文化相结合，独立自主走自己的路的；是怎样历尽千辛万苦、付出巨大代价，开创和发展中国特色社会主义的。只有社会主义才能救中国、才能发展中国，只有坚持和发展中国特色社会主义才能实现中华民族伟大复兴，这既是历史的结论，也是人民的选择。

二、中国特色社会主义为什么好

一个国家实行什么样的主义，关键要看这个主义能否解决这个国家面临的历史性课题。一个国家的社会制度好不好，关键要看这种制度是否有利于这个国家的经济社会发展和人民生活水平提高。一个国家的发展道路合不合适，只有这个国家的人民才最有发言权。历史和现实证明，中国特色社会主义是实现中华民族伟大复兴的必由之路，是创造人民美好生活的伟大事业，是焕发科学社会主义生机活力的中国实践。中国特色社会主义以其生动实践和伟大成就、以其独特魅力和巨大优越性，生动回答了中国特色社会主义为什么好这个重大问题。

其一，开辟民族复兴正确道路。马克思指出："理论在一个国家实现的程度，总是取决于理论满足这个国家的需要的程度。"①1840 年鸦片战争以后，中国陷入内忧外患的黑暗境地。"在中华民族积贫积弱、任人宰割的时期，各种主义和思潮都进行过尝试，资本主义道路没有走通，改良主义、自由主义、社会达尔文主义、无政府主义、实用主义、民粹主义、工团主义等也都'你方唱罢我登场'，但都没能解决中国的前途和命运问题。"②直到中国共产党登上历史舞台，用马克思主义指引中国人民走出漫漫长夜，中华民族伟大复兴才开启了光明征程。新中国的成立，使亿万中国人民摆脱"三座大山"的压迫，站了起来。我们党带领人民创造性地进行社会主义改造，建立社会主义基本制度，并在艰辛探索中逐渐认识到，要实现国家富强、人民幸福，必须走出适合中国国情的社会主义建设道路。党的十一届三中全会后，我们党以巨大的政治勇气和理论勇气开启改革开放进程，成功开创了中国特色社会主义，领导人民创造了世所罕见的经济快速发展奇迹和社会长期稳定奇迹。党的十八大以来，中国特色社会主义进入新时代，党和国家事业取得历史性成就、发生历史性变革。

在实现中华民族伟大复兴的征程上，中华民族迎来了从站起来、富起来到强起来的伟大飞跃。100 多年来，中国共产党紧紧依靠人民，跨过了一道又一道沟坎，取得了一个又一个胜利，用鲜血、汗水、泪水、勇气、智慧、力量绘就了波澜壮阔的历史画卷。这幅历史画卷，以清晰的

---

① 《马克思恩格斯选集》第一卷，人民出版社 2012 年版，第 11 页。
② 《习近平著作选读》第一卷，人民出版社 2023 年版，第 75 页。

脉络凸显出一个重大的历史主题：实现中华民族伟大复兴是近代以来中华民族最伟大的梦想。同时，也以充分的事实印证了一个基本的历史逻辑：中国特色社会主义是实现中华民族伟大复兴的必由之路。实现伟大梦想必须推进伟大事业，是这一历史逻辑的现实要求和生动表现。我们要在新时代中国特色社会主义的伟大实践中，以实现中华民族伟大复兴的历史责任感，凝聚起同心共筑中国梦的磅礴力量。

其二，造福最广大人民群众。判断一种制度的优劣，还要看其为谁服务、为谁谋利。中国共产党人的初心和使命，就是为中国人民谋幸福、为中华民族谋复兴。我们党带领人民走社会主义道路、坚持和发展中国特色社会主义，就是为了坚守中国共产党人的初心和使命，造福最广大人民群众，最终实现中华民族伟大复兴。

中国共产党的追求就是让老百姓生活越来越好。改革开放以来，我们党始终坚持在发展中保障和改善民生，全面推进幼有所育、学有所教、劳有所得、病有所医、老有所养、住有所居、弱有所扶，不断改善人民生活、增进人民福祉。从 1978 年到 2022 年，全国居民人均可支配收入由 171 元增长到 36883 元，全国居民人均消费支出由 151 元增长到 24538 元。我国如期实现了第一个百年奋斗目标，在中华大地上全面建成了小康社会，消除了千百年来困扰中华民族的绝对贫困问题，书写了人类发展史上的伟大传奇。事实充分证明，中国特色社会主义在推动国家经济社会发展进步的同时，有力保证了人民生活水平提高，不断增进人民福祉，让中国人民朝着共同富裕的目标稳步前进。党在领导中国特色社会主义事业的过程中，时刻同人民想在一起、干在一起，始终把人民对美好生活的向往作为自己的奋斗目标，既通过正确的路线方针政策带领人民群众前进，又从人民群众的实践创造中获得前进动力；既强调促进经济社会发展，又强调给人民群众带来实实在在的获得感、幸福感、安全感。正是在这个过程中，蕴藏在人民群众中的磅礴伟力不断释放，中国特色社会主义的优越性日益彰显。

　　中国特色社会主义是不是好，要看事实，要看中国人民的判断，而不是看那些戴着有色眼镜的人的主观臆断。中国共产党人和中国人民完全有信心为人类对更好社会制度的探索提供中国方案。

——习近平

　　其三，焕发科学社会主义生机活力。中国特色社会主义，既坚持了科学社会主义基本原则，又根据时代条件和历史文化赋予其鲜明的中国特色，是科学社会主义理论逻辑和中国社会发展历史逻辑的辩证统一。这就是说，中国特色社会主义是科学社会主义，而不是别的什么主义。在《共产党宣言》《资本论》《哥达纲领批判》《社会主义从空想到科学的发展》等著作中，马克思、恩格斯曾对未来社会主义社会的发展过程、发展方向、一般特征作过科学预测和设想，认为社会主义社会和资本主义社会具有决定意义的差别主要包括：在生产资料公有制基础上组织生产，满足全体社会成员的需要是社会主义生产的根本目的；对社会生产进行有计划的指导和调节，实行等量劳动领取等量产品的按劳分配原则；合乎自然规律地改造和利用自然；无产阶级革命是无产阶级进行斗争的最高形式，必须由无产阶级政党领导，以建立无产阶级专政的国家为目的；通过无产阶级专政和社会主义高度发展最终实现向消灭阶级、消灭剥削、实现人的自由而全面发展的共产主义社会的过渡；等等。

　　中国特色社会主义在新的历史条件下赓续了科学社会主义基因血脉，创造了科学社会主义发展的"中国版本"。中国特色社会主义是根植于中国大地、反映中国人民意愿、适应中国和时代发展进步要求的科学社会主义。在领导制度上，强调中国共产党领导是中国特色社会主义最本质的特征，是中国特色社会主义制度的最大优势，党是最高政治领导力量；在国体和政体上，实行人民民主专政和人民代表大会制度；在经济制度上，坚持公有制为主体、多种所有制经济共同发展，坚持按劳分配为主体、多种分配方式并存，实行社会主义市场经济体制；在意识形态上，坚持马克思主义指导地位不动摇，培育和践行社会主义核心价值观；在根本立场上，坚持以人民为中心，不断促进人的全面发展，实现全体人民共同富裕；等等。这些都是在新的历史条件下体现科学社会主义基本原则的内容。

随着中国特色社会主义不断发展，我们的制度必将越来越成熟，我国社会主义制度的优越性必将进一步显现，我们的道路必将越走越宽广，我国发展道路对世界的影响必将越来越大。

三、坚定中国特色社会主义"四个自信"

改革开放以来，我们取得一切成绩和进步的根本原因，归结起来就是：开辟了中国特色社会主义道路，形成了中国特色社会主义理论体系，确立了中国特色社会主义制度，发展了中国特色社会主义文化。中国特色社会主义道路是实现途径，中国特色社会主义理论体系是行动指南，中国特色社会主义制度是根本保障，中国特色社会主义文化是精神力量，四者统一于中国特色社会主义伟大实践，共同彰显出中国特色社会主义的强大力量。我们的道路自信、理论自信、制度自信、文化自信，来源于实践、来源于人民、来源于真理。

当今世界，要说哪个政党、哪个国家、哪个民族能够自信的话，那中国共产党、中华人民共和国、中华民族是最有理由自信的。

——习近平

坚定道路自信，就是要坚信中国特色社会主义道路是实现社会主义现代化、创造人民美好生活的必由之路，是实现中华民族伟大复兴的必由之路。这一道路就是在中国共产党领导下，立足基本国情，以经济建设为中心，坚持四项基本原则，坚持改革开放，解放和发展社会生产力，巩固和完善社会主义制度，建设社会主义市场经济、社会主义民主政治、社会主义先进文化、社会主义和谐社会、社会主义生态文明，促进人的全面发展，逐步实现全体人民共同富裕，建成富强民主文明和谐美丽的社会主义现代化强国。这条道路既坚持以经济建设为中心，又全面推进经济建设、政治建设、文化建设、社会建设、生态文明建设、国防和军队建设、党的建设；既坚持四项基本原则，又坚持改革开放；既不断解放和发展社会生产力，又逐步实现全体人民共同富裕、促进人的全面发展。坚定道路自信，是因为中国特色社会主义道路引领中国取得了举世瞩目的成就，为推动中国发展进步开辟了广阔前景。要始终保持清醒坚定，保持强大前进定力，既不走封闭僵化的老路，也不走改旗易帜的邪路，不为任何风险所惧，不为任何干扰所惑，真正做到"千磨万击还坚劲，任尔东西南北风"。

坚定理论自信，就是要坚信中国特色社会主义理论体系是指导党和人民实现中华民族伟大复兴的正确理论，是立足时代前沿、与时俱进的科学理论。这一理论体系，紧密结合我国改革发展实际，紧密结合新的时代条件，科学回答了建设中国特色社会主义的一系列基本问题，坚持和发展了马克思主义，赋予了马克思主义新的鲜活力量，写出了科学社会主义的"新版本"。理论的生命力在于创新。坚持理论创新是中国共产党百年奋斗的重要历史经验。要以我们正在做的事情为中心，着眼于马克思主义理论的运用，着眼于对实际问题的理论思考，着眼于新的实践和新的发展，不断开辟马克思主义中国化时代化新境界。

坚定制度自信，就是要坚信中国特色社会主义制度是当代中国发展进步的根本制度保障，是具有鲜明中国特色、明显制度优势、强大自我完善能力的先进制度。在中国特色社会主义制度体系中，起四梁八柱作用的是根本制度、基本制度、重要制度，其中具有统领地位的是党的领导制度这一根本制度。中国特色社会主义制度，坚持了我国社会主义的根本性质，借鉴了古今中外制度建设的有益成果，集中体现了中国特色社会主义的特点和优势。例如，我国的政治制度，既能充分反映人民意志，又能保证国家机关高效协调运转，避免了一些西方国家党派纷争、利益集团偏私、少数政治"精英"操弄等问题。我国的基本经济制度，既有利于调动各方面资源，也有利于实现共同富裕，避免了许多资本主义国家存在的贫富差距拉大、社会矛盾加深等弊病。坚持中国特色社会主义制度，我们发展起来了，壮大起来了，人民生活显著改善了。事实证明，中国特色社会主义制度具有强大生命力和巨大优越性，是一套行得通、真管用、有效率的制度体系。必须始终坚定制度自信，坚持好、巩固好、完善好我国国家制度和国家治理体系，不断把制度优势更好转化为治理效能。

坚定文化自信，就是要坚信中国特色社会主义文化积淀着中华民族最深沉的精神追求，是激励全党全国各族人民奋勇前进的强大精神力量。中国特色社会主义文化，源自中华民族5000多年文明历史所孕育的中华优秀传统文化，熔铸于党领导人民在革命、建设、改革中创造的革命文化和社会主义先进文化，植根于中国特色社会主义伟大实践。我们的文化自信从历史传承中来、从革命奋斗中来、从改革创新中来。中华文化博大精深、源远流长，为中华民族生生不息、薪火相传提供了丰富精神滋养。革命文化和社会主义先进文化是在长期艰苦奋斗中不断淬炼的文化精华，是推动党和国家事业从胜利走向胜利的强大精神动力。没有高度的文化自信，没有文化的繁荣兴盛，就没有中华民族伟大复兴。必须始终坚定文化自信，不断激发全民族文化创造活力，更好构筑中国精神、中国价值、中国力量。

中国特色社会主义道路、理论、制度、文化，是经过全党全国各族人民长期奋斗取得的，也是经过长期实践检验的科学的产物。坚定"四个自信"，就能毫无畏惧地面对一切困难和挑战，就能牢牢掌握自己的前途和命运，就能坚定不移开辟新天地、创造新奇迹。

第二节　我国发展新的历史方位

中国特色社会主义进入新时代，是新中国成立以来特别是改革开放以来我国社会发展进步的必然结果，是我国社会主要矛盾变化的必然结果，也是我们党团结带领全国各族人民开创光明未来的必然要求。中国特色社会主义进入新时代，是以习近平同志为核心的党中央在科学把握世情国情党情深刻变化的基础上，作出的一项关系全局的重大战略判断，标明了我国发展新的历史方位，进一步彰显了中国共产党与时代共同进步的先进性本色，体现了把握历史主动的高度自觉和高度自信。

一、深刻认识我国社会主要矛盾的变化及依据

在社会生活中，存在各种各样的矛盾，其地位和作用各不相同。社会主要矛盾既是社会基本矛盾在一定社会历史阶段的具体表现，又是各种社会矛盾的主要根源和集中反映，体现了社会形态在一定发展阶段存在的最突出问题。社会主要矛盾不是一成不变的，它在一定条件下会发生转化。由于社会主要矛盾发生了变化，它所影响的社会发展过程也发生了变化，主要表现为社会发展过程中出现了新的阶段性特征。社会主要矛盾及其转化的原理，对于指导中国特色社会主义实践具有重要意义。我们党对社会主义建设规律的探索，与对我国社会主要矛盾的认识有着密切的联系。抓住主要矛盾带动全局工作，是唯物辩证法的要求，也是我们党一贯倡导和坚持的方法。推动党和国家事业不断向前发展，必须

找准我国社会主要矛盾。

新中国成立初期，在中国革命取得全国胜利，并且解决了土地问题以后，我国社会主要矛盾发生了变化，除了对外还有同帝国主义的矛盾以外，在国内的主要矛盾是无产阶级同资产阶级之间的矛盾。对社会主要矛盾的判断为社会主义革命提供了重要依据。社会主义改造"就是要变革资产阶级所有制，变革产生资本主义的根源的小私有制"[1]。1956年，随着社会主义改造取得决定性的胜利，党的八大对我国社会主要矛盾作出新的判断："我们国内的主要矛盾，已经是人民对于建立先进的工业国的要求同落后的农业国的现实之间的矛盾，已经是人民对于经济文化迅速发展的需要同当前经济文化不能满足人民需要的状况之间的矛盾。"[2] 这一判断是符合当时中国实际的，它表明党和全国人民的主要任务，就是要集中力量来解决这个主要矛盾，把我国尽快地从落后的农业国变为先进的工业国。遗憾的是，后来由于复杂的社会历史原因，这一正确论断没有坚持下来。

党的十一届三中全会以来，中国共产党深刻总结历史经验教训，进一步深化了对我国社会主要矛盾的认识。1981年，党的十一届六中全会通过的《关于建国以来党的若干历史问题的决议》对社会主要矛盾作出新的判断，明确指出："在社会主义改造基本完成以后，我国所要解决的主要矛盾，是人民日益增长的物质文化需要同落后的社会生产之间的矛盾。"[3] 党的十二大以后，这一判断成为改革开放和社会主义现代化建设新时期党的历次全国代表大会关于社会主要矛盾的规范表述。我们党根据这一社会主要矛盾的判断制定和坚持了正确的路线方针政策，推动中国特色社会主义事业不断取得新的伟大胜利。

---

① 《建国以来重要文献选编》第九册，中央文献出版社2011年版，第292页。

② 《建国以来重要文献选编》第九册，中央文献出版社2011年版，第293页。

③ 《改革开放三十年重要文献选编》上，中央文献出版社2008年版，第212页。

认识社会主要矛盾是把握社会发展阶段的"钥匙"。我们党在探索社会主义建设规律的过程中，对我国社会主要矛盾认识的每一次深化，都提升了对社会主义初级阶段基本国情的认识水平，保证了党的路线方针政策的科学性正确性。经过改革开放以来的长足发展，我国经济社会发生重大变化，已经站到了一个新的历史起点上。以习近平同志为核心的党中央，坚持辩证唯物主义和历史唯物主义的世界观和方法论，从新的时代特点和具体实际出发，作出了我国社会主要矛盾已经转化为人民日益增长的美好生活需要和不平衡不充分的发展之间的矛盾的重大论断，为我们认识现阶段基本国情提供了根本依据。

关于社会主要矛盾变化的重大论断，反映了我国社会发展的客观状况，是对我国社会生产和人民需要两个方面深刻变化的科学把握。具体说来，作出这一重大论断的主要依据有：

第一，经过改革开放的深入推进，我国社会生产力水平总体上显著提高，社会生产能力在很多方面进入世界前列。新中国成立以来特别是改革开放以来，中国人民在党的领导下奋发进取，社会生产力水平显著提高。党的十八大以来，社会生产力水平发生了根本改变，推动我国经济实力、科技实力、国防实力、综合国力进入世界前列，我国国际地位实现了前所未有的提升。我国国内生产总值自2010年开始稳居世界第二位，货物进出口和服务贸易总额、对外投资和利用外资稳居世界前列，基础设施建设部分领域遥遥领先，高铁运营总里程、高速公路总里程和港口吞吐量均居世界第一位。工业生产能力大幅提高，220多种主要工业产品生产能力稳居世界第一位。这说明，我国长期所处的短缺经济和供给不足状况已经发生根本性转变，再讲"落后的社会生产"已经不符合实际。

第二，人民生活水平显著提高，人民对美好生活的向往更加强烈，不仅对物质文化生活提出了更高要求，而且在民主、法治、公平、正义、安全、环境等方面的要求日益增长。经过长期发展，我国人民的生活状况已经发生了显著的变化。人均国内生产总值从 1978 年的 385 元增长到 2017 年的 59660 元，年均实际增长 8.5%，已经达到中等偏上收入国家水平；城镇居民人均可支配收入和农村居民人均可支配收入分别从 1978 年的 343.4 元、133.6 元提高到 2017 年的 36396 元、13432 元；农村贫困发生率从 1978 年的 97.5% 大幅下降到 2017 年的 3.1%，远低于世界平均水平；居民受教育程度不断提高，九年义务教育全面普及，高等教育毛入学率 2017 年达到 45.7%；城乡居民健康状况显著改善，居民平均预期寿命 2017 年达到 76.7 岁，高于世界平均水平；社会保障水平极大提高，覆盖城乡的社会保障体系基本建立，其他很多方面的民生保障也有显著改善。随着人民生活水平不断提高，人民群众的需要呈现多样化多层次多方面的特点，期盼有更好的教育、更稳定的工作、更满意的收入、更可靠的社会保障、更高水平的医疗卫生服务、更舒适的居住条件、更优美的环境、更丰富的精神文化生活，人民群众的民主意识、公平意识、法治意识、参与意识、监督意识、维权意识在不断增强。这说明，人民群众的需要已经超出物质文化的范畴和层次，只讲"物质文化需要"已经不能真实全面反映人民群众的愿望和要求。

第三，影响满足人民美好生活需要的因素很多，但主要是发展不平衡不充分问题，其他问题归根结底都是由此造成或派生的。发展不平衡，主要指各区域各领域各方面发展不够平衡，存在不同程度的失衡现象，制约着发展水平的整体提升；发展不充分，主要指不同领域、不同方面在整体上也存在发展不足的问题。从社会生产力来看，我国既有世界先进甚至世界领先的生产力，也有大量传统的、相对落后甚至原始的生产力，而且不同地区、不同领域的生产力水平和布局很不均衡。从"五位一体"总体布局来看，经济社会发展取得重大成就，但各个领域仍然存在这样那样的短板，有些方面还面临不少突出问题。从城乡和区域发展来看，我国城市和乡村之间，东部地区、中部地区、西部地区之间，发展水平差距仍然较大。从收入分配来看，虽然我国人均国民收入在世界上处在中等偏上行列，温饱问题已经解决，但收入分配差距仍然较大。这些发展不平衡不充分问题相互掣肘，带来很多社会矛盾和问题，是现阶段各种社会矛盾、社会问题交织的主要根源。发展是动态过程，不平衡不充分是永远存在的，平衡是相对的，但当发展到了一定阶段后不平衡不充分成为社会主要矛盾的主要方面时，就必须下功夫去认识它、解决它，否则就会制约发展全局。

社会主要矛盾规定或影响着其他社会矛盾的存在和发展，在社会发展的各个阶段中起着主导作用。科学分析和判断社会主要矛盾，历来是我们党认识社会发展阶段和制定大政方针、发展战略的重要依据。我国社会主要矛盾的变化是关系全局的历史性变化，这一变化是中国特色社会主义进入新时代的基本依据。

二、中国特色社会主义新时代的鲜明特征

只有正确认识所处时代的特征，才能准确把握历史发展的趋势，从而制定出正确的战略和策略。时代是一个多维度、多层级的概念。党的十八大以来，中国特色社会主义进入新时代。这个新时代是中国特色社会主义新时代，而不是别的什么新时代。中国特色社会主义新时代是承前启后、继往开来、在新的历史条件下继续夺取中国特色社会主义伟大胜利的时代，是决胜全面建成小康社会、进而全面建设社会主义现代化强国的时代，是全国各族人民团结奋斗、不断创造美好生活、逐步实现全体人民共同富裕的时代，是全体中华儿女勠力同心、奋力实现中华民族伟大复兴中国梦的时代，是我国不断为人类作出更大贡献的时代。中国特色社会主义进入新时代，既同改革开放以来的发展历程一脉相承，又体现了诸多与时俱进的新特征。

新时代之新，在于我国社会主要矛盾发生新变化。社会主要矛盾状况既是勘定社会发展时代坐标的重要依据，其新变化本身也构成中国特

色社会主义进入新时代的一个重要标志。在新中国成立以来特别是改革开放以来取得重大成就的基础上，我国发展站在了新的历史起点上。我国社会主要矛盾的变化反映了新时代我国发展的实际状况，指明了解决发展主要问题的根本着力点，对我国发展全局产生了广泛而深刻的影响。这要求我们坚持问题导向，针对社会主要矛盾的新变化新要求，更好地谋划各项工作，推进中国特色社会主义事业的发展。

新时代之新，在于党的理论创新实现新飞跃。中国共产党是一贯重视理论指导和勇于进行理论创新的马克思主义政党，在领导中国革命、建设、改革的实践中，不断推进马克思主义中国化时代化，先后取得了毛泽东思想、邓小平理论、"三个代表"重要思想、科学发展观等重大理论创新成果。党的十八大以来，以习近平同志为主要代表的中国共产党人坚持把马克思主义基本原理同中国具体实际相结合、同中华优秀传统文化相结合，科学回答了新时代坚持和发展什么样的中国特色社会主义、怎样坚持和发展中国特色社会主义，建设什么样的社会主义现代化强国、怎样建设社会主义现代化强国，建设什么样的长期执政的马克思主义政党、怎样建设长期执政的马克思主义政党等重大时代课题，创立了习近平新时代中国特色社会主义思想。这一思想谱写了党的理论创新的新篇章，实现了马克思主义中国化时代化新的飞跃，指导党和国家事业取得全方位、开创性历史成就，发生深层次、根本性历史变革，开创了中国特色社会主义新时代。

新时代之新，在于党和国家事业确立新目标。我们党在革命、建设、改革的各个历史时期，总是与时俱进提出新的奋斗目标，引领党和国家事业不断迈上新台阶。党的十八大进一步发出了向实现"两个一百年"奋斗目标进军的时代号召。党的十九大综合分析国际国内形势和我国发展条件，既对决胜全面建成小康社会、实现第一个百年奋斗目标提出明确要求，又将实现第二个百年奋斗目标分为两个阶段安排。这一新时代中国特色社会主义发展的战略安排，明确了实现"两个一百年"奋斗目标的时间表、路线图。按照这一战略安排，党的十九届五中全会对"十四五"时期我国经济社会发展作出系统谋划和战略部署，清晰展望了2035年基本实现社会主义现代化的远景目标。党的二十大擘画了以中国式现代化全面推进中华民族伟大复兴的宏伟蓝图，进一步明确了全面建成社会主义现代化强国"两步走"的战略安排。这一宏伟蓝图鼓舞人心、切实可行，必将指引中国特色社会主义走向更加光明的未来。

新时代之新，在于中国和世界关系开创新局面。当今世界正经历百年未有之大变局，中华民族不断为人类作出更大贡献。中国与世界的关系发生历史性变化，当代中国已不再是国际秩序的被动接受者，而是积极的参与者、建设者、引领者。党的十八大以来，我们更加自信地敞开胸怀、拥抱世界，中国开放的大门越开越大，在与世界深度交融中不断发展壮大，国际影响力、感召力、塑造力进一步提高。从提出构建人类命运共同体理念到共建"一带一路"倡议，从亚太经合组织北京会议到二十国集团领导人杭州峰会，从发起创立亚洲基础设施投资银行到举办中国国际进口博览会，从主办中国共产党与世界政党高层对话会到主办中国共产党与世界政党领导人峰会，从提出全球发展倡议到提出全球安全倡议再到提出全球文明倡议，更大范围、更宽领域、更深层次对外开放格局逐步形成，中国在世界舞台上发挥着前所未有的重要作用。在同国际社会的互动中，中国坚定发出反对保护主义、支持经济全球化，反对单边主义、维护国际正义的最强音，是世界变局中的稳定器、正能量。

新时代之新，在于中国共产党展现新面貌。百年征途展新篇，百年大党焕新颜。党的十八大以来，我们坚持和加强党的全面领导，坚决维护习近平总书记党中央的核心、全党的核心地位，坚决维护党中央权威和集中统一领导，全面增强党的领导水平和执政能力，推动党的执政方式和执政方略实现重大创新，为党和国家各项事业发展提供了根本保证。我们党推进全面从严治党，勇于进行自我革命，以排山倒海之势正风肃纪，以雷霆万钧之力反腐惩恶，直击积弊、扶正祛邪，推动党风廉政建设取得重大进展、反腐败斗争取得压倒性胜利并全面巩固，使不敢腐、不能腐、不想腐一体化推进有更多的制度性成果和更大的治理成效，新时代党的建设新的伟大工程呈现出崭新局面。党的领导和党的建设取得了历史性、开创性成就，党的面貌焕然一新。

中国特色社会主义进入新时代，我们实现了从"赶上时代"到"引领时代"的伟大跨越。这意味着，近代以来久经磨难的中华民族迎来了从站起来、富起来到强起来的伟大飞跃，迎来了实现中华民族伟大复兴的光明前景。这意味着，科学社会主义在 21 世纪的中国焕发出强大生机活力，在世界上高高举起了中国特色社会主义伟大旗帜。这意味着，中国特色社会主义道路、理论、制度、文化不断发展，拓展了发展中国家走向现代化的途径，给世界上那些既希望加快发展又希望保持自身独立性的国家和民族提供了全新选择，为解决人类问题贡献了中国智慧和中国方案。

三、新发展阶段的新机遇新挑战

全面建成小康社会、实现第一个百年奋斗目标之后，我们就进入了全面建设社会主义现代化国家、向第二个百年奋斗目标进军的新发展阶段。

新发展阶段与新时代，是两个密切关联、又有所区别的概念。一方面，两者紧密联系。党的十九大作出"中国特色社会主义进入新时代"的重大判断，党的十九届五中全会提出我国将进入新发展阶段。我们当下既处于新时代，也处在新发展阶段。两者所指的时间段是高度重叠的，都是社会主义初级阶段中的重要阶段，面临的社会主要矛盾、追求的奋斗目标是相同的。另一方面，两者有所区别。从时间起点看，新发展阶段以开启全面建设社会主义现代化国家新征程为起点，而新时代则是从党的十八大开启的。

新发展阶段，是我们党带领人民迎来从站起来、富起来到强起来的历史性跨越的新阶段，是我国社会主义发展进程中的一个重要阶段。进入新发展阶段，是中华民族伟大复兴历史进程的大跨越。这一跨越标志着中华民族在实现全面小康的千年梦想之后，踏上朝着更加宏伟目标奋进的新征程，在我国发展进程中具有里程碑意义。要在社会主义初级阶段的"变"与"不变"中，深刻把握新发展阶段的内涵。建设社会主义是一次伟大的长征，走过社会主义初级阶段至少需要上百年时间。社会主义初级阶段不是一个静态、一成不变、停滞不前的阶段，也不是一个自发、被动、不用费多大气力自然而然就可以跨过的阶段，而是一个动态、积极有为、始终洋溢着蓬勃生机活力的过程，是一个阶梯式递进、不断发展进步、日益接近质的飞跃的量的积累和发展变化的过程。今天我们所处的新发展阶段，就是社会主义初级阶段中的一个阶段，同时是其中经过几十年积累、站到了新的起点上的一个阶段。

立足新发展阶段，既要把握实践发展的连续性，又要把握时代发展的阶段性，既要抓住国内外环境深刻变化带来的新机遇，又要准备迎接一系列新挑战，确保全面建设社会主义现代化国家开好局、起好步。

我国发展进入战略机遇和风险挑战并存、不确定难预料因素增多的时期，各种"黑天鹅"、"灰犀牛"事件随时可能发生。我们必须增强忧患意识，坚持底线思维，做到居安思危、未雨绸缪，准备经受风高浪急甚至惊涛骇浪的重大考验。

——习近平

在新发展阶段，我国发展面临着严峻挑战。从国际上看，世界大变局加速演进，世界之变、时代之变、历史之变正以前所未有的方式展开，世界进入新的动荡变革期。当前，世界经济陷入低迷期，国际货币金融体系更加脆弱，一些国家经济停滞不前，一些西方国家金融市场出现动荡。地缘政治因素错综复杂，政治安全冲突和动荡，难民危机、气候变化、恐怖主义等地区热点和全球性挑战，对世界经济的影响不容忽视。世界多极化、经济全球化在曲折中前行，各种可以预料和难以预料的风险挑战增多。今后一个时期，我们必须做好应对一系列新的风险挑战的准备。就国内而言，我国发展面临着不少困难和挑战。主要是：发展不平衡不充分问题仍然突出，推进高质量发展还有许多卡点瓶颈，科技创新能力还不强；确保粮食、能源、产业链供应链可靠安全和防范金融风险还须解决许多重大问题；重点领域改革还有不少硬骨头要啃；意识形态领域存在不少挑战；城乡区域发展和收入分配差距仍然较大；群众在就业、教育、医疗、托育、养老、住房等方面面临不少难题；生态环境保护任务依然艰巨；一些党员、干部缺乏担当精神，斗争本领不强，实干精神不足，形式主义、官僚主义现象仍较突出；铲除腐败滋生土壤任务依然艰巨；等等。

同时，当前我国发展也面临新的战略机遇。从国际上看，主要表现在以下方面。其一，新的战略机遇源于国际力量对比深刻调整。长期以来，广大发展中国家为探索符合自身国情的发展道路、实现经济社会发展作出不懈努力，取得令人瞩目的成果。近年来，新兴市场国家和发展中国家群体性崛起，其经济规模已占全球半壁江山。我国坚持共商共建共享的全球治理观，推动构建人类命运共同体，推动落实全球发展倡议、全球安全倡议、全球文明倡议，努力提升广大发展中国家在全球事务中的代表性与话语权。这既拓展了世界各国的发展与合作空间，也为我国发展带来新的战略机遇。其二，新的战略机遇源于新一轮科技革命和产业变革。上一轮科技革命和产业变革提供的动能面临消退，新一轮增长动能尚在孕育，而我国在其中占有重要一席之地，各种重大科技创新成果层出不穷。当今时代，数字技术、数字经济是世界科技革命和产业变革的先机。发展数字经济，是我们把握新一轮科技革命和产业变革新机遇的战略选择。其三，我国市场的吸纳能力、消化能力独一无二，国际社会普遍愿与我国共享发展机遇。从国内来看，我国的发展也面临着新的战略机遇。这种新的战略机遇，根植于我国强劲的内生发展动能。新时代以来，我国经济社会发展取得历史性成就，为孕育和把握新的战略机遇、实现第二个百年奋斗目标奠定了坚实物质基础。党的二十大对"加快构建新发展格局，着力推动高质量发展"作出战略部署，有利于进一步发挥我国超大规模市场优势、完整的现代工业体系优势、丰富的人才资源优势等。我国数字经济发展较快、成就显著，在许多方面位居世界前列，成为我国实现弯道超车、重塑国际竞争优势的关键领域。

总之，进入新发展阶段，国内外环境的深刻变化既带来一系列新机遇，也带来一系列新挑战。机遇更具有战略性、可塑性，挑战更具有复杂性、全局性，挑战前所未有，而应对好了，机遇也就前所未有。只有以辩证思维看待新发展阶段的新机遇新挑战，坚定信心、锐意进取，主动识变应变求变，主动防范化解风险，努力实现更高质量、更有效率、更加公平、更可持续、更为安全的发展，才能为全面建设社会主义现代化国家开好局、起好步创造更加有利的条件。

第三节　开创新时代中国特色社会主义新局面

社会主义从来都是在奋勇开拓中前进的，必定随着形势和条件的变化而不断向前发展。坚持好、发展好中国特色社会主义，是无比崇高的事业，需要一代又一代中国共产党人带领人民接续奋斗。新时代中国共产党人的任务，就是要继续把坚持和发展中国特色社会主义这篇大文章写下去。迈上新征程，必须统筹推进"五位一体"总体布局，协调推进"四个全面"战略布局，牢牢把握"三个一以贯之"的重大要求，在新的历史条件下把党和国家各项事业继续推向前进，不断交出新时代坚持和发展中国特色社会主义的优异答卷。

> 坚持和发展中国特色社会主义是一篇大文章，邓小平同志为它确定了基本思路和基本原则，以江泽民同志为核心的党的第三代中央领导集体、以胡锦涛同志为总书记的党中央在这篇大文章上都写下了精彩的篇章。现在，我们这一代共产党人的任务，就是继续把这篇大文章写下去。
>
> ——习近平

一、统筹推进"五位一体"总体布局

"不谋全局者，不足谋一域。"中国特色社会主义是全面发展的社会主义。党的十八大以来，我们党坚持战略思维，形成并统筹推进经济建设、政治建设、文化建设、社会建设、生态文明建设"五位一体"总体布局。中国特色社会主义事业总体布局，是我们党对社会主义建设规律在实践和认识上不断深化的重要成果。改革开放以来，随着经济社会发展和实践深入，从物质文明、精神文明"两个文明"，到经济、政治、文化建设"三位一体"，经济、政治、文化、社会建设"四位一体"，再到经济、政治、文化、社会、生态文明建设"五位一体"，这是重大理论和实践创新，更带来了发展理念和发展方式的深刻转变。

"五位一体"各方面相互联系、相互促进、不可分割，共同构筑起中国特色社会主义事业的全局，勾勒出富强民主文明和谐美丽的社会主义现代化强国的壮美图景。在迈向第二个百年奋斗目标的新征程上，要按照"五位一体"总体布局的整体性目标要求，坚持以经济建设为中心，推动物质文明、政治文明、精神文明、社会文明、生态文明协调发展，推动生产关系与生产力、上层建筑与经济基础相适应，促进现代化建设各个方面、各个环节相协调，推进中国特色社会主义事业全面发展、全面进步。

第一，推进新时代中国特色社会主义经济建设。以经济建设为中心是兴国之要，发展是党执政兴国的第一要务。只有推动经济持续健康发展，才能筑牢国家繁荣富强、人民幸福安康、社会和谐稳定的物质基础。我国经济发展已由高速增长阶段转向高质量发展阶段。高质量发展是全面建设社会主义现代化国家的首要任务。必须坚持习近平经济思想在经济建设中的指导地位，坚持和完善社会主义基本经济制度，立足新发展阶段，贯彻新发展理念，坚持社会主义市场经济改革方向，坚持高水平对外开放，构建新发展格局。必须坚持以推动高质量发展为主题，把实施扩大内需战略同深化供给侧结构性改革有机结合起来，加快建设现代化经济体系，推动经济实现质的有效提升和量的合理增长。必须坚持科技是第一生产力、人才是第一资源、创新是第一动力，深入实施科教兴国战略、人才强国战略、创新驱动发展战略。

第二，推进新时代中国特色社会主义政治建设。以什么样的思路来谋划和推进中国社会主义民主政治建设，在国家政治生活中具有管根本、管全局、管长远的作用。走中国特色社会主义政治发展道路，必须坚持党的领导、人民当家作主、依法治国有机统一。党的领导是人民当家作主和依法治国的根本保证，人民当家作主是社会主义民主政治的本质特征，依法治国是党领导人民治理国家的基本方式，三者统一于我国社会主义民主政治伟大实践。在我国政治生活中，党是领导一切的，坚持党的领导、人民当家作主、依法治国有机统一，最根本的是坚持党的领导。全过程人民民主是社会主义民主政治的本质属性，是最广泛、最真实、最管用的民主。必须发展全过程人民民主，坚持和完善人民代表大会制度、中国共产党领导的多党合作和政治协商制度、民族区域自治制度、基层群众自治制度，巩固和发展最广泛的爱国统一战线，发展社会主义协商民主，保障人民当家作主落实到国家政治生活和社会生活之中。党的十八大以来，习近平在领导全面推进依法治国的伟大实践中，提出了一系列关于法治的新理念新思想新战略，形成了习近平法治思想，为全面依法治国提供根本遵循和行动指南。我们要坚持走中国特色社会主义法治道路，建设中国特色社会主义法治体系，建设社会主义法治国家，从而在法治轨道上全面建设社会主义现代化国家。

第三，推进新时代中国特色社会主义文化建设。文化是一个国家、一个民族的灵魂。在新的起点上继续推动文化繁荣、建设文化强国、建设中华民族现代文明，是我们在新时代新的文化使命。做好新时代新征程宣传思想文化工作、担负起新的文化使命，必须以习近平文化思想为强大思想武器和科学行动指南。要坚定文化自信，坚持走自己的路，立足中华民族伟大历史实践和当代实践，用中国道理总结好中国经验，把中国经验提升为中国理论，实现精神上的独立自主。要秉持开放包容，以海纳百川的开放胸襟学习和借鉴人类社会一切优秀文化成果，促进文明交流互鉴，不断提升国家文化的软实力和中华文化影响力。要坚持守正创新，坚持马克思主义这个立党立国、兴党兴国之本不动摇，坚持植根本国、本民族历史文化沃土发展马克思主义不停步，坚定历史自信，坚持古为今用、推陈出新，以马克思主义为指导对中华5000多年文明宝库进行全面挖掘，用马克思主义激活中华优秀传统文化中富有生命力的优秀因子并赋予新的时代内涵，将中华民族的伟大精神和丰富智慧更深层次地注入马克思主义，有效把马克思主义思想精髓同中华优秀传统文化精华贯通起来。

第四，推进新时代中国特色社会主义社会建设。坚持在发展中保障和改善民生，让改革发展成果更多更公平惠及广大人民群众。保障和改善民生既要尽力而为，又要量力而行，根据经济发展和财力状况逐步提高人民生活水平。把巩固拓展脱贫攻坚成果作为全面推进乡村振兴的底线任务，推动二者有效衔接，让脱贫基础更加稳固、成效更可持续。加强普惠性、基础性、兜底性民生建设，采取更多惠民生、暖民心举措，着力解决好人民群众急难愁盼问题，健全基本公共服务体系，提高公共服务水平，增强均衡性和可及性，扎实推进共同富裕，在更高水平上实现幼有所育、学有所教、劳有所得、病有所医、老有所养、住有所居、弱有所扶，让人民获得感、幸福感、安全感更加充实、更有保障、更可持续。坚定不移走中国特色社会主义社会治理之路，善于把党的领导和我国社会主义制度优势转化为社会治理优势，建设人人有责、人人尽责、人人享有的社会治理共同体，在共建共治共享中推进社会治理现代化。

第五，推进新时代中国特色社会主义生态文明建设。人与自然是生命共同体，生态兴则文明兴，生态衰则文明衰，建设生态文明是中华民族永续发展的千年大计。党的十八大把生态文明建设纳入中国特色社会主义事业总体布局，使生态文明建设的战略地位更加明确，有利于把生态文明建设融入经济建设、政治建设、文化建设、社会建设各方面和全过程。这是我们党对社会主义建设规律在实践和认识上不断深化的重要成果。目前，我国经济社会发展已进入加快绿色化、低碳化的高质量发展阶段，生态文明建设仍处于压力叠加、负重前行的关键期。必须坚持习近平生态文明思想在社会主义生态文明建设中的指导地位，牢固树立和践行绿水青山就是金山银山的理念，以更高站位、更宽视野、更大力度来谋划和推进新征程生态环境保护工作，以高品质生态环境支撑高质量发展，加快推进人与自然和谐共生的现代化，谱写新时代生态文明建设新篇章。

二、协调推进"四个全面"战略布局

战略问题是一个政党、一个国家的根本性问题。战略上判断得准确，战略上谋划得科学，战略上赢得主动，党和人民事业就大有希望。面对复杂形势和繁重任务，首先要有全局观，对各种矛盾做到心中有数，同时又要优先解决主要矛盾和矛盾的主要方面，以此带动其他矛盾的解决。

党的十八大以来，我们党提出要协调推进全面建成小康社会、全面深化改革、全面依法治国、全面从严治党的战略布局。随着全面建成小康社会奋斗目标的实现，我们党将"四个全面"中的第一个全面明确为"全面建设社会主义现代化国家"。作为我们党站在新的历史起点上把握我国发展新特征确定的治国理政新方略，"四个全面"战略布局内涵丰富、逻辑严密，每一个"全面"都蕴含着重大战略意义，它们相互之间密切联系，是一个整体战略部署的有序展开。

全面建设社会主义现代化国家是我们党确立的伟大目标。新中国成立以后，从第一个五年计划到第十四个五年规划，从总体小康到全面小康，从四个现代化到全面建设社会主义现代化国家，一以贯之的主题是把我国建设成为社会主义现代化国家。党的十九大和党的二十大明确了全面建成社会主义现代化强国"两步走"的战略安排，强调到本世纪中叶把我国建成富强民主文明和谐美丽的社会主义现代化强国。这是鼓舞人心的战略谋划，是催人奋进的宏伟蓝图，发出了实现中华民族伟大复兴中国梦的最强音。这一战略目标，丰富了中国式现代化奋斗目标的内涵，反映了新时代、新发展阶段的目标要求，意味着使命更光荣、任务更艰巨、挑战更严峻、工作更伟大。我国现代化同西方发达国家有很大不同。西方发达国家发展是一个"串联式"的过程，工业化、城镇化、农业现代化、信息化顺序发展，发展到目前水平用了二百多年时间。我们要后来居上，把"失去的二百年"找回来，这就决定了我国发展必然是一个"并联式"的过程，工业化、信息化、城镇化、农业现代化是叠加发展的。中国实现现代化，是人类历史上前所未有的大变革。当我国成为当今世界上第一个不是走资本主义道路而是走社会主义道路成功建成的现代化强国时，我们党领导人民在中国进行的伟大社会革命将更加充分地展示出其历史意义。

全面深化改革是新时代中国特色社会主义发展的根本动力。改革开放是决定当代中国命运的关键一招，也是决定实现"两个一百年"奋斗目标、实现中华民族伟大复兴的关键一招。如果说，党的十一届三中全会是划时代的，开启了改革开放和社会主义现代化建设历史新时期，那么，党的十八届三中全会也是划时代的，开启了全面深化改革、系统整体设计推进改革的新时代，开创了我国改革开放的全新局面。从实行改革开放到全面深化改革，历史见证沧桑巨变，改革开放已成为当代中国最显著的特征、最壮丽的气象。新时代，改革到了一个新的重要关头，推进改革的复杂程度、敏感程度、艰巨程度，一点都不亚于改革开放初期。中国要前进，就要全面深化改革。新时代坚持和发展中国特色社会主义，内在动力仍然是全面深化改革。全面深化改革往什么方向走，是一个带有根本性的问题。回答好这一问题，要完整理解和准确把握全面深化改革总目标，即完善和发展中国特色社会主义制度、推进国家治理体系和治理能力现代化。这两句话是一个整体。前一句规定了根本方向，我们的方向就是中国特色社会主义道路，而不是其他什么道路。后一句规定了在根本方向指引下完善和发展中国特色社会主义制度的鲜明指向。两句话都讲，才是完整的。新时代谋划全面深化改革，必须以全面深化改革总目标为主轴，推动各方面制度更加成熟更加定型，推进国家治理体系和治理能力现代化。全面深化改革是一个涉及经济社会发展各领域的复杂系统工程，需要统筹谋划各个方面、各个层次、各个要素，注重推动各项改革相互促进、良性互动、协同配合。

全面依法治国是国家治理领域一场广泛而深刻的革命。对"法律"的形象表达就是"准绳"，而用法律的准绳去衡量、规范、引导社会生活，即为"法治"。全面依法治国是坚持和发展中国特色社会主义的本质要求和重要保障。法治兴则国家兴，法治衰则国家乱。什么时候重视法治、法治昌明，什么时候就国泰民安；什么时候忽视法治、法治松弛，什么时候就国乱民怨。在我们这样一个大国，要实现经济发展、政治清明、文化昌盛、社会公正、生态良好，必须把全面依法治国坚持好、贯彻好、落实好。党的十八大以来，以习近平同志为核心的党中央对全面依法治国高度重视，从关系党和国家长治久安的战略高度来定位法治、布局法治、厉行法治，把全面依法治国放在党和国家事业发展全局中来谋划、来推进，推动社会主义法治国家建设取得历史性成就。党的十八届四中全会作出了全面推进依法治国的顶层设计，明确了全面推进依法治国总目标，制定了路线图、施工图，在我国社会主义法治史上具有里程碑意义。2020 年，中央全面依法治国工作会议召开，会议明确了习近平法治思想在全面依法治国中的指导地位，对全面依法治国工作作出一系列战略部署。

全面从严治党是百年大党永葆生机活力的关键法宝。始终坚持党要管党、从严治党不放松，是我们党的重要历史经验，也是我们党最鲜明的品格和最大优势。进入新时代，继续夺取中国特色社会主义伟大胜利，关键要有一个钢铁般的马克思主义政党的领导。"打铁必须自身硬"是我们党的庄严承诺，全面从严治党是新时代党立下的军令状，是一场伟大的自我革命。治国必先治党，治党务必从严。全面从严治党，核心是加强党的领导，基础在全面，关键在严，要害在治。"全面"就是管全党、治全党，面向全体党员、党组织，覆盖党的建设各个领域、各个方面、各个部门，重点是抓住"关键少数"。"严"就是真管真严、敢管敢严、长管长严。"治"就是各级党组织都要肩负起主体责任，各级纪委要担负起监督责任。党的十八大以来，以习近平同志为核心的党中央以刀刃向内的勇气向党内顽瘴痼疾开刀，以雷霆万钧之势推进全面从严治党，保证全党沿着正确航向前进，对党、对国家、对民族都产生了不可估量的深远影响。同时也要看到，同向社会主义现代化强国进军的伟大社会革命相比，当前党的自身建设上还存在一些不匹配、不适应的地方，一些弱化党的先进性、损害党的纯洁性的问题具有很大的危险性和破坏性，特别是党风廉政上的一些问题具有反复性和顽固性，稍不注意就会反弹回潮。中国共产党的奋斗在路上，全面建设社会主义现代化国家在路上，全面从严治党永远在路上。

在"四个全面"战略布局中，全面建设社会主义现代化国家是战略目标，居于引领地位；全面深化改革、全面依法治国、全面从严治党是三大战略举措，为实现这一战略目标提供重要保障。三大战略举措对实现全面建设社会主义现代化国家战略目标一个都不能缺。不全面深化改革，发展就缺少动力，社会就没有活力；不全面依法治国，国家生活和社会生活就不能有序运行，就难以实现社会和谐稳定；不全面从严治党，党就做不到"打铁必须自身硬"，就难以发挥好领导核心作用。新时代坚持和发展中国特色社会主义，必须深刻认识"四个全面"之间的有机联系，将其作为具有内在理论和实践逻辑关系的统一体来理解和把握，努力做到相辅相成、相互促进、相得益彰。

三、牢牢把握"三个一以贯之"的重大要求

保持政治定力，既不走封闭僵化的老路，也不走改旗易帜的邪路，是新时代坚持和发展中国特色社会主义的重要要求。习近平强调，"坚持和发展中国特色社会主义要一以贯之，推进党的建设新的伟大工程要一以贯之，增强忧患意识、防范风险挑战要一以贯之"[1]。我们要以时不我待、只争朝夕的精神，不断开创新时代中国特色社会主义事业新局面。"三个一以贯之"充分体现了历史和现实相贯通、国际和国内相关联、理论和实际相结合的宽广视角，充分体现了我们党对新时代坚持和发展中国特色社会主义一系列重大理论和实践问题的深刻把握。

第一，坚持和发展中国特色社会主义要一以贯之。只有回看走过的路、比较别人的路、远眺前行的路，弄清楚我们从哪儿来、往哪儿去，很多问题才能看得深、把得准。一是要回看走过的路。党的百年历史，就是一部党领导人民持续进行伟大社会革命的历史。历史和现实都告诉我们，一场社会革命要取得最终胜利，往往需要一个漫长的历史过程。新

---

[1] 《习近平谈治国理政》第三卷，外文出版社 2020 年版，第 69 页。

民主主义革命、社会主义革命和建设、改革开放新的伟大革命，实质上都是以解决生产力和生产关系矛盾为根本目的的革命性实践，都是建立和建设社会主义、最终实现共产主义的伟大社会革命的不同阶段。新时代坚持和发展中国特色社会主义，本质上也是在这条道路上继续推进伟大社会革命。二是要比较别人的路。20世纪80年代末90年代初，世界社会主义遭受严重曲折，但是，社会主义中国并没有随着"多米诺骨牌效应"而倒下。随着社会主义中国的蓬勃发展，人们正在见证"历史终结论"的终结、"中国崩溃论"的崩溃、"社会主义失败论"的失败。中国特色社会主义道路越走越宽，使世界上正视和相信马克思主义和社会主义的人多了起来，使世界范围内两种意识形态、两种社会制度的历史演进及其较量，发生了有利于马克思主义、社会主义的深刻转变。三是要远眺前行的路。历史总是按照自己的逻辑向前演进。新时代中国特色社会主义是我们党领导人民进行伟大社会革命的成果，也是我们党领导人民进行伟大社会革命的继续，必须始终坚定不移地进行下去。展望未来，要实现党和国家兴旺发达、长治久安，必须勇于把我们党领导人民进行了上百年的伟大社会革命继续推进下去，努力使中国特色社会主义展现更加光明的前景。

> 坚持党的全面领导是坚持和发展中国特色社会主义的必由之路，中国特色社会主义是实现中华民族伟大复兴的必由之路，团结奋斗是中国人民创造历史伟业的必由之路，贯彻新发展理念是新时代我国发展壮大的必由之路，全面从严治党是党永葆生机活力、走好新的赶考之路的必由之路。这是我们在长期实践中得出的至关紧要的规律性认识，必须倍加珍惜、始终坚持，咬定青山不放松，引领和保障中国特色社会主义巍巍巨轮乘风破浪、行稳致远。
>
> ——习近平

第二，推进党的建设新的伟大工程要一以贯之。把党的建设作为一项伟大工程来推进，是我们党的一大创举，是我们党领导人民进行伟大社会革命的重要法宝。正如毛泽东在《〈共产党人〉发刊词》中所强调的，要赢得革命的最终胜利，必须把党建设成为"一个全国范围的、广大群众性的、思想上政治上组织上完全巩固的布尔什维克化的中国共产党"①。建设好这样的党，是一项伟大工程，要赢得革命最终胜利，必须抓好这个伟大工程。我们党执政正反两方面的经验，世界上一些社会主义国家和政党演变的教训，都揭示了一个道理：马克思主义政党夺取政权不容易，巩固政权更不容易；只要马克思主义执政党不出问题，社会主义国家就出不了大问题，我们就能够跳出"其兴也勃焉，其亡也忽焉"的历史周期率。我们党是一个在14亿多人口的大国长期执政的党，是中国特色社会主义事业的坚强领导力量，党的自身建设历来关系重大、决定全局。要把新时代坚持和发展中国特色社会主义这场伟大社会革命进行好，我们党必须更加重视人民监督，勇于进行自我革命，一以贯之推进党的建设新的伟大工程。而新时代推进党的建设新的伟大工程，既要培元固本，也要开拓创新，既要把住关键重点，也要形成整体态势，特别是要发挥彻底的自我革命精神，把党建设得更加坚强有力。

第三，增强忧患意识、防范风险挑战要一以贯之。我们党在内忧外患中诞生，在磨难挫折中成长，在战胜风险挑战中壮大，始终有着强烈的忧患意识、风险意识。中国特色社会主义进入了新时代，前景十分光明，但我们的奋斗目标不是轻轻松松、顺顺当当就能实现的。我们越发展壮大，遇到的阻力和压力就会越大，面临的外部风险就会越多。这是我国由大向强发展进程中无法回避的挑战，是新时代中国发展进步绕不过的门槛。当前和今后一个时期，我国发展进入各种风险挑战不断积累甚至集中显露的时期，面临的重大斗争不会少，经济、政治、文化、社

① 《毛泽东选集》第二卷，人民出版社1991年版，第602页。

会、生态文明建设和国家安全、国防和军队建设、港澳台工作、外交工作、党的建设等方面都有，而且越来越复杂。我们面临的各种斗争不是短期的而是长期的。如果发生重大风险又扛不住，国家安全就可能面临重大威胁，社会主义现代化强国建设的进程就可能被迫中断。新时代坚持和发展中国特色社会主义，必须坚持底线思维，把防风险摆在突出位置，统筹发展和安全问题。凡是危害中国共产党领导和我国社会主义制度的各种风险挑战，凡是危害我国主权、安全、发展利益的各种风险挑战，凡是危害我国核心利益和重大原则的各种风险挑战，凡是危害我国人民根本利益的各种风险挑战，凡是危害我国实现"两个一百年"奋斗目标、中华民族伟大复兴的各种风险挑战，只要来了，我们就必须进行坚决斗争，而且必须取得斗争胜利。我们的头脑要特别清醒、立场要特别坚定，牢牢把握正确斗争方向，做到在各种重大斗争考验面前"不畏浮云遮望眼""乱云飞渡仍从容"，中国特色社会主义巍巍巨轮就一定能够乘风破浪、行稳致远。

思考题

1. 为什么说中国特色社会主义是科学社会主义，而不是其他什么主义？

2. 如何认识我国社会主要矛盾的转化及其意义？

3. 中国特色社会主义新时代到底新在哪里？

4. 如何理解"四个全面"战略布局的重大战略意义？

第二章　新时代新征程中国共产党的使命任务

教学要点

1. 以中国式现代化全面推进中华民族伟大复兴的历史必然性
2. 社会主义现代化强国建设的战略安排
3. 中国式现代化的中国特色和本质要求
4. 推进和拓展中国式现代化的重大原则
5. 创造人类文明新形态的意义

第一节　推进中华民族伟大复兴的历史进程

为中国人民谋幸福，为中华民族谋复兴，是中国共产党人的初心和使命，是激励一代代中国共产党人前赴后继、英勇奋斗的根本动力。实现中华民族伟大复兴，要紧紧围绕实现伟大梦想、进行伟大斗争、建设伟大工程、推进伟大事业，在全面建成小康社会基础上续写全面建设社会主义现代化国家新的历史。党的二十大提出，中国共产党的中心任务就是团结带领全国各族人民全面建成社会主义现代化强国、实现第二个百年奋斗目标，以中国式现代化全面推进中华民族伟大复兴。

一、奋力实现中华民族伟大复兴的中国梦

实现中华民族伟大复兴，是近代以来中国人民最伟大的梦想。中国共产党从诞生那一天起，就同中国人民和中华民族的前途命运紧密联系在一起。百余年来，我们党团结带领中国人民所进行的一切奋斗，就是为了实现中华民族伟大复兴。实现中华民族伟大复兴的中国梦，本质是国家富强、民族振兴、人民幸福。中国梦是党的创新理论中具有引领作用、标志性意义的重要命题，这一命题深入洞察中华民族的历史命运和蕴含其中的历史规律，深刻阐明当今时代中国共产党的历史使命，彰显了我们党传承中华文明、推进民族复兴的责任担当。

中国梦具有深厚的历史支撑，贯通中华民族的昨天、今天和明天。只有创造过辉煌的民族，才懂得复兴的意义；只有经历过苦难的民族，才对复兴有如此深切的渴望。中华民族的昨天，可以说是"雄关漫道真如铁"。近代以后，中华民族遭受的苦难之重、付出的牺牲之大，在世界历史上是罕见的。但是，中国人民从不屈服，不断奋起抗争，终于掌握了自己的命运，开始了建设自己国家的伟大进程。中华民族的今天，正可谓"人间正道是沧桑"。改革开放特别是党的十八大以来，我们总结历史经验，不断艰辛探索，取得了举世瞩目的伟大成就。我们如期全面建成小康社会、打赢脱贫攻坚战，使中华民族伟大复兴向前迈出新的一大步；我们经受住了来自政治、经济、意识形态、自然界等方面的风险挑战考验，明确实现第二个百年奋斗目标的战略安排，不断实现理论和实践上的创新突破。中华民族的明天，可以说是"长风破浪会有时"。不管形势和任务如何变化，不管遇到什么样的惊涛骇浪，我们党都始终把握历史主动、锚定奋斗目标，沿着正确方向坚定前行。

中国梦是国家的梦、民族的梦，也是每个中国人的梦。中国人民是伟大的人民，具有伟大的梦想精神，始终追求光明美好的未来。中国梦最根本的是实现中国人民的美好生活，最深沉的根基在中国人民心中。

人民是中国梦的主体，是中国梦的创造者和享有者。中国梦归根到底是人民的梦，必须紧紧依靠人民来实现，必须不断为人民造福。中国梦就是要让每个人获得发展自我和奉献社会的机会，共同享有人生出彩的机会，共同享有梦想成真的机会，共同享有同祖国和时代一起成长与进步的机会。实现中华民族伟大复兴是海内外中华儿女的共同梦想，要团结一切可以团结的力量，共担民族复兴的责任，共享民族复兴的荣耀。

中国梦是和平、发展、合作、共赢的梦，同世界人民的梦想息息相通。"穷则独善其身，达则兼济天下。"这是中华民族始终崇尚的品德和胸怀。中国的国际地位和国际影响力不断提升，不仅关乎中国的命运，也关系世界的命运。中国一心一意办好自己的事情，实现国家发展和稳定，既是对自己负责，也是为世界作贡献。中国人民深知中国发展得益于国际社会，愿意同各国人民在实现各自梦想的过程中相互支持、相互帮助。中国将同国际社会一道，弘扬和平、发展、公平、正义、民主、自由的全人类共同价值，推动实现持久和平、共同繁荣的世界梦，为人类和平与发展的崇高事业作出新的更大的贡献。

实现中国梦必须走中国道路、弘扬中国精神、凝聚中国力量。实现中国梦必须走中国道路，这就是中国特色社会主义道路。这条道路来之不易，既以深厚的历史渊源为支撑，也以广泛的现实基础为条件。中华民族是具有非凡创造力的民族，创造了伟大的中华文明，也能够继续拓展和走好适合中国国情的发展道路。实现中国梦必须弘扬中国精神，这就是以爱国主义为核心的民族精神、以改革创新为核心的时代精神。这种精神是凝心聚力的兴国之魂、强国之魂。我们一定要弘扬伟大的民族精神和时代精神，不断增强团结一心的精神纽带、自强不息的精神动力，永远朝气蓬勃迈向未来。实现中国梦必须凝聚中国力量，这就是中国各族人民大团结的力量。只要我们紧密团结，万众一心，为实现共同梦想而奋斗，实现梦想的力量就无比强大，我们每个人为实现自己梦想的努力就拥有广阔的空间。

二、在统揽"四个伟大"中勇担历史使命

经过持续努力，今天我们比历史上任何时期都更接近、更有信心和能力实现中华民族伟大复兴的目标。行百里者半九十。中华民族伟大复兴，绝不是轻轻松松、敲锣打鼓就能实现的。要完成新时代的宏伟目标，我们必须勇担历史使命，准备付出更为艰巨、更为艰苦的努力，紧紧围绕实现伟大梦想去进行伟大斗争，建设伟大工程，推进伟大事业。

实现伟大梦想，必须进行伟大斗争。社会是在矛盾运动中前进的，有矛盾就会有斗争。党领导人民经过波澜壮阔的伟大斗争，中国人民彻底摆脱了被欺负、被压迫、被奴役的命运，成为国家、社会和自己命运的主人。实现伟大梦想就要顽强拼搏、不懈奋斗。我们党要团结带领人民有效应对重大挑战、抵御重大风险、克服重大阻力、解决重大矛盾，必须进行具有许多新的历史特点的伟大斗争。要更加自觉地坚持党的领导和我国社会主义制度，坚决反对一切削弱、歪曲、否定党的领导和我国社会主义制度的言行；更加自觉地维护人民利益，坚决反对一切损害人民利益、脱离群众的行为；更加自觉地投身改革创新时代潮流，坚决破除一切顽瘴痼疾；更加自觉地维护我国主权、安全、发展利益，坚决反对一切分裂祖国、破坏民族团结和社会和谐稳定的行为；更加自觉地防范各种风险，坚决战胜一切在政治、经济、文化、社会等领域和自然界出现的困难和挑战。要充分认识这场伟大斗争的长期性、复杂性、艰巨性，发扬斗争精神，提高斗争本领，不断夺取伟大斗争新胜利。

实现伟大梦想，必须建设伟大工程。这个伟大工程就是我们党正在深入推进的新时代党的建设新的伟大工程。历史已经并将继续证明，没有中国共产党的领导，民族复兴必然是空想。我们党要始终成为时代先锋、民族脊梁，始终成为马克思主义执政党，自身必须始终过硬。继续推进新时代党的建设新的伟大工程，要时刻保持解决大党独有难题的清

醒和坚定，把党建设得更加坚强有力；要更加自觉地坚定党性原则，深入推进新时代党的自我革命，勇于直面问题，敢于刮骨疗毒，消除一切损害党的先进性和纯洁性的因素，清除一切侵蚀党的健康肌体的病毒，不断增强党的政治领导力、思想引领力、群众组织力、社会号召力，确保我们党永葆旺盛生命力和强大战斗力。

实现伟大梦想，必须推进伟大事业。中国特色社会主义是改革开放以来党的全部理论和实践的主题，是党和人民历尽千辛万苦、付出巨大代价取得的根本成就。中国特色社会主义也是科学社会主义理论逻辑和中国社会发展历史逻辑的辩证统一，是根植于中国大地、反映中国人民意愿、适应中国和时代发展进步要求的科学社会主义，是全面建成小康社会、加快推进社会主义现代化、实现中华民族伟大复兴的必由之路。坚持好、发展好中国特色社会主义，是无比崇高的事业，需要一代又一代中国共产党人带领人民接续奋斗。要更加自觉地坚持党的基本理论、基本路线、基本方略不动摇，坚定道路自信、理论自信、制度自信、文化自信，努力使中国特色社会主义展现更加强大、更有说服力的真理力量。

"四个伟大"紧密联系、相互贯通、相互作用，是一个有机统一的整体，统一于新时代坚持和发展中国特色社会主义伟大实践。"四个伟大"的内在逻辑是：伟大梦想是目标，伟大斗争是动力，伟大工程是保证，伟大事业是路径。在"四个伟大"中，起决定性作用的是新时代党的建设新的伟大工程。"四个伟大"体现了奋斗目标、实现路径、前进动力的高度统一，历史传承、现实任务、未来方向的高度统一，党的前途命运、国家的前途命运、民族的前途命运的高度统一，使党对自身肩负的历史使命的认识达到了新的高度。

伟大梦想不是等得来、喊得来的，而是拼出来、干出来的。在这个千帆竞发、百舸争流的时代，绝不能有半点骄傲自满、故步自封，也绝不能有丝毫犹豫不决、徘徊彷徨，必须统揽伟大斗争、伟大工程、伟大事业、伟大梦想，勇立潮头、奋勇搏击，不断把中华民族伟大复兴的历史伟业推向前进。

三、迈上实现第二个百年奋斗目标的新征程

一切伟大成就都是接续奋斗的结果，一切伟大事业都需要在继往开来中推进。到中国共产党成立一百周年时全面建成小康社会，到新中国成立一百周年时全面建成社会主义现代化强国，是我们党提出的"两个一百年"奋斗目标。这两个百年奋斗目标，寄托着中华民族的夙愿和期盼，凝结着中国人民的奋斗和汗水。

历史发展是连续性和阶段性的统一。一个时期有一个时期的历史使命和任务，一代人有一代人的历史担当和责任。经过全党全国各族人民持续奋斗，我们实现了第一个百年奋斗目标，实现了从生产力相对落后的状况到经济总量跃居世界第二的历史性突破，实现了人民生活从温饱不足到总体小康再到全面小康的历史性跨越。我们党动员全党全国全社会力量，上下同心、尽锐出战，攻克坚中之坚、解决难中之难，打赢了人类历史上规模最大的脱贫攻坚战，形成了伟大脱贫攻坚精神。全国832个贫困县全部摘帽，近1亿农村贫困人口实现脱贫，960多万贫困人口实现易地搬迁，创造了人类减贫史上的奇迹。现在，我们党团结带领中国人民又踏上了实现第二个百年奋斗目标新的赶考之路。

站在历史新的更高起点上，继党的十九大后，党的二十大对全面建成社会主义现代化强国目标作出进一步的战略擘画。全面建成社会主义现代化强国的总体战略，总的战略安排是分两步走：从2020年到2035年基本实现社会主义现代化；从2035年到本世纪中叶把我国建成富强民主文明和谐美丽的社会主义现代化强国。

到2035年，我国基本实现现代化的总体目标是：经济实力、科技实力、综合国力大幅跃升，人均国内生产总值迈上新的大台阶，达到中等

发达国家水平；实现高水平科技自立自强，进入创新型国家前列；建成现代化经济体系，形成新发展格局，基本实现新型工业化、信息化、城镇化、农业现代化；基本实现国家治理体系和治理能力现代化，全过程人民民主制度更加健全，基本建成法治国家、法治政府、法治社会；建成教育强国、科技强国、人才强国、文化强国、体育强国、健康中国，国家文化软实力显著增强；人民生活更加幸福美好，居民人均可支配收入再上新台阶，中等收入群体比重明显提高，基本公共服务实现均等化，农村基本具备现代生活条件，社会保持长期稳定，人的全面发展、全体人民共同富裕取得更为明显的实质性进展；广泛形成绿色生产生活方式，碳排放达峰后稳中有降，生态环境根本好转，美丽中国目标基本实现；国家安全体系和能力全面加强，基本实现国防和军队现代化。

在基本实现现代化的基础上，我们要继续奋斗，到本世纪中叶，把我国建设成为综合国力和国际影响力领先的社会主义现代化强国。到那时，我国物质文明、政治文明、精神文明、社会文明、生态文明将全面提升，实现国家治理体系和治理能力现代化，全体人民共同富裕基本实现，我国人民将享有更加幸福安康的生活，中华民族将以更加昂扬的姿态屹立于世界民族之林。

> 建成社会主义现代化强国，实现中华民族伟大复兴，是一场接力跑，我们要一棒接着一棒跑下去，每一代人都要为下一代人跑出一个好成绩。
>
> ——习近平

社会主义现代化强国建设的战略安排，既充分考虑了我国继续发展具有多方面优势和有利条件，也充分考虑了各种风险挑战，因而实现这些目标是有基础、有条件、有把握的。这一战略安排，对于激励全党全国各族人民，战胜前进道路上各种风险挑战，推进全面建成社会主义现代化强国，具有十分重要的理论意义和实践意义。

第一，这一战略安排丰富和发展了我国现代化建设的战略思想，完整科学地勾画了全面建成社会主义现代化强国的时间表和路线图。它从中国特色社会主义长远发展进程来谋划，从中华民族伟大复兴和中国人民整体福祉来谋划，结合当前国内外形势和我国发展实际，明确了"两步走"发展战略，丰富了现代化国家建设的目标内涵，使未来的发展目标更加精准、发展路径更加清晰。

第二，这一战略安排承载着人民对美好生活的向往，必将激发中国人民全面建成社会主义现代化强国的主动性、积极性和创造性。人民群众对美好生活的向往，是中国共产党的奋斗目标。党的十八大以来，伴随着我国发展取得的历史性成就和发生的历史性变革，人民群众对美好生活有着更新更高的要求和期待。党的二十大对统筹推进"五位一体"总体布局、协调推进"四个全面"战略布局作出了全面部署，为新时代新征程党和国家事业发展、实现第二个百年奋斗目标指明了前进方向、确立了行动指南，有助于更加充分地激发全社会的奋斗精神，更加广泛地凝聚全社会的蓬勃力量。

第三，这一战略安排充分彰显了中国特色社会主义的制度优势和中国共产党治国理政的能力，对于发展中国家实现现代化具有借鉴意义。有目标、有规划、有步骤地进行现代化建设，是中国共产党带领人民进行社会主义现代化建设的鲜明特点。历史证明，中国共产党具有从战略上谋全局、谋长远的能力和定力，善于谋定而后动，对攸关长远的事情"一届接着一届干"，同时又能够根据世情国情党情的变化进行灵活动态调整。新的战略安排体现了我们党对共产党执政规律、社会主义建设规律、人类社会发展规律的认识达到了新高度，为发展中国家走向现代化提供了借鉴与启示。

第二节　中国式现代化是强国建设、民族复兴的康庄大道

中国共产党在团结带领中国人民推进民族复兴的百年历程中，开创了中国式现代化道路。中国式现代化是中国共产党领导的社会主义现代化，是具有中国特色、符合中国实际的现代化，是全面建成社会主义现代化强国、实现中华民族伟大复兴的康庄大道。它既基于自身国情、又借鉴各国经验，既传承历史文化、又融合现代文明，既造福中国人民、又促进世界共同发展。历史和实践已经并将进一步证明，中国式现代化契合我国实际，这条道路不仅走得对、走得通，而且也一定能够走得稳、走得好。

一、中国式现代化走得通、行得稳

人类社会发展进程曲折起伏，各国探索现代化道路的历程充满艰辛。一个国家选择什么样的现代化道路，是由其历史传统、社会制度、发展条件、外部环境等诸多因素决定的。国情不同，现代化途径也会不同。中国式现代化，不仅是我们党为如何唤醒"睡狮"、实现民族复兴这个重大历史课题所给出的答案，是选择自己的道路、做自己的事情，而且是我们党领导全国各族人民在长期探索和实践中历经千辛万苦、付出巨大代价取得的重大成果，是被历史和实践证明了的强国建设、民族复兴的唯一正确道路。

近代以后，国家蒙辱、人民蒙难、文明蒙尘，中华民族遭受了前所未有的劫难。为了拯救民族危亡，无数仁人志士奔走呐喊，各种救国方案轮番出台，但都以失败告终。实现中华民族伟大复兴的重任，历史地落在了中国共产党身上。在新民主主义革命时期，我们党团结带领人民，浴血奋战、百折不挠，建立了人民当家作主的中华人民共和国，实现了

民族独立、人民解放，为实现现代化创造了根本社会条件。新中国成立后，我们党团结带领人民进行社会主义革命和建设，确立社会主义基本制度，建立起独立的比较完整的工业体系和国民经济体系，为现代化建设奠定根本政治前提和宝贵经验、理论准备、物质基础。改革开放和社会主义现代化建设新时期，我们党作出把党和国家工作中心转移到经济建设上来、实行改革开放的历史性决策，大力推进实践基础上的理论创新、制度创新、文化创新以及其他各方面创新，实行社会主义市场经济体制，为中国式现代化提供了充满新的活力的体制保证和快速发展的物质条件。党的十八大以来，我们党在已有基础上继续前进，围绕解决现代化建设中存在的突出矛盾和问题，采取一系列战略性举措，推进一系列变革性实践，实现一系列突破性进展，取得一系列标志性成果，战胜一系列重大风险挑战，成功推进和拓展了中国式现代化，构建起中国式现代化的理论体系，有力回答了"我们究竟需要什么样的现代化""怎样才能实现现代化"等一系列现代化之问。

走自己的路，是党的全部理论和实践立足点。新中国成立以来特别是改革开放以来，中国共产党团结带领中国人民通过走中国式现代化道路，仅用几十年的时间就走完了西方发达国家几百年走过的工业化历程，创造了世所罕见的经济快速发展奇迹和社会长期稳定奇迹。我国极大解放和发展了社会生产力，如期实现了第一个百年奋斗目标，在中华大地上全面建成小康社会，推动千百年来困扰中华民族的绝对贫困问题历史性地画上句号，极大地推动了世界现代化的进程。经济的快速发展带来人民收入水平的提高和生活的显著改善。曾经缺吃少穿、生活困顿的中国人民，如今实现了由贫穷到温饱再到全面小康的历史性跨越，精神文化需求日益满足，获得感、幸福感、安全感不断增强。在中国共产党坚强领导下，中华民族和中国人民经受一个又一个考验，渡过一个又一个难关，取得一个又一个成就，实现中华民族伟大复兴进入了不可逆转的历史进程。

实现现代化是近代以来中国人民矢志奋斗的梦想。中国共产党100多年团结带领中国人民追求民族复兴的历史，也是一部不断探索现代化道路的历史。经过数代人不懈努力，我们走出了中国式现代化道路。中国共产党奋进的历程充分证明，中国式现代化符合中国实际、反映中国人民意愿、适应时代发展要求，是历史的选择、人民的选择，是一项伟大而艰巨的事业。在新征程上，坚持以中国式现代化全面推进中华民族伟大复兴，一定能够不断创造新的更大奇迹，为发展自身和造福世界作出新的更大贡献。

二、深刻把握中国式现代化的中国特色

"一个国家走向现代化，既要遵循现代化一般规律，更要符合本国实际，具有本国特色。"[1]中国式现代化既有各国现代化的共同特征，更有基于自己国情的鲜明特色。中国式现代化鲜明的中国特色，是由中国独特的客观条件决定的，是由中国社会制度和治国理政的理念决定的，也是由中国在实现现代化长期实践中得到的规律性认识决定的。党的二十大报告指出，中国式现代化是人口规模巨大的现代化、是全体人民共同富裕的现代化、是物质文明和精神文明相协调的现代化、是人与自然和谐共生的现代化、是走和平发展道路的现代化，深刻揭示了中国式现代化的科学内涵和中国特色。

第一，中国式现代化是人口规模巨大的现代化。这是中国式现代化的显著特征。人口规模不同，现代化的任务就不同，其艰巨性、复杂性就不同，发展途径和推进方式也必然具有自己的特点。现在，全球进入现代化的国家也就20多个，总人口10亿左右。中国14亿多人口整体迈入现代化，规模超过现有发达国家人口的总和，将极大地改变现代化的

---

[1] 习近平：《中国式现代化是强国建设、民族复兴的康庄大道》，《求是》2023年第16期。

世界版图。这是人类历史上规模最大的现代化，也是难度最大的现代化。我们党始终从国情出发，坚持稳中求进、循序渐进、持续推进，不断地推动人口高质量发展。我国建成世界上规模最大的教育体系、社会保障体系、医疗卫生体系，不仅托举起人民群众的幸福，也为14亿多人口整体迈进现代化社会打下坚实基础。"人口规模巨大"也是优势与红利，意味着更广阔的市场空间、更丰富的人才资源、更强劲的发展动能，将为中国式现代化注入源源不断的强大动力。新征程上，汇聚蕴藏在人民中的无穷智慧和力量，充分发挥亿万人民的创造伟力，一定能够克服"人口规模巨大"的困难、发挥"人口规模巨大"的优势，使中国式现代化拥有最可靠、最深厚、最持久的力量源泉，推动中国式现代化道路越走越宽广、越走越坚定。

第二，中国式现代化是全体人民共同富裕的现代化。这是中国式现代化的本质特征，也是区别于西方现代化的显著标志。中国式现代化坚持把实现人民对美好生活的向往作为现代化建设的出发点和落脚点，正确处理效率和公平的关系，规范收入分配秩序，规范财富积累机制，依法引导和规范资本健康发展，逐步扩大中等收入群体、缩小收入分配差距，让现代化建设成果更多更公平惠及全体人民，促进社会公平正义，促进人的全面发展，使全体人民朝着共同富裕目标扎实迈进。党的十八大以来，以习近平同志为核心的党中央把逐步实现全体人民共同富裕摆在更加突出的位置，形成促进全体人民共同富裕的一整套思想理念、制度安排、政策举措。从全面推进乡村振兴、确保农民稳步增收，到推动区域协调发展、缩小收入差距，再到壮大实体经济、创造更多就业岗位，社会主义制度的优越性得到了更加充分的体现，中国式现代化是"一个都不能少"的现代化。

第三，中国式现代化是物质文明和精神文明相协调的现代化。既要物质富足，也要精神富有，是中国式现代化的崇高追求。物质贫困不是社会主义，精神贫乏也不是社会主义，物质富足、精神富有是社会主义现代化的根本要求。中国式现代化是以人民为中心的现代化，其中一个重要目标就是在不断提高国家经济实力、人民生活水平的同时，不断丰富人民的精神世界、提高全社会文明程度、促进人的全面发展。实现中国梦，是物质文明和精神文明比翼双飞的发展过程。党的十八大以来，我们提出并贯彻新发展理念，着力推进高质量发展，经济实力、科技实力、综合国力全面增强，不断厚植现代化的物质基础，不断夯实人民幸福生活的物质条件，同时大力发展社会主义先进文化，推动培育和弘扬社会主义核心价值观，加强理想信念教育，传承中华文明，促进物的全面丰富和人的全面发展。

第四，中国式现代化是人与自然和谐共生的现代化。尊重自然、顺应自然、保护自然，促进人与自然和谐共生，是中国式现代化的鲜明特点。人与自然是生命共同体，无止境地向自然索取甚至破坏自然必然会遭到大自然的报复。中国式现代化坚定不移走生产发展、生活富裕、生态良好的文明发展道路，实现中华民族永续发展。党的十八大以来，我们保持加强生态文明建设的战略定力，注重同步推进高质量发展和高水平保护，以"双碳"工作为引领，推动能耗双控逐步转向碳排放双控，持续推进生产方式和生活方式绿色低碳转型，全面推进美丽中国建设。绿色、循环、低碳发展迈出坚实步伐，环境质量得到大幅度改善，我们的祖国天更蓝、山更绿、水更清。

第五，中国式现代化是走和平发展道路的现代化。坚持和平发展，在坚定维护世界和平与发展中谋求自身发展，又以自身发展更好维护世界和平与发展，推动构建人类命运共同体，是中国式现代化的突出特征。中国式现代化不走殖民掠夺的老路，不走国强必霸的歪路，走的是和平发展的人间正道。从一个积贫积弱的国家发展成为世界第二大经济体，中国靠的不是对外军事扩张和殖民掠夺，而是人民勤劳、维护和平。我们始终坚定站在历史正确的一边、站在人类文明进步的一边，高举和平、发展、合作、共赢旗帜，探索走出与以往大国崛起不同的和平发展道路。

党的十八大以来，中国以前所未有的广度、深度、力度参与全球治理，为充满不确定性的世界注入正能量，展现了负责任大国担当。实践充分证明，我们走和平发展道路的现代化，对中国有利、对世界有利，既是始终如一的价值坚守，更是实实在在的实践行动。

三、全面把握中国式现代化的本质要求

党的十八大以来，以习近平同志为核心的党中央，进一步深化对中国式现代化的内涵和本质的认识，对中国式现代化的本质要求作出了科学概括。这一本质要求是：坚持中国共产党领导，坚持中国特色社会主义，实现高质量发展，发展全过程人民民主，丰富人民精神世界，实现全体人民共同富裕，促进人与自然和谐共生，推动构建人类命运共同体，创造人类文明新形态。这是我们党深刻总结我国和世界其他国家现代化建设的历史经验，对我国这样一个东方大国如何加快实现现代化在认识上不断深入、战略上不断成熟、实践上不断丰富而形成的思想理论结晶。这九条本质要求是具有内在联系的整体，揭示了经济社会发展的各个方面一体推进、协同发力的现实要求，表明了中国式现代化是立体式全方位的现代化。

从领导力量和前进方向看，中国共产党是中国式现代化的领导力量，也是中国式现代化沿着中国特色社会主义道路继往开来、一以贯之向前推进的可靠支撑，更是新时代中国式现代化创新发展、实现第二个百年奋斗目标的坚强保证。党的领导决定中国式现代化的根本性质。坚持中国共产党领导，是中国式现代化最鲜明的特征和最突出的优势，是推进中国式现代化必须坚持的最高原则。同时，中国式现代化也是社会主义制度条件下的现代化，社会主义制度决定了中国式现代化的基本性质和未来走向。坚持中国特色社会主义，是中国式现代化同西方现代化道路的根本区别。

从目标规划和具体路径看，为把我国建成富强民主文明和谐美丽的社会主义现代化强国，必须全面提升我国的物质文明、政治文明、精神文明、社会文明、生态文明水平。全面提升物质文明水平，必须坚持以实现高质量发展为方向，加快形成高质量发展模式和现代化经济体系，不断厚植现代化的物质基础，夯实人民幸福生活的物质条件。全面提升政治文明水平，必须坚持以发展全过程人民民主为方向，健全人民当家作主制度体系，坚持走中国特色社会主义法治道路，全面实现国家治理体系和治理能力现代化。全面提升精神文明水平，必须坚持以丰富人民精神世界为方向，坚持中国特色社会主义文化发展道路，激发全民族文化创新创造活力，增强实现中华民族伟大复兴的精神力量。全面提升社会文明水平，必须坚持以实现全体人民共同富裕为方向，着力维护和促进社会公平正义，保证社会既充满活力又和谐有序。全面提升生态文明水平，必须坚持以促进人与自然和谐共生为方向，牢固树立和践行绿水青山就是金山银山的理念，推进生态优先、节约集约、绿色低碳发展，加快发展方式绿色转型。

从国际影响和人类文明看，中国式现代化摒弃了一些国家通过战争、殖民、掠夺等方式实现现代化的老路，开创了通过合作共赢实现共同发展、和平发展的现代化发展模式，致力推动构建人类命运共同体。中国式现代化也是创造人类文明新形态的过程，它展现了实现现代化的全新可能，给更多自主探索现代化道路的国家以信心勇气和现实借鉴。中国式现代化通过坚持走和平发展、合作共赢的新路，超越了扩张掠夺、国强必霸的旧逻辑，为应对人类共同挑战开展创新实践、积累新鲜经验、贡献中国方案。

中国式现代化的本质要求，彰显了中国式现代化蕴含的独特世界观、价值观、历史观、文明观、民主观、生态观，强调了中国式现代化秉持团结合作、共同发展的理念，坚持发展为了人民、发展依靠人民、发展成果由人民共享，坚持社会发展的客观必然性与人们的历史选择性的辩证统一，重视文明的传承与创新，保证人民始终是国家的主人、社会的主人、自己命运的主人，坚持经济社会发展和生态环境保护的辩证统一等。这些独特观念及其伟大实践，既是对西方现代化理论和实践的重大超越，同时也是对世界现代化理论和实践的重大创新。

第三节　推进和拓展中国式现代化

以中国式现代化全面推进强国建设、民族复兴伟业，是新时代最大的政治。党的二十大擘画了以中国式现代化全面推进中华民族伟大复兴的宏伟蓝图，吹响了奋进新征程的时代号角。康庄大道并不等于一马平川，推进中国式现代化是一个长期任务。继续推进和拓展中国式现代化，必须着眼长远，脚踏实地，深刻把握推进中国式现代化的重大原则，正确处理好若干重大关系，把中国式现代化的中国特色变为成功实践，把鲜明特色变成独特优势，创造人类文明新形态。

一、推进中国式现代化必须把握的重大原则

当前，世界百年未有之大变局加速演进，我国发展进入战略机遇和风险挑战并存、不确定难预料因素增多的时期，不少深层次矛盾躲不开、绕不过。我们必须增强忧患意识，准备经受风高浪急甚至惊涛骇浪的重大考验，牢牢把握以下重大原则。

第一，坚持和加强党的全面领导。党的领导直接关系中国式现代化的根本方向、前途命运、最终成败。中国共产党领导的社会主义现代化，是对中国式现代化的定性，是管总、管根本的。党的领导确保中国式现代化锚定奋斗目标行稳致远。我们党的奋斗目标一以贯之，一代一代地接力推进，取得了举世瞩目、彪炳史册的辉煌业绩。党的领导激发建设

中国式现代化的强劲动力。我们党勇于改革创新，不断破除各方面体制机制弊端，为中国式现代化注入不竭动力。党的领导凝聚建设中国式现代化的磅礴力量。我们党坚持把人民对美好生活的向往作为奋斗目标，坚持群众路线，发展全过程人民民主，以中国式现代化的美好愿景激励人、鼓舞人、感召人。

> 只有毫不动摇坚持党的领导，中国式现代化才能前景光明、繁荣兴盛；否则，中国式现代化就会偏离航向、丧失灵魂，甚至犯颠覆性错误。
>
> ——习近平

第二，坚持中国特色社会主义道路。中国式现代化是社会主义现代化，而不是别的什么现代化。我们党坚持把马克思主义作为根本指导思想，不断开辟马克思主义中国化时代化新境界，为中国式现代化提供科学指引。我们党始终高举中国特色社会主义伟大旗帜，既坚持科学社会主义基本原则，又不断赋予其鲜明的中国特色和时代内涵，坚定不移走中国特色社会主义道路，确保中国式现代化在正确的轨道上顺利推进。我们党坚持和完善中国特色社会主义制度，不断推进国家治理体系和治理能力现代化，形成包括中国特色社会主义根本制度、基本制度、重要制度在内的一整套制度体系，为中国式现代化稳步前行提供坚强制度保证。我们党坚持和发展中国特色社会主义文化，激发全民族文化创新创造活力，为中国式现代化提供强大精神力量。

第三，坚持以人民为中心的发展思想。中国式现代化是亿万人民自己的事业，人民是中国式现代化的主体，是全面建成社会主义现代化强国的决定性力量。只有紧紧依靠人民，尊重人民创造精神，汇集全体人民的智慧和力量，才能推动中国式现代化不断向前发展。中国式现代化道路行不行，最终要看能否带来经济发展、社会进步、民生改善、社会稳定，能否得到人民支持和拥护。我们党想问题、作决策、办事情注重把握人民脉搏、回应人民关切、体现人民愿望、增进人民福祉，推动中国式现代化建设成果更多更公平惠及全体人民，着力保障和改善民生，着力解决人民急难愁盼问题，让人民以主人翁精神满怀热忱地投入到现代化建设中来，凝聚起全面建设社会主义现代化国家的磅礴伟力。

第四，坚持深化改革开放。改革开放是当代中国大踏步赶上时代的重要法宝，是决定中国式现代化成败的关键一招。党的十八大以来，改革不停顿，党的十八届三中全会开启了全面深化改革、系统整体设计推进改革的新时代，许多领域实现历史性变革、系统性重塑、整体性重构；开放不止步，我国成为140多个国家和地区的主要贸易伙伴，货物贸易总额居世界第一，吸引外资和对外投资居世界前列，形成更大范围、更宽领域、更深层次对外开放格局。面对现代化进程中遇到的各种新问题新情况新挑战，我们党把全面深化改革作为推进中国式现代化的根本动力，深入推进改革创新，坚决破除一切制约中国式现代化顺利推进的体制机制障碍，不断彰显中国特色社会主义制度优势，不断增强社会主义现代化建设的动力和活力，把我国制度优势更好转化为国家治理效能。我们党坚定不移扩大开放，在推进我国现代化产业体系建设的过程中为世界提供更多更好的中国制造和中国创造，为世界提供更大规模的中国市场和中国需求，坚定支持和帮助广大发展中国家加快发展，为缩小南北差距、实现共同发展提供中国方案和中国力量，不断拓展中国式现代化的发展空间。

第五，坚持发扬斗争精神。敢于斗争是我们党与生俱来的政治基因和百年淬炼的鲜明品格。建立中国共产党、成立中华人民共和国、实行改革开放、推进新时代中国特色社会主义事业，我们党在内忧外患中诞生、在历经磨难中成长、在攻坚克难中壮大。从"红军不怕远征难"的豪迈，到"拼命也要拿下大油田"的干劲，从"我是党员我先上"的坚定，到"千难万险不退缩"的勇毅，斗争精神贯穿于各个历史时期和全部奋斗实践。新时代的伟大变革，不是从天上掉下来的，而是通过不断斗争取得的。以习近平同志为核心的党中央团结带领全党全军全国各族人民，义无反顾进行具有许多新的历史特点的伟大斗争。坚持同贫困落后作斗争，我们历史性地解决了绝对贫困问题；坚持同党内腐败和作风问题作斗争，我们推动反腐败斗争取得压倒性胜利并全面巩固；坚持同环境污染作斗争，我们推动生态环境保护发生历史性、转折性、全局性变化；等等。推进中国式现代化，要把握新的伟大斗争的历史特点，抓住和用好历史机遇，发扬斗争精神，坚定斗争意志，增强斗争本领，掌握斗争主动权，战胜前进道路上的一切艰难险阻，不断夺取新时代伟大斗争的新胜利。

二、推进中国式现代化必须正确处理好一系列重大关系

推进中国式现代化，是一项前无古人的开创性事业。作为一项系统工程，推进中国式现代化需要正确处理好顶层设计与实践探索、战略与策略、守正与创新、效率与公平、活力与秩序、自立自强与对外开放等一系列重大关系。这一系列重大关系，既辩证统一又一脉相承，既着眼长远又脚踏实地，是我们党对推进中国式现代化认识的进一步深化。

正确处理顶层设计与实践探索的关系。中国式现代化是分阶段、分领域推进的。实现各阶段发展目标，落实各领域发展战略，需要进行顶层设计。无论是突破"卡脖子"技术、实现科技自立自强，还是推动"双碳"行动、实现绿色低碳发展，都涉及政府、企业、居民等多元主体，需要城乡、区域、行业之间相互配合，做好顶层设计谋划。推进中国式现代化是一项探索性事业，还有许多未知领域，需要我们在实践中去大胆探索。允许各地根据自身特色进行差异化、多元化尝试，是推进改革发展的一条重要经验。中国是一个超大规模国家，因为规模巨大，需要整体层面的战略谋划；因为国情复杂，需要具体落实的灵活创新。

二者是一个辩证统一的整体，在加强顶层设计时，只有立足基层实践及其基本现实，才能扎根中国大地，有效指导实践；在进行实践探索时，只有契合顶层设计的目标方向，才能形成合力、服务全局，最大限度激发出推进中国式现代化的强大力量。

正确处理战略与策略的关系。战略与策略是我们党领导人民改造世界、变革实践、推动历史发展的有力武器。正确运用战略和策略，是我们党创造辉煌历史、成就千秋伟业、战胜各种风险挑战，不断从胜利走向胜利的成功秘诀。凡是涉及我国经济、政治、文化、社会、生态、外交、国防和党的建设等全局性的重大问题，都需要从战略上进行思考、研究和筹谋；凡是涉及改革发展稳定工作中的各种重大问题，也都需要从战略上拿出治本之策。要树立世界眼光，胸怀"国之大者"，把历史、现实、未来贯通起来，把中国和世界连接起来，增强战略思维能力，使制定的战略符合实际、行之有效，为中国式现代化提供强大的战略支撑。策略为战略实施提供科学方法。实施战略的环境条件随时都在发生变化，每时每刻都会遇到新情况新问题。因此，需要把战略的原则性和策略的灵活性有机结合起来，灵活机动、随机应变、临机决断，在因地制宜、因势而动、顺势而为中把握战略主动。

正确处理守正与创新的关系。中国式现代化的探索就是一个在继承中发展、在守正中创新的历史过程。新中国成立以来，我国根据不同的发展阶段、环境、条件变化，坚持用中长期规划指导经济社会发展，书写了人类历史上最为波澜壮阔的现代化进程，体现了守正与创新相统一的方法论智慧。在推进中国式现代化新征程上，必须守好中国式现代化的本和源、根和魂，毫不动摇坚持中国式现代化的中国特色、本质要求和重大原则，坚持党的基本理论、基本路线、基本方略，坚持党的十八大以来的一系列重大方针政策，确保中国式现代化的正确方向。实践没有止境，唯有不断创新，才能把握时代、引领时代。党的十八大以来，我们坚持把创新摆在国家发展全局的突出位置，积极识变应变求变，开辟发展新领域新赛道，不断塑造发展新动能新优势，让创新在全社会蔚然成风。守正不是墨守成规、一成不变，创新不是无本之木、无源之水。只有在创新基础上的守正，才不会故步自封，才能与时俱进、推陈出新；只有在守正基础上的创新，才不会偏离方向，才能根深叶茂、源远流长。

正确处理效率与公平的关系。中国式现代化倡导的不是少数人富裕的现代化，而是全体人民共同富裕的现代化；不是单一考量生产效率的现代化，而是兼顾效率与公平的现代化；是既把"蛋糕"做大做好，也把"蛋糕"切好分好的现代化。中国式现代化既要创造比资本主义更高的效率，又要更有效地维护社会公平，更好实现效率与公平相兼顾、相促进、相统一。贫穷不是社会主义，我国仍处于社会主义初级阶段，发展是解决我国一切问题的基础和关键。党的十八大以来，一系列改革举措不断推出，从深化供给侧结构性改革大大提高了供给体系质量和效率，到深入推进简政放权大大激发了市场活力，再到大力减税降费为企业纾困解难等，极大提升了经济社会发展的效率。贫富悬殊、两极分化也不是社会主义。我们从完善收入分配制度，到促进基本公共服务均等化，再到主动解决地区差距、城乡差距、收入差距等问题，既推动社会主义现代化建设事业不断发展壮大，又让每个人都参与其中。

正确处理活力与秩序的关系。秩序代表着社会的有序、和谐与稳定，而活力则蕴含着社会的丰富性、多样性。二者相互依存，互为前提。稳定、健康的社会秩序是焕发社会活力的前提，也为调动人们参与积极性、激发创造力提供了支持，社会活力的奔涌则会进一步促进社会秩序的提升。世界现代化历程的一般规律表明，一个国家在从传统社会向现代社会转变的过程中，要经历一个社会矛盾和风险的高发期。让创新创造的活力充分涌流、竞相迸发，是我们攻克一个又一个难关、创造一个又一个人间奇迹的重要原因。不仅如此，中国式现代化是能够实现活而不乱、活跃有序这一动态平衡局面的现代化，能够实现社会有序运行与社会活力迸发相统一、相协调。在追求现代化的艰苦卓绝奋斗中，我们党领导人民在实现经济快速发展的同时有效应对转型阵痛、确保社会长期稳定，让经济社会发展的活力有序释放。当前的中国，是一个活力奔涌的中国，也是一个和谐稳定的中国，既需要以安定有序赢得长远，也需要以旺盛活力提供动力。

正确处理自立自强与对外开放的关系。我们成功开创中国式现代化的一条重要经验，就是必须坚持独立自主原则，坚定不移走好自己的路。只有自立自强，才不会在发展中被"卡脖子"；只有自立自强，才能把国家和民族发展放在自己力量的基点上。这些年，我们矢志攻克关键领域核心技术，努力破解"卡脖子"难题；发展数字经济、人工智能，抢占未来先机；构建全国统一大市场，为畅通国内大循环奠定基础；加快建设农业强国，牢牢把住粮食安全主动权，确保中国人的饭碗牢牢端在自己手中。中国式现代化是体现全球视野、世界格局和大国担当的现代化。对外开放是中国的基本国策，过去中国经济发展是在开放条件下取得的，未来中国经济实现高质量发展也必须在更加开放的条件下进行。当人类越来越成为你中有我、我中有你的命运共同体，没有对外开放就会故步自封，没有自立自强就会随波逐流。新征程上，要坚持自立自强与对外开放的辩证统一关系，既怀揣着"把自己的事业办好"的坚定底气，又保持着"开放的大门永远是敞开的"广阔胸襟，不忘本来、吸收外来，以中国式现代化为世界提供更多机遇，更好开创未来。

三、创造人类文明新形态

中国式现代化，深深植根于中华优秀传统文化，体现科学社会主义的先进本质，借鉴吸收一切人类优秀文明成果，代表人类文明进步的发展方向，展现了不同于西方现代化模式的新图景，创造了一种全新的人类文明形态。

中国式现代化赓续创新了中华优秀传统文化，创造了中华文明的现代形态。当今世界不同国家、不同地区各具特色的现代化道路，植根于丰富多样、源远流长的文明传承。在漫长的历史进程中，中华民族以自强不息的决心和意志，筚路蓝缕，跋山涉水，走过了不同于世界其他文明体的发展历程，创造了璀璨夺目的中华文明。中国式现代化是赓续古老文明的现代化，是从中华大地长出来的现代化，是文明更新的结果，它实现了中华文明从传统到现代的跨越，发展出中华文明的现代形态。中国式现代化的理论与实践，赋予中华文明以现代力量，为中华文明创新发展提供强大动力和广阔空间，对促进人类文明进步具有重要意义。

中国式现代化克服了西方现代化的诸多弊端，创造了超越资本主义的文明形态。资本主义文明是建立在资本主义剥削制度基础上的，它无法克服和消除文明下的野蛮本性。西方现代化实质上就是以资本为中心的现代化、两极分化的现代化、物质主义膨胀的现代化、对外扩张掠夺的现代化。与之相比，中国式现代化坚持以人民为中心，坚定不移推进共同富裕；注重发展的全面性、协调性、可持续性，统筹推进物质文明、政治文明、精神文明、社会文明、生态文明建设；高举和平、发展、合作、共赢旗帜，坚持走和平发展的道路。中国式现代化打破了"现代化＝西方化"的迷思，打破了只有西方资本主义道路才能实现现代化的神话，也用事实宣告了"历史终结论"的破产，宣告了各国最终都要以西方制度模式为归宿的单线式历史观的破产，展现了现代化的另一幅图景。

中国式现代化总结世界社会主义历史经验，创造了科学社会主义的崭新形态。20世纪80年代末90年代初，世界社会主义遭受严重曲折，但我们经受住了考验。中国式现代化不是简单套用马克思主义经典作家设想的模板，不是其他国家社会主义现代化实践的再版。中国式现代化坚持科学社会主义基本原则，但不拘泥于马克思主义经典作家的具体结论和词句，敢于打破过去社会主义实践中僵化、过时的做法，敢于说前人没有说过的新话，敢于干前人没有干过的事情，不断推进马克思主义中国化时代化，不断赋予科学社会主义以鲜明的中国特色、时代特色、实践特色，是科学社会主义的最新重大成果。

　　现代化不是少数国家的"专利品"，也不是非此即彼的"单选题"，不能搞简单的千篇一律、"复制粘贴"。中国式现代化创造了人类文明新形态，有力证明了世界现代化模式的多样性，超越了西方现代化理论和实践，拓展了发展中国家走向现代化的途径，给世界上那些既希望加快发展又希望保持自身独立性的国家和民族提供了全新选择。

思考题

1. 为什么说中国式现代化是强国建设、民族复兴的康庄大道？
2. 如何理解中国式现代化是中国共产党领导的社会主义现代化？
3. 如何牢牢把握推进中国式现代化的重大原则？
4. 如何理解推进中国式现代化需要正确处理的重大关系？
5. 如何理解中国式现代化创造了人类文明新形态？

第三章　新时代中国特色社会主义经济建设

教学要点

1. 新时代中国特色社会主义经济理论与制度的基本内容

2. 贯彻新发展理念、构建新发展格局、推动高质量发展的重大意义和实践要求

3. 构建高水平社会主义市场经济体制的要求和举措

4. 推进高水平对外开放的意义和内容

5. 教育、科技、人才在全面建设社会主义现代化国家中的地位与作用

第一节　新时代中国特色社会主义经济理论与制度

党的十八大以来，以习近平同志为核心的党中央统揽国内国际两个大局，把握我国经济发展的新特征新要求，大力推进新时代中国特色社会主义经济建设，创造性地提出了关于中国经济发展的一系列重大理论观点，形成了习近平经济思想，进一步完善了中国特色社会主义经济制度，为新时代做好经济工作提供了根本遵循和制度保障。

一、新时代中国特色社会主义经济理论

中国特色社会主义经济理论，是马克思主义政治经济学基本原理与中国经济建设实际相结合的产物。在社会主义建设初期的探索中，中国共产党就提出了关于社会主义经济建设的一系列独创性理论观点，如提出社会主义社会的基本矛盾理论，提出统筹兼顾、注意综合平衡，以农业为基础、工业为主导、农轻重协调发展等重要观点。在改革开放新的伟大实践中，党创造性地提出了关于社会主义本质、关于经济体制改革、关于社会主义初级阶段基本经济制度、关于社会主义基本分配制度、关于社会主义市场经济、关于对外开放等方面的重要理论成果，有力指导了我国的经济社会发展，丰富和发展了马克思主义政治经济学。

党的十八大以来，我国经济由高速增长阶段转向高质量发展阶段，发展环境发生深刻复杂变化，传统发展模式难以为继，发展理念和发展方式亟须调整转变。以习近平同志为核心的党中央深刻总结并充分运用我国经济发展的成功经验，从新的实际出发，提出了一系列新理念新思想新战略，形成了习近平经济思想。习近平经济思想坚持马克思主义政治经济学的基本原理和方法，在适应新形势、解决新问题、应对新挑战中形成了一系列具有鲜明时代性和创造性的理论成果，集中体现了我们党对经济发展规律特别是社会主义经济建设规律的深刻洞见，为丰富发展马克思主义政治经济学作出了原创性贡献。

一是关于加强党对经济工作的全面领导。党是总揽全局、协调各方的。经济建设是党的中心工作，加强党对经济工作的领导，是加强党的全面领导的题中应有之义。抓住了中心工作这个牛鼻子，其他工作就可以更好展开。加强党对经济工作的领导，全面提高党领导经济工作水平，是坚持民主集中制的必然要求，也是我们政治制度的优势。中国经济是一艘巨轮，体量越大，风浪越大，掌舵领航越重要。在风云变幻的世界经济大潮中，只有发挥好党在经济社会发展中的领导核心作用，才能驾

驭好我国经济这艘巨轮，才能保持经济社会持续健康发展。

二是关于坚持以人民为中心的发展思想。人民性是马克思主义最鲜明的品格，发展为了人民是马克思主义政治经济学的根本立场。只有坚持发展为了人民、发展依靠人民、发展成果由人民共享，才会有正确的发展观、现代化观。人民至上是作出正确抉择的根本前提，只要心里始终装着人民，始终把人民利益放在最高位置，就一定能够作出正确决策，确定最优路径，并依靠人民战胜一切艰难险阻。

三是关于推动高质量发展。中国特色社会主义进入了新时代，我国经济发展也进入了新时代，基本特征就是我国经济已由高速增长阶段转向高质量发展阶段。高质量发展是全面建设社会主义现代化国家的首要任务，是"十四五"乃至更长时期我国经济社会发展的主题。推动高质量发展是我们当前和今后一个时期确定发展思路、制定经济政策、实施宏观调控的根本要求，必须加快形成推动高质量发展的指标体系、政策体系、标准体系、统计体系、绩效评价和政绩考核体系，创建和完善制度环境，推动我国经济在转方式、调结构、提质量、增效益上取得新进展。

四是关于用新发展理念统领发展全局。理念是行动的先导，一定的发展实践都是由一定的发展理念来引领。创新、协调、绿色、开放、共享的新发展理念，是在深刻总结国内外发展经验教训的基础上形成的，集中反映了党对经济发展规律的新认识，同马克思主义经典作家的许多政治经济学观点相通。坚持创新发展、协调发展、绿色发展、开放发展、共享发展，是当前和今后一个时期我国发展的总要求和大趋势，是关系我国发展全局的一场深刻变革。

五是关于构建以国内大循环为主体、国内国际双循环相互促进的新发展格局。构建新发展格局，是根据我国发展阶段、环境、条件变化，特别是基于我国比较优势变化，审时度势作出的重大决策，是新发展阶段要着力推动完成的重大历史任务，也是贯彻新发展理念的重大举措。只有加快构建新发展格局，才能夯实我国经济发展的根基、增强发展的安全性稳定性，才能在各种可以预见和难以预见的狂风暴雨、惊涛骇浪中增强我国的生存力、竞争力、发展力、持续力，确保中华民族伟大复兴进程不被迟滞甚至中断，胜利实现全面建成社会主义现代化强国目标。

六是关于发展新质生产力。新时代以来，推动高质量发展成为全党全社会的共识和自觉行动，成为经济社会发展的主旋律。高质量发展需要新的生产力理论来指导，而新质生产力已经在实践中形成并展示出对高质量发展的强劲推动力、支撑力。概括地说，新质生产力是创新起主导作用，摆脱传统经济增长方式、生产力发展路径，具有高科技、高效能、高质量特征，符合新发展理念的先进生产力质态。它由技术革命性突破、生产要素创新性配置、产业深度转型升级而催生，以劳动者、劳动资料、劳动对象及其优化组合的跃升为基本内涵，以全要素生产率大幅提升为核心标志，特点是创新，关键在质优，本质是先进生产力。牢牢把握高质量发展这个首要任务，坚持从实际出发，先立后破、因地制宜、分类指导，根据资源禀赋、产业基础、科研条件等有选择地推动新产业、新模式、新动能发展，用新技术改造提升传统产业，积极促进产业高端化、智能化、绿色化。

七是关于供给侧结构性改革。当前，我国经济运行面临的突出矛盾和问题的根源是重大结构性失衡，这就决定了推动高质量发展必须坚持以推进供给侧结构性改革为主线。推进供给侧结构性改革，是在全面分析国内经济阶段性特征的基础上调整经济结构、转变经济发展方式的治本良方，是培育增长新动力、形成先发新优势、实现创新引领发展的必然要求。要深入推进供给侧结构性改革，为经济持续健康发展打造新引擎、构建新支撑。

八是关于社会主义市场经济改革。在社会主义条件下发展市场经济，是中国共产党的一个伟大创举。我国经济发展获得巨大成功的一个关键因素，就是既发挥了市场经济的长处，又发挥了社会主义制度的优越性。在中国共产党领导和社会主义制度的大前提下发展市场经济，什么时候都不能忘了"社会主义"这个定语。坚持社会主义市场经济改革方向，不仅是经济体制改革的基本遵循，也是全面深化改革开放的重要依托。经济体制改革的核心问题是处理好政府和市场的关系，使市场在资源配置中起决定性作用，更好发挥政府作用。

九是关于经济发展战略。坚持问题导向，制定实施经济发展战略，既是保持经济持续健康发展的要求，也是处理好新时代我国社会主要矛盾的要求。国际经济竞争甚至综合国力竞争，说到底就是创新能力的竞争。要坚持创新在我国现代化建设全局中的核心地位，把科技自立自强作为国家发展的战略支撑，坚定不移实施科教兴国战略、人才强国战略和创新驱动发展战略，完善国家创新体系，加快建设科技强国。实现区域协调发展、城乡协调发展、经济可持续发展，坚定不移实施乡村振兴战略、区域协调发展战略和可持续发展战略。巩固提高一体化国家战略体系和能力，统筹经济建设和国防建设。

十是关于坚定不移全面扩大开放。开放是当代中国的鲜明标识。过去我国经济发展是在开放条件下取得的，未来我国经济实现高质量发展也必须在更加开放条件下进行。我国改革开放和现代化建设的成就充分证明，对外开放是推动中国经济社会发展的重要动力，现代化离不开开放，开放成就现代化。新时代新征程，我们要不断扩大高水平对外开放，坚定奉行互利共赢的开放战略，依托我国超大规模市场优势，以国内大循环吸引全球资源要素，增强国内国际两个市场、两种资源联动效应，稳步推进规则、规制、管理、标准等制度型开放，提升贸易投资合作质量和水平，不断拓展中国式现代化的发展空间。

十一是关于统筹发展和安全。安全是发展的前提，发展是安全的保障。前进的道路不可能一帆风顺，越是前景光明，越是要增强忧患意识，做到居安思危。当前和今后一个时期是我国各类矛盾和风险易发期，各种可以预见和难以预见的风险因素明显增多。必须坚持高质量发展和高水平安全良性互动，以高质量发展促进高水平安全，以高水平安全保障高质量发展，发展和安全要动态平衡、相得益彰。要常观大势、常思大局，增强机遇意识和风险意识，着力破解各种矛盾和问题，打好化险为夷、转危为机的战略主动战，确保社会主义现代化事业顺利推进。

十二是关于坚持正确工作策略和方法。做好经济工作，既要满怀干事创业热情，又要讲究工作方法策略。稳中求进工作总基调是治国理政的重要原则，也是做好经济工作的方法论。坚持稳中求进、以进促稳、先立后破，多出有利于稳预期、稳增长、稳就业的政策，在转方式、调结构、提质量、增效益上积极进取，不断巩固稳中向好的基础。坚持系统观念，系统观念是具有基础性的思想和工作方法，要从系统论出发优化经济治理方式，在多重目标中寻求动态平衡。坚持目标导向和问题导向相结合，以目标为着眼点，以问题为着力点，根据人民意愿和事业发展需要，解决中国的现实问题。坚持集中精力办好自己的事，这是把握发展机遇的关键。坚持以钉钉子精神抓落实，强调真抓实干，这是我们党的优良传统。

此外还有关于经济发展进入新常态、关于新发展阶段、关于建设现代化经济体系、关于坚持创新驱动发展、关于大力发展制造业和实体经济等理论。这些理论共同构成新时代中国特色社会主义经济理论的丰富内涵，指导新时代新征程中国经济建设向第二个百年奋斗目标胜利前进。

二、新时代中国特色社会主义经济制度

经济制度体现一定社会形态中最基本、最本质的经济关系，经济制度的选择取决于一国生产力发展水平和具体的社会经济条件。社会主义

基本经济制度在经济制度体系中具有基础性决定性地位，是中国特色社会主义制度的重要支柱。它规定我国经济关系的基本原则，明确人们在生产、分配、流通和消费中的地位及其相互关系，确保经济制度的社会主义属性。

改革开放以来，我们党一直根据实践的发展不断丰富和完善社会主义经济制度。党的十九届四中全会强调，必须坚持和完善公有制为主体、多种所有制经济共同发展，按劳分配为主体、多种分配方式并存，社会主义市场经济体制等社会主义基本经济制度。社会主义基本经济制度，既体现了社会主义制度优越性，又同我国社会主义初级阶段社会生产力发展水平相适应，是党和人民的伟大创造。中国特色社会主义基本经济制度，主要包括以下三个方面。

一是社会主义初级阶段的生产资料所有制。公有制为主体、多种所有制经济共同发展，是我国社会主义初级阶段的生产资料所有制，决定着我国基本经济制度的根本性质和发展方向。我国是中国共产党领导的社会主义国家，公有制经济是长期以来在国家发展历程中形成的，为国家建设、国防安全、人民生活改善作出了突出贡献。长期以来，我国非公有制经济在我们党的方针政策指引下快速发展，在稳定增长、促进创新、增加就业、改善民生等方面发挥了重要作用。公有制经济和非公有制经济，二者相辅相成、相得益彰。

二是社会主义初级阶段的收入分配制度。以按劳分配为主体、多种分配方式并存，是我国社会主义初级阶段的收入分配制度。这一制度有利于充分调动各方面积极性，有利于实现效率与公平有机统一。坚持多劳多得，着重保护劳动所得，提高劳动报酬在初次分配中的比重，完善工资制度，健全工资合理增长机制，完善按要素分配政策制度，健全再分配调节机制，重视发挥第三次分配作用。坚持好这一分配制度，能够有效实现各种分配方式各扬其长，各种市场主体各得其所，规范收入分配秩序，不断推动居民收入增长和经济增长同步、劳动报酬提高和劳动生产率提高同步，让广大人民群众共享发展成果，朝着共同富裕目标前进。

三是社会主义市场经济体制。市场经济体制是指以市场为配置资源基本手段的一种经济体制。经过改革开放以来的不断探索，我国已基本建立了社会主义市场经济体制。社会主义市场经济体制是适应我国社会主义初级阶段生产资料所有制的经济体制形式。一方面，在多种所有制经济并存的商品交换关系下，价值规律仍然发挥作用，市场配置资源是最有效率的形式；另一方面，要坚持党的领导，更好发挥政府作用。社会主义市场经济本质上是法治经济，使市场在资源配置中起决定性作用，更好发挥政府作用，必须以保护产权、维护契约、统一市场、平等交换、公平竞争、有效监管为基本导向，完善社会主义市场经济法律制度。

中国特色社会主义基本经济制度的三个重要组成部分，相互联系、相互支持、相互促进。所有制是基本经济制度的基础，决定分配方式和经济运行方式。同时，合理有效的分配方式和经济运行方式有利于进一步完善所有制结构，更好地坚持"两个毫不动摇"，促进经济社会持续健康发展。将这三项经济制度共同作为基本经济制度，是中国特色社会主义政治经济学的重大理论创新，是新时代我国构建更加有效管用、逻辑贯通、衔接匹配的经济制度体系的根本遵循。

此外，还有中国特色现代企业制度、国有资产监管体制、农村集体产权制度、农村基本经营制度、税收制度、市场许可制度、破产制度、产权保护制度、消费者权益保护制度、现代金融体系等。它们建立在基本经济制度之上，相互配合，形成合力，从制度层面为新时代新征程高质量发展保驾护航。

第二节　推动高质量发展

发展是党执政兴国的第一要务。新时代我国经济发展的重要特征是由高速增长转向高质量发展、从量的扩张转向质的提升，这是当前和今后一个时期明确发展思路、制定经济政策、实施宏观调控的基本依据。必须把坚持高质量发展作为新时代的硬道理，完整、准确、全面贯彻新发展理念，建设现代化经济体系。

一、我国经济转向高质量发展阶段

党的十八大以来，我们党对经济发展阶段性特征的认识不断深化。2013 年提出我国经济发展正处于增长速度换挡期、结构调整阵痛期和前期刺激政策消化期"三期叠加"阶段，2014 年提出我国经济发展进入新常态。新常态下，我国经济发展的环境、条件、任务、要求都发生了新的变化，增长速度要从高速转向中高速，发展方式要从规模速度型转向质量效率型，经济结构调整要从增量扩能为主转向调整存量、做优增量并举，发展动力要从主要依靠资源和低成本劳动力等要素投入转向创新驱动。这些变化，是我国经济向形态更高级、分工更优化、结构更合理的阶段演进的必经过程。党的十九大明确提出我国经济已由高速增长阶段转向高质量发展阶段，党的十九届五中全会强调以推动高质量发展为主题，党的二十大明确实现高质量发展是中国式现代化的本质要求。

表 3-1　新时代十年经济社会发展成就

指　标	单位	2012 年绝对量	2021 年		2013—2021 年平均增速（%）［累计］
			绝对量	比上年增长（%）	
国内生产总值（GDP）①	亿元	538580	1143670	8.1	6.6
第一产业	亿元	49085	83086	7.1	4.0
第二产业	亿元	244639	450904	8.2	6.0
第三产业	亿元	244856	609680	8.2	7.4
人均 GDP ①	元 / 人	39771	80976	8.0	6.1
万元国内生产总值能耗降低率①	%	3.7	2.7	—	［26.4］
粮食产量	万吨	61223	68285	2.0	1.2
主要工业产品产量					
原煤	亿吨	39.5	41.3	5.7	0.5
原油	万吨	20748	19888	2.1	−0.5
发电量	亿千瓦时	49876	85342	9.7	6.1
粗钢	万吨	72388	103524	−2.8	4.1
铁路营业里程	万公里	9.76	15.07	3.0	4.9
公路里程	万公里	423.75	528.07	1.6	2.5
互联网普及率	%	42.1	73.0	2.6（百分点）	［30.9］（百分点）
全社会固定资产投资	亿元	281684	552884	4.9	9.4
社会消费品零售总额	亿元	205517	440823	12.5	8.8
货物进出口总额	亿元	244160	391009	21.4	5.4
服务进出口总额	亿元	30422	52983	16.1	6.4
实际使用外商直接投资金额（不含银行、证券、保险领域）	亿美元	1133	1735	20.2	4.8
一般公共预算收入②	亿元	117254	202539	10.7	5.8
一般公共预算支出②	亿元	125953	246322	0.3	7.3
外汇储备（年末）	亿美元	33116	32502	—	—
社会融资规模存量（年末）	万亿元	91.5	314.1	10.3	12.9 ③
常住人口城镇化率（年末）	%	53.10	64.72	0.83（百分点）	1.29（百分点）
城镇就业人员（年末）	万人	37287	46773	1.1	2.6
全国居民人均可支配收入④	元	16510	35128	8.1	6.6
全国居民人均消费支出④	元	12054	24100	12.6	5.9
贫困人口	万人	9899	全部脱贫⑤	—	—
研究与试验发展经费支出与国内生产总值之比①	%	1.91	2.44	0.03（百分点）	［0.53］（百分点）
九年义务教育巩固率	%	91.8	95.4	0.2（百分点）	［3.6］（百分点）
人均预期寿命	岁	76.34 ⑥	77.93 ⑦	—	0.32（岁）⑧
年末参加基本养老保险人数	万人	78796	102871	3.0	3.0
年末参加基本医疗保险人数	万人	53641	136297	0.1	—

　　资料来源：国家统计局。

　　注：① 2021 年数据为初步核算数。② 2021 年数据为预算执行数，2013—2021 年平均增速按同口径计算。③ 按可比口径计算。④ 全国居民人均可支配收入、全国居民人均消费支出绝对数按当年价格计算，增速为实际增速。⑤ 2020 年我国现行农村贫困标准下的农村贫困人口全部脱贫。⑥ 为 2015 年数据。⑦ 为 2020 年数据。⑧ 为 2016—2020 年平均增量。

高质量发展，就是能够很好满足人民日益增长的美好生活需要的发展，是体现新发展理念的发展。从供给看，高质量发展应该实现产业体系比较完整，生产组织方式网络化智能化，创新力、需求捕捉力、品牌影响力、核心竞争力强，产品和服务质量高。从需求看，高质量发展应该不断满足人民群众个性化、多样化、不断升级的需求，这种需求引领供给体系和结构的变化，供给变革又不断催生新的需求。从投入产出看，高质量发展应该不断提高劳动效率、资本效率、土地效率、资源效率、环境效率，不断提升科技进步贡献率，不断提高全要素生产率。从分配看，高质量发展应该实现投资有回报、企业有利润、员工有收入、政府有税收，并且充分反映各自按市场评价的贡献。从宏观经济循环看，高质量发展应该实现生产、分配、流通、消费循环通畅，国民经济重大比例关系和空间布局比较合理，经济发展比较平稳，不出现大的起落。更明确地说，高质量发展，就是从"有没有"转向"好不好"。

推动高质量发展，是适应我国社会主要矛盾变化和全面建设社会主义现代化国家的必然要求，也是遵循经济发展规律、保持经济持续健康发展的必然要求。主要体现在：一是新时代我国社会主要矛盾发生了重要变化，经济发展阶段也在发生历史性变化，解决我国社会的主要矛盾、实现全面建设社会主义现代化国家的目标，必须推动高质量发展。二是经济发展是一个螺旋式上升的过程，上升不是线性的，量积累到一定阶段，必然转向质的提升，我国经济发展也要遵循这一规律。三是经济进入中高速增长阶段是新时代经济发展的一个阶段性特征，客观上要求经济工作从加快经济增长速度转移到提升经济发展质量上来。四是传统行业供给不足问题已基本解决，部分行业甚至出现产能过剩的情况，但个性化产品、高质量产品的种类和数量还不能满足人民的需要。因此，必须不断优化升级产业结构，创新企业生产经营和经济管理方式，发挥新兴产业、服务业、小微企业的作用，推进产品质量升级，加快建设制造强国。五是随着经济增速下调，经济中各类隐性风险逐步显性化，防范化解重大风险是保持经济持续健康发展和社会大局稳定的一个重要任务。因此，要全面把握经济发展阶段的新变化，优化经济结构，建立健全化解各类风险的体制机制，提高抗击风险的能力。

二、用新发展理念统领发展全局

"发展理念是否对头，从根本上决定着发展成效乃至成败。"[①] 党的十八大以来，我们党对经济形势进行科学判断，提出创新、协调、绿色、开放、共享的新发展理念，引导我国经济建设取得了历史性成就。

> 新发展理念就是指挥棒、红绿灯。
>
> ——习近平

新发展理念集中体现了我国的发展思路、发展方向和发展着力点，具有很强的战略性、纲领性和引领性。其一，创新是引领发展的第一动力。坚持创新发展，是分析近代以来世界发展历程特别是总结我国改革开放成功实践得出的结论，是应对发展环境变化、增强发展动力、把握发展主动权，更好引领高质量发展的根本之策。树立创新发展理念，必须把创新摆在国家发展全局的核心位置，不断推进理论创新、制度创新、科技创新、文化创新等各方面创新，让创新贯穿党和国家的一切工作，让创新在全社会蔚然成风。其二，协调是持续健康发展的内在要求。树立协调发展理念，必须牢牢把握中国特色社会主义事业总体布局，正确处理发展中的重大关系，重点促进城乡区域协调发展，促进经济社会协调发展，促进新型工业化、信息化、城镇化、农业现代化同步发展，在增强国家硬实力的同时注重提升国家软实力，不断增强发展整体性。其

---

① 《习近平著作选读》第二卷，人民出版社 2023 年版，第 403 页。

三，绿色是永续发展的必要条件和人民对美好生活追求的重要体现。树立绿色发展理念，必须坚持节约资源和保护环境的基本国策，坚持可持续发展，坚定走生产发展、生活富裕、生态良好的文明发展道路，加快建设资源节约型、环境友好型社会，形成人与自然和谐发展现代化建设新格局，推进美丽中国建设，为全球生态安全作出新贡献。其四，开放是国家繁荣发展的必由之路。树立开放发展理念，必须顺应我国经济深度融入世界经济的趋势，奉行互利共赢的开放战略，坚持内外需协调、进出口平衡、引进来和走出去并重、引资和引技引智并举，发展更高层次的开放型经济，积极参与全球经济治理和公共产品供给，提高我国在全球经济治理中的制度性话语权，构建广泛的利益共同体。其五，共享是中国特色社会主义的本质要求。树立共享发展理念，必须坚持发展为了人民、发展依靠人民、发展成果由人民共享，作出更有效的制度安排，使全体人民在共建共享发展中有更多获得感，增强发展动力，增进人民团结，朝着共同富裕方向稳步前进。

新发展理念传承党的发展理论，科学回答了新时代实现什么样的发展、怎样实现发展的问题，阐明了我们党关于发展的政治立场、价值导向、发展模式、发展道路等重大政治问题。新发展理念更加鲜明地强调生产力发展的时代特征，紧扣新时代我国社会主要矛盾的变化，推动高质量发展、构建新发展格局；更加鲜明地强调不断调整生产关系以适应生产力发展，通过全面深化改革破除阻碍生产力发展的体制机制障碍，使市场在资源配置中起决定性作用，更好发挥政府作用；更加鲜明地强调社会再生产过程的协调性可持续性，强调产业间、城乡间、地区间、人与自然、国内与国际、人与人关系的改善，强调处理好当前和长远、局部和全局、重点和一般的关系；更加鲜明地强调坚持以人民为中心的发展思想，强调人民是推动发展的根本力量，坚持人民主体地位，调动各方面积极性、主动性、创造性，汇聚成发展的强大动力。新发展理念集中反映了我们党对经济社会发展规律认识的深化，开拓了中国特色社会主义政治经济学新境界，书写了马克思主义政治经济学新篇章。

新发展理念明确了我国现代化建设的指导原则，对社会主义经济发展规律作出了全新总结和概括，有力指导了我国新的发展实践。贯彻新发展理念必须完整、准确、全面。一是要从根本宗旨把握新发展理念。人民是我们党执政的最深厚基础和最大底气。为中国人民谋幸福、为中华民族谋复兴，这既是我们党领导现代化建设的出发点和落脚点，也是新发展理念的根和魂。二是要从问题导向把握新发展理念。我国发展已经站在新的历史起点上，要根据新发展阶段的新要求，坚持问题导向，更加精准地贯彻新发展理念，切实解决好发展不平衡不充分的问题，推动高质量发展。三是要从忧患意识把握新发展理念。"不困在于早虑，不穷在于早豫。"随着我国社会主要矛盾变化和国际力量对比深刻调整，我国发展面临的内外部风险空前上升，必须增强忧患意识、坚持底线思维，随时准备应对更加复杂困难的局面。

三、建设现代化经济体系

建设现代化经济体系，是贯彻新发展理念、推动高质量发展、全面提高经济整体竞争力的必然要求。国家强，经济体系必须强。只有形成现代化经济体系，才能更好顺应现代化发展潮流和赢得国际竞争主动，也才能为其他领域的现代化提供有力支撑。

现代化经济体系，是由社会经济活动各个环节、各个层面、各个领域的相互关系和内在联系构成的有机整体。我们建设的现代化经济体系，要借鉴发达国家有益做法，更要符合中国国情、具有中国特色，需要扎实管用的政策举措和行动。建设现代化经济体系的主要内涵包括：一是建设创新引领、协同发展的产业体系，实现实体经济、科技创新、现代金融、人力资源协同发展，使科技创新在实体经济发展中的贡献份额不断提高，现代金融服务实体经济的能力不断增强，人力资源支撑实体经济发展的作用不断优化。二是建设统一开放、竞争有序的市场体系，实现市场准入畅通、市场开放有序、市场竞争充分、市场秩序规范，加快形成企业自主经营公平竞争、消费者自由选择自主消费、商品和要素自由流动平等交换的现代市场体系。三是建设体现效率、促进公平的收入分配体系，实现收入分配合理、社会公平正义、全体人民共同富裕，推进基本公共服务均等化，逐步缩小收入分配差距。四是建设彰显优势、协调联动的城乡区域发展体系，实现区域良性互动、城乡融合发展、陆海统筹整体优化，培育和发挥区域比较优势，加强区域优势互补，塑造区域协调发展新格局。五是建设资源节约、环境友好的绿色发展体系，实现绿色循环低碳发展、人与自然和谐共生，牢固树立和践行绿水青山就是金山银山理念，形成人与自然和谐发展的现代化建设新格局。六是建设多元平衡、安全高效的全面开放体系，发展更高层次开放型经济，推动开放朝着优化结构、拓展深度、提高效益方向转变。七是建设充分发挥市场作用、更好发挥政府作用的经济体制，实现市场机制有效、微观主体有活力、宏观调控有度。以上几个体系是统一整体，要一体建设、一体推进。

推动高质量发展，就要建设现代化经济体系，这是我国发展的战略目标。新时代新征程我们要按照全面建设社会主义现代化国家的战略部署，加快建设现代化经济体系，推动我国经济发展焕发新活力、迈上新台阶。一是牢牢把握高质量发展的要求，坚持质量第一、效益优先，大力增强质量意识，视质量为生命，以高质量为追求。二是牢牢把握工作主线，更好统筹扩大内需和深化供给侧结构性改革。持续推动科技创新、制度创新，突破供给约束堵点、卡点、脆弱点，增强产业链供应链的竞争力和安全性，以自主可控、高质量的供给适应满足现有需求，创造引领新的需求。三是牢牢把握基本路径，推动质量变革、效率变革、动力变革，以效率变革、动力变革促进质量变革，加快形成可持续的高质量发展体制机制。四是牢牢把握着力点，以科技创新为引领，加快建设实体经济、科技创新、现代金融、人力资源协同发展的产业体系。现代化产业体系是新发展格局的基础，经济循环畅通需要各产业有序链接、高效畅通。推动高质量发展，必须加快发展现代化产业体系，推动经济体系优化升级。五是牢牢把握制度保障，构建市场机制有效、微观主体有活力、宏观调控有度的经济体制，充分激发各类经营主体的内生动力和创新活力。

第三节　构建新发展格局

构建新发展格局是与时俱进提升我国经济发展水平的战略抉择，是适应我国发展新阶段要求、塑造国际合作和竞争新优势的必然选择。新时代新征程我们要坚持以推动高质量发展为主题，坚持深化供给侧结构性改革和着力扩大有效需求协同发力，着力提高全要素生产率，着力提升产业链供应链韧性和安全水平，着力推进城乡融合和区域协调发展，推动经济实现质的有效提升和量的合理增长。

一、牢牢掌握发展的主导权

加快构建以国内大循环为主体、国内国际双循环相互促进的新发展格局，是立足实现第二个百年奋斗目标、统筹发展和安全作出的战略决策，是把握未来发展主动权的战略性布局，是推动高质量发展的战略基点。

构建新发展格局是把握发展主动权的先手棋，不是被迫之举和权宜之计。大国经济的特征都是内需为主导、内部可循环。我国 14 亿多人口整体迈进现代化社会，规模超过现有发达国家人口的总和，其艰巨性和复杂性前所未有，必须把发展的主导权牢牢掌握在自己手中；我国是一个超大规模经济体，而超大规模经济体可以也必须内部可循环。在当前国际形势充满不稳定性不确定性的背景下，立足国内、依托国内大市场优势，充分挖掘内需潜力，有利于化解外部冲击和外需下降带来的影响，也有利于在极端情况下保证我国经济基本正常运行和社会大局总体稳定。

构建新发展格局，要坚持扩大内需这个战略基点，使生产、分配、流通、消费更多依托国内市场，形成国民经济良性循环。形成强大国内市场是构建新发展格局的重要支撑，也是大国经济优势所在。市场资源是我国的巨大优势，目前我国具有全球最完整、规模最大的工业体系，有强大的生产能力、完善的配套能力，有14亿多人口所形成的超大规模内需市场。要充分利用和发挥超大规模市场和强大生产能力的优势，发挥消费拉动经济增长的基础性作用，通过增加居民收入扩大消费，通过终端需求带动有效供给，使国内大循环建立在内需主动力的基础上，提升国际循环质量和水平。

构建新发展格局的关键在于经济循环的畅通无阻。经济活动需要各种生产要素的组合在生产、分配、流通、消费各环节有机衔接，从而实现循环流转。如果经济循环顺畅，物质产品会增加，社会财富会积聚，人民福祉会增进，国家实力会增强，从而形成一个螺旋式上升的发展过程。如果经济循环过程中出现堵点、断点，循环就会受阻，在宏观上就会表现为增长速度下降、失业增加、风险积累、国际收支失衡等问题，在微观上就会表现为产能过剩、企业效益下降、居民收入下降等问题。能否实现经济循环的畅通无阻，主要取决于供给和需求两端是否动力强劲、总体匹配，动态平衡、良性互动。这就需要供需两端同时发力、协调配合，形成需求牵引供给、供给创造需求的更高水平动态平衡，实现国民经济良性循环。

二、把发展经济的着力点放在实体经济上

实体经济是一国经济中提供商品和服务、用于满足人们生活和生产需要的经济组成部分，是一国经济的立身之本，是财富创造的根本源泉，是国家强盛的重要支柱。我国经济是靠实体经济起家的，也要靠实体经济走向未来。经济发展任何时候都不能脱实向虚，要虚实结合，以实为基础，必须把提高供给体系质量作为主攻方向，把发展经济的着力点放在实体经济上，为实现第二个百年奋斗目标提供坚强物质支撑。加快建设以实体经济为支撑的现代化产业体系，推进新型工业化，加快建设制造强国、质量强国、航天强国、交通强国、网络强国、数字中国，关系我们在未来发展和国际竞争中赢得战略主动，既要逆势而上，在短板领域加快突破，也要顺势而为，在优势领域做大做强。

深入实施制造强国战略。制造业是国民经济的主体，是科技创新的主战场，是立国之本、兴国之器、强国之基。打造具有国际竞争力的制造业，是我国提升综合国力、保障国家安全、建设世界强国的必由之路。要坚持自主可控、安全高效，推进产业基础高级化、产业链现代化，保持制造业比重基本稳定，增强制造业竞争优势，推动制造业高质量发展。

深入实施质量强国战略。质量是人类生产生活的重要保障。建设质量强国是推动高质量发展、促进我国经济由大向强转变的重要举措，是满足人民美好生活需要的重要途径。面对新形势新要求，必须把推动发展的立足点转到提高质量和效益上来，培育以技术、标准、品牌、质量、服务等为核心的经济发展新优势，推动中国制造向中国创造转变、中国速度向中国质量转变、中国产品向中国品牌转变，坚定不移推进质量强国建设。

发展壮大战略性新兴产业。战略性新兴产业代表新一轮科技革命和产业变革的方向，是培育发展新动能、获取未来竞争新优势的关键领域。要着眼于抢占未来产业发展先机，培育先导性和支柱性产业，推动战略

性新兴产业融合化、集群化、生态化发展。积极培育新能源、新材料、先进制造、电子信息等战略性新兴产业，积极培育未来产业，加快形成新质生产力，增强发展新动能。

促进服务业繁荣发展。服务业在支撑经济发展、民生改善和社会进步等方面发挥着重要作用。要聚焦产业转型升级和居民消费升级需要，扩大服务业有效供给，提高服务效率和服务品质，构建优质高效、结构优化、竞争力强的服务产业新体系。

建设现代化基础设施体系。基础设施是经济社会发展的重要支撑。全面加强基础设施建设，对保障国家安全，畅通国内大循环、促进国内国际双循环，扩大内需，推动高质量发展，都具有重大意义。要统筹推进传统基础设施和新型基础设施建设，打造系统完备、高效实用、智能绿色、安全可靠的现代化基础设施体系。

加快发展数字经济。数字经济是继农业经济、工业经济之后的主要经济形态，是以数据资源为关键要素，以现代信息网络为主要载体，以信息通信技术融合应用、全要素数字化转型为重要推动力，促进公平与效率更加统一的新经济形态。发展数字经济是把握新一轮科技革命和产业变革新机遇的战略选择，是新一轮国际竞争重点领域，我们一定要抓住先机、抢占未来发展制高点。要优化升级数字基础设施，充分发挥数据要素作用，大力推进产业数字化转型，加快推动数字产业化，持续提升公共服务数字化水平，健全完善数字经济治理体系，着力强化数字经济安全体系，有效拓展数字经济国际合作，促进数字技术与实体经济深度融合，壮大经济发展新引擎。

处理好实体经济和金融的关系。"实体经济是金融的根基，金融是实体经济的血脉"[1]，两者共生共荣。服务实体经济、满足经济社会发展需要，是金融的本分。要坚定不移走中国特色金融发展之路，坚持把金融

---

① 《习近平著作选读》第一卷，人民出版社 2023 年版，第 614 页。

服务实体经济作为根本宗旨，坚持把防控风险作为金融工作的永恒主题，深化金融供给侧结构性改革，强化金融服务功能，找准金融服务重点，以服务实体经济、服务人民生活为本，更好满足人民群众和实体经济多样化的金融需求。

三、实施国家重大经济社会发展战略

党的十八大以来，以习近平同志为核心的党中央围绕关系全局、事关长远的问题作出系统谋划和战略部署，实施了乡村振兴、区域协调发展、新型城镇化等一系列重大发展战略，对我国经济发展产生深远影响。

我国是农业大国，重农固本是安民之基、治国之要。全面建设社会主义现代化国家，实现中华民族伟大复兴，最艰巨最繁重的任务依然在农村，最广泛最深厚的基础依然在农村。稳住农业基本盘、守好"三农"基础是应变局、开新局的"压舱石"。

民族要复兴，乡村必振兴。乡村既是巨大的消费市场，又是巨大的要素市场，是国内大循环的重要组成部分。推进乡村全面振兴是新时代新征程"三农"工作的总抓手。实施乡村振兴战略，总目标是农业农村现代化，总方针是坚持农业农村优先发展，总要求是产业兴旺、生态宜居、乡风文明、治理有效、生活富裕，制度保障是建立健全城乡融合发展体制机制和政策体系。实施乡村振兴战略，要统筹谋划，科学推进。一是推动乡村产业振兴。产业振兴是乡村振兴的重中之重，也是实际工作的切入点。要发展现代农业，确保国家粮食安全，提高农业创新力、竞争力、全要素生产率，把产业发展落到促进农民增收上来，推动乡村生活富裕。二是推动乡村人才振兴。把人力资本开发放在首要位置，激励各类人才在农村广阔天地大施所能、大展才华、大显身手，打造一支强大的乡村振兴人才队伍。三是推动乡村文化振兴。加强农村思想道德建设和公共文化建设，培育文明乡风、良好家风、淳朴民风，提高乡村

社会文明程度，焕发乡村文明新气象。四是推动乡村生态振兴。坚持绿色发展，加强农村突出环境问题综合治理，完善农村生活设施，打造农民安居乐业的美丽家园，让良好生态成为乡村振兴支撑点。五是推动乡村组织振兴。建立健全党委领导、政府负责、社会协同、公众参与、法治保障的现代乡村社会治理体制，确保乡村社会充满活力、安定有序。六是加快建立健全城乡融合发展体制机制和政策体系，逐步实现城乡居民基本权益平等化、城乡公共服务均等化、城乡居民收入均衡化、城乡要素配置合理化，以及城乡产业发展融合化，推动形成工农互促、城乡互补、协调发展、共同繁荣的新型工农城乡关系。

统筹区域发展从来都是一个重大问题。我国幅员辽阔、人口众多，各地区自然资源禀赋差别之大在世界上是少有的。实现区域协调发展，国内大循环的空间才能更广阔、成色才能更足。做好区域协调发展"一盘棋"这篇大文章，不能简单要求各地区在经济发展上达到同一水平，而是要根据各地区的条件，走合理分工、优化发展的路子。不平衡是普遍的，要在发展中促进相对平衡，这是区域协调发展的辩证法。

新形势下促进区域协调发展，总的思路是，按照客观经济规律调整完善区域政策体系，发挥各地区比较优势，促进各类要素合理流动和高效集聚，增强创新发展动力，加快构建高质量发展的动力系统，增强中心城市和城市群等经济发展优势区域的经济和人口承载能力，增强其他地区在保障粮食安全、生态安全、边疆安全等方面的功能，形成主体功能明显、优势互补、高质量发展的区域经济布局。一是支持革命老区、民族地区加快发展，加强边疆地区建设，推动西部大开发形成新格局，推动东北振兴取得新突破，推动中部地区高质量发展，鼓励东部地区加快推进现代化。二是推进以人为核心的新型城镇化，加快农业转移人口市民化。以城市群、都市圈为依托构建大中小城市协调发展格局，推进以县城为重要载体的新型城镇化建设。三是以疏解北京非首都功能为"牛鼻子"，推动京津冀协同发展，高起点规划、高标准建设雄安新区。四是加大力度实施长江经济带发展战略。从长远来看，推动长江经济带高质量发展，根本上依赖于长江流域高质量的生态环境。必须从中华民族长远利益考虑，把修复长江生态环境摆在压倒性位置，共抓大保护、不搞大开发，努力把长江经济带建设成为生态更优美、交通更顺畅、经济更协调、市场更统一、机制更科学的黄金经济带，探索出一条生态优先、绿色发展新路子。五是推动黄河流域生态保护和高质量发展。保护黄河是事关中华民族伟大复兴和永续发展的千秋大计。加强黄河治理保护，推动黄河流域高质量发展，解决好流域人民群众特别是少数民族群众关心的防洪安全、饮水安全、生态安全等问题，对维护社会稳定、促进民族团结具有重要意义。六是增强边疆地区发展能力，使之有一定的人口和经济支撑，以促进民族团结和边疆稳定。七是坚持陆海统筹，加快建设海洋强国。海洋是高质量发展的战略要地。要加快海洋科技创新步伐，保护海洋生态环境，扩大海洋开发领域，让海洋经济成为新的增长点。

城镇化既是经济发展的结果，又是经济发展的动力，是现代化的必由之路。推进城镇化是解决农业、农村、农民问题的重要途径，是推动区域协调发展的有力支撑，是扩大内需和促进产业升级的重要抓手，对加快推进社会主义现代化具有重大现实意义和深远历史意义。要坚持稳中求进工作总基调，完整、准确、全面贯彻新发展理念，加快构建新发展格局，以推动城镇化高质量发展为主题，以转变城市发展方式为主线，以体制机制改革创新为根本动力，以满足人民日益增长的美好生活需要为根本目的，统筹发展和安全，深入推进以人为核心的新型城镇化战略，持续促进农业转移人口市民化，完善以城市群为主体形态、大中小城市和小城镇协调发展的城镇化格局，推动城市健康宜居安全发展，推进城市治理体系和治理能力现代化，促进城乡融合发展，为全面建设社会主义现代化国家提供强劲动力和坚实支撑。

第四节　构建高水平社会主义市场经济体制

党的十八大以来，我们坚持全面深化改革开放，充分发挥经济体制改革的牵引作用，不断完善社会主义市场经济体制，极大调动了亿万人民的积极性，极大促进了生产力发展，极大增强了党和国家的生机活力。我们要不断提高对市场经济的认识和驾驭能力，健全宏观调控体系，加快构建高水平社会主义市场经济体制，促进更高质量、更有效率、更加公平、更可持续、更为安全的发展。

一、坚持社会主义市场经济改革方向

坚持社会主义市场经济改革方向，核心问题是处理好政府和市场的关系。党的十八届三中全会提出使市场在资源配置中起决定性作用，更好发挥政府作用。这是我们党对中国特色社会主义建设规律认识的一个新突破，标志着社会主义市场经济发展进入了一个新阶段。

我们党对政府和市场关系的认识经历了一个不断深化的过程。早在改革开放之初，我们党就在探索社会主义制度和商品经济的结合问题。党的十四大确立了我国经济体制改革的目标是建立社会主义市场经济体制，提出要使市场在社会主义国家宏观调控下对资源配置起基础性作用。这一重大理论突破，对我国改革开放和经济社会发展发挥了极为重要的作用。此后，对政府和市场的关系，我们党一直在根据实践拓展和认识深化寻找新的科学定位。党的十八大提出"更大程度更广范围发挥市场在资源配置中的基础性作用"。党的十八届三中全会把市场在资源配置中的"基础性作用"改为"决定性作用"。党的十九大、十九届六中全会、二十大反复强调市场在资源配置中的"决定性作用"。

市场决定资源配置是市场经济的一般规律，市场经济本质上就是市场决定资源配置的经济。健全社会主义市场经济体制必须遵循这条规律，着力解决市场体系不完善、政府干预过多和监管不到位问题，充分发挥市场在资源配置中的决定性作用。这就要求从广度和深度上推进市场化改革，减少政府对资源的直接配置，减少政府对微观经济活动的直接干预，加快建设统一开放、竞争有序的市场体系，建立公平开放透明的市场规则，把市场机制能有效调节的经济活动交给市场，把政府不该管的事交给市场，让市场在所有能够发挥作用的领域都充分发挥作用，推动资源配置实现效益最大化和效率最优化，让企业和个人有更多活力和更大空间去发展经济、创造财富。

市场起决定性作用，是从总体上讲的，不能盲目绝对讲市场起决定性作用，而是既要使市场在资源配置中起决定性作用，又要更好发挥政府作用。有的领域如国防建设，就是政府起决定性作用。更好发挥政府作用，不是要更多发挥政府作用，而是要在保证市场发挥决定性作用的前提下，有所为有所不为，把不该由政府管理的事项转移出去，管好那些市场管不了或管不好的事情。

我国实行的是社会主义市场经济体制，要坚持发挥社会主义制度的优越性、发挥党和政府的积极作用。科学的宏观调控、有效的政府治理，是发挥社会主义市场经济体制优势的内在要求。宏观调控的主要任务是保持经济总量平衡，促进重大经济结构协调和生产力布局优化，减缓经济周期波动影响，防范区域性、系统性风险，稳定市场预期，实现经济持续健康发展。政府的职责和作用主要是保持宏观经济稳定，加强和优化公共服务，保障公平竞争，加强市场监管，维护市场秩序，推动可持续发展，促进共同富裕，弥补市场失灵。

二、坚持"两个毫不动摇"

公有制经济和非公有制经济都是社会主义市场经济的重要组成部分，都是我国经济社会发展的重要基础。实行公有制为主体、多种所有制经济共同发展，是中国特色社会主义制度的内在要求，也是完善社会主义市场经济体制的必然要求。把公有制经济巩固好、发展好，同鼓励、支持、引导非公有制经济发展不是对立的，而是有机统一的。任何想把公有制经济否定掉或者想把非公有制经济否定掉的观点，都是不符合最广大人民根本利益的，都是不符合我国改革发展要求的，都是错误的。推动高质量发展，必须坚持和完善社会主义基本经济制度，毫不动摇巩固和发展公有制经济，毫不动摇鼓励、支持、引导非公有制经济发展。

公有制经济是全体人民的宝贵财富，公有制主体地位不能动摇，国有经济主导作用不能动摇，这是保证我国各族人民共享发展成果的制度性保证，也是巩固党的执政地位、坚持我国社会主义制度的重要保证。必须毫不动摇巩固和发展公有制经济，坚持公有制主体地位，探索公有制多种实现形式，发挥国有经济战略支撑作用，推进国有经济布局优化和结构调整，增强国有经济竞争力、创新力、控制力、影响力、抗风险能力。

国有企业是中国特色社会主义的重要物质基础和政治基础，是我们党执政兴国的重要支柱和依靠力量。国有企业为我国经济社会发展、科技进步、国防建设、民生改善作出了历史性贡献。在中国共产党领导和我国社会主义制度下，国有企业不仅要，而且一定要办好。要坚持有利于国有资产保值增值、有利于提高国有经济竞争力、有利于放大国有资本功能的方针，推动国有企业深化改革、提高经营管理水平，加强国有资产监管，坚定不移把国有资本和国有企业做强做优做大。一是坚持党对国有企业的全面领导。坚持党对国有企业的领导是重大政治原则，必须一以贯之。要发挥企业党组织的领导核心和政治核心作用，保证党和国家方针政策、重大部署在国有企业贯彻执行。二是建立中国现代企业制度。建立现代企业制度是国有企业改革的方向，也必须一以贯之。中国特色现代国有企业制度，"特"就特在把党的领导融入公司治理各环节，把企业党组织内嵌到公司治理结构之中，明确和落实党组织在公司法人治理结构中的法定地位，做到组织落实、干部到位、职责明确、监督严格。三是完善各类国有资产管理体制。建立健全各类国有资产监督法律法规体系，改革国有资本授权经营体制，以管资本为主推进国有资产监管机构职能转变，创新监管方式和手段，深化国有资本投资运营公司综合性改革。四是加快国有经济布局优化、结构调整、战略性重组。发挥国有经济战略支撑作用，推动国有经济进一步聚焦战略安全、产业引领、国计民生、公共服务等功能，调整盘活存量资产，优化增量资本配置，向关系国家安全、国民经济命脉的重要行业集中，向提供公共服务、应急能力建设和公益性等关系国计民生的重要行业集中，向前瞻性战略性新兴产业集中。五是发展混合所有制经济。积极推进主业处于充分竞争行业和领域的商业类国有企业混合所有制改革，大力推动国有企业改制上市，在取得经验基础上稳妥有序开展国有控股混合所有制企业员工持股，鼓励包括民营企业在内的非国有资本投资主体通过多种方式参与国有企业改制重组，鼓励国有资本以多种方式入股非国有企业，建立健全混合所有制企业治理机制。六是形成有效制衡的公司法人治理结构和灵活高效的市场化经营机制。在全面完成公司制改革的基础上积极推进股份制改革，全面推进规范董事会建设，持续深化企业内部各项制度改革。七是加强监管，有效防止国有资产流失。以国有资产保值增值、防止流失为目标，加快形成全面覆盖、分工明确、协同配合、制约有力的国有资产监督体系。八是培育具有全球竞争力的世界一流企业。支持国有企业深入开展国际化经营，形成一批引领全球行业技术发展、在全球产业发展中具有话语权和影响力的领军企业。

我国非公有制经济是改革开放以来在中国共产党的方针政策指引下发展起来的，是稳定经济的重要基础，是国家税收的重要来源，是技术创新的重要主体，是金融发展的重要依托，是经济持续健康发展的重要力量。非公有制经济在我国经济社会发展中的地位和作用没有变，我们毫不动摇鼓励、支持、引导非公有制经济发展的方针政策没有变，我们致力于为非公有制经济发展营造良好环境和提供更多机会的方针政策没有变。

民营经济是非公有制经济的主要经济组织形式，民营经济是推进中国式现代化的生力军，是高质量发展的重要基础，是推动我国全面建成社会主义现代化强国、实现第二个百年奋斗目标的重要力量。民营企业和民营企业家是我们自己人。在全面建设社会主义现代化国家新征程上，我国民营经济只能壮大、不能弱化，不仅不能"离场"，而且要走向更加广阔的舞台。一是持续优化稳定公平透明可预期的发展环境，破除制约民营企业公平参与市场竞争的制度障碍，充分激发民营经济生机活力。二是加大对民营经济政策支持力度，精准制定实施各类支持政策，完善政策执行方式，加强政策协调性，及时回应关切和利益诉求，切实解决实际困难。三是强化民营经济发展法治保障，依法平等保护民营企业产权和企业家权益，健全对各类所有制经济平等保护的法治环境。四是着力推动民营经济实现高质量发展，引导民营企业践行新发展理念，深刻把握民营经济发展存在的不足和面临的挑战，转变发展方式、调整产业结构、转换增长动力，坚守主业、做强实业，自觉走高质量发展之路。五是促进民营经济人士健康成长，全面贯彻信任、团结、服务、引导、教育的方针，用务实举措稳定人心、鼓舞人心、凝聚人心，引导民营经济人士弘扬企业家精神。六是引导和支持民营经济履行社会责任，展现良好形象，更好与舆论互动，营造正确认识、充分尊重、积极关心民营经济的良好社会氛围。

三、激发市场主体活力

市场主体的质量和活力关系到宏观经济整体的质量和活力。激发公有制经济、非公有制经济等各类市场主体活力，平等保护各类市场主体的合法权益，加强对市场主体的服务和监管，维护市场正常秩序、促进市场公平竞争，有利于充分发挥市场在资源配置中的决定性作用，促进经济社会持续健康发展。

转变政府职能，积极简政放权，更好发挥政府作用。转变政府职能的总方向，是创造良好发展环境、提供优质公共服务、维护社会公平正义。要深化行政审批制度改革，推进简政放权，深化权力清单、责任清单管理，同时要强化事中事后监管。要创新政府配置资源特别是公共资源的方式，遵循价值规律，发挥市场机制作用，体现政府配置资源的引导作用，实现政府与市场作用有效结合，既要有效的市场，也要有为的政府。

加快建设高标准市场体系。坚持平等准入、公正监管、开放有序、诚信守法，形成高效规范、公平竞争、充分开放的全国统一大市场，让需求更好地引领优化供给，让供给更好地服务扩大需求，以统一大市场集聚资源、推动增长、激励创新、优化分工、促进竞争。要实施高标准市场体系建设行动，围绕夯实市场体系基础制度、推进要素资源高效配置、改善提升市场环境和质量、实施高水平市场开放、完善现代化市场监管机制等重点任务，畅通市场循环，疏通堵点，为构建新发展格局提供有力的制度支撑。

构建更加完善的要素市场化配置体制机制。我国经济结构性矛盾的根源是要素配置扭曲，要彻底解决这一问题，根本途径是深化要素市场化配置改革。要坚持深化市场化改革、扩大高水平开放，破除阻碍要素自由流动的体制机制障碍。扩大要素市场化配置范围，推进土地、劳动力、资本、技术、数据等要素市场化改革，健全要素市场体系，推进要素市场制度建设，实现要素价格市场决定、流动自主有序、配置高效公平。

完善产权保护制度，深化产权制度改革。产权制度是社会主义市场经济的基石，保护产权是坚持社会主义基本经济制度的必然要求，经济主体财产权的有效保障和实现是经济社会持续健康发展的基础。健全归属清晰、权责明确、保护严格、流转顺畅的现代产权制度，公有制经济财产权不可侵犯，非公有制经济财产权同样不可侵犯。加强对各种所有制经济组织和自然人财产权的保护，清理有违公平的法律法规条款。创新适应公有制多种实现形式的产权保护制度，加强对国有及集体资产所有权、经营权和各类企业法人财产权的保护。国家保护各种所有制经济产权和合法利益，保证各种所有制经济依法平等使用生产要素、公开公平公正参与市场竞争、同等受到法律保护，依法监管各种所有制经济。

四、规范和引导资本健康发展

在社会主义市场经济条件下规范和引导资本发展，既是一个重大经济问题、也是一个重大政治问题，既是一个重大实践问题、也是一个重大理论问题，关系坚持社会主义基本经济制度，关系改革开放基本国策，关系高质量发展和共同富裕，关系国家安全和社会稳定。

现阶段，我国存在国有资本、集体资本、民营资本、外国资本、混合资本等各种形态资本，并呈现出规模显著增加、主体更加多元、运行速度加快、国际资本大量进入等明显特征。必须坚持党的领导和我国社会主义制度，牢牢把握正确政治方向，坚持问题导向、系统思维，立足当前、着眼长远，坚持疏堵结合、分类施策，统筹发展和安全、效率和公平、活力和秩序、国内和国际，注重激发包括非公有资本在内的各类资本活力，发挥其促进科技进步、繁荣市场经济、便利人民生活、参与国际竞争的积极作用，使之始终服从和服务于人民和国家利益，为全面建设社会主义现代化国家、实现中华民族伟大复兴贡献力量。

依法规范和引导我国资本健康发展，要加强新的时代条件下资本理论研究，深入认识和把握资本的特性和行为规律，促进各类资本良性发展、共同发展。历史地、发展地、辩证地认识和把握我国社会存在的各类资本及其作用，正确处理不同形态资本之间的关系，在性质上要区分，在定位上要明确。正确处理资本和利益分配问题，注重经济发展的普惠性和初次分配的公平性，既注重保障资本参与社会分配获得增殖和发展，更注重维护按劳分配的主体地位。深化资本市场改革，继续完善我国资本市场基础制度，深入推进实施公平竞争政策，使各类资本机会平等、公平进入、有序竞争。要为资本设置"红绿灯"，遏制资本无序扩张，健全资本发展的法律制度，依法加强对资本的有效监管，加强反垄断和反不正当竞争监管执法。全面提升资本治理效能，健全事前引导、事中防范、事后监管相衔接的全链条资本治理体系。

第五节　推进高水平对外开放

对外开放是我国的基本国策，是推动我国经济社会发展的重要动力。近年来，经济全球化呈现出一系列新特征，给我国的对外开放带来了新机遇和新挑战。新形势下，要实施更加主动积极的开放战略，全面提升开放型经济水平，推进高水平对外开放，为推动高质量发展和构建新发展格局提供强大动力。

一、中国开放的大门只会越开越大

开放带来进步，封闭必然落后。我国发展要赢得优势、赢得主动、赢得未来，必须顺应经济全球化，依托我国超大规模市场优势，实行更加积极主动的开放战略。

坚定不移扩大开放，是实现中华民族繁荣富强的必由之路。历史告诉我们，封闭最终只能走进死胡同，只有开放合作，道路才能越走越宽。党的十一届三中全会以来，我们坚持对外开放基本国策，打开国门搞建设，实现了从封闭半封闭到全方位开放的伟大历史转折。新时代以来，我们实行更加积极主动的开放战略，构建面向全球的高标准自由贸易区网络，加快推进自由贸易试验区、海南自由贸易港建设，共建"一带一路"成为深受欢迎的国际公共产品和国际合作平台。当前，我国经济总量稳居世界第二位，货物贸易总额居世界首位，吸引外资和对外投资居世界前列，是世界经济增长的主要稳定器和动力源。这些成就表明，以开放促改革、促发展，是我国现代化建设不断取得新成就的重要法宝。

坚定不移扩大对外开放，是适应经济全球化新趋势的必然要求。习近平指出："一个国家能不能富强，一个民族能不能振兴，最重要的就是看这个国家、这个民族能不能顺应时代潮流，掌握历史前进的主动权。"[1] 经济全球化就是当前我们面对的不可逆转的时代潮流。近年来，世界经济增长动能不足，不稳定、不确定、难预料因素增多，给人类生产生活带来前所未有的挑战和考验。以互联网、大数据、人工智能等为代表的新一轮科技革命和产业革命，逐渐成为推动经济增长的新动力。与此同时，在世界经济疲弱的大环境下，发展失衡、治理困境、公平赤字等问题更加突出，逆全球化思潮抬头，单边主义、保护主义明显上升。在瞬息万变的国际经济形势下，必须抓住新旧动能转化的关键，进一步扩大对外开放水平，推动经济全球化朝着更加开放、包容、普惠、平衡、共赢的方向发展。

> 我们要以开放纾发展之困、以开放汇合作之力、以开放聚创新之势、以开放谋共享之福，推动经济全球化不断向前，增强各国发展动能，让发展成果更多更公平惠及各国人民。
>
> ——习近平

---

[1] 《习近平著作选读》第一卷，人民出版社 2023 年版，第 435 页。

　　坚定不移扩大开放，是顺应新时代国内改革发展新要求的应有之举。当前，我国经济发展环境出现了变化，特别是生产要素相对优势出现了变化。劳动力成本在逐步上升，资源环境承载能力达到了瓶颈，旧的生产函数组合方式已经难以持续，科学技术的重要性全面上升。但也要看到，我国人力资源丰富、市场规模庞大、基础设施比较完善、产业配套齐全，创新发展的制度环境和政策环境不断完善，开放型经济仍然具备综合竞争优势。在严峻复杂的国内外环境倒逼下，我国加工贸易转型升级，服务贸易持续快速发展，外贸新产品、新业态、新模式不断涌现，企业国际化经营能力明显增强，在国际分工中的地位逐步提升。只有因势利导、乘势而上，进一步优化开放布局、创新开放体制，提高对外开放水平，才能妥善应对新常态下经济社会发展面临的困难和挑战，既为自身发展赢得更大空间，也为建设开放型世界经济作出积极贡献。

二、推动共建"一带一路"高质量发展

　　乘历史大势而上，走人间正道致远。2013 年，习近平提出了共同建设"丝绸之路经济带"和"21 世纪海上丝绸之路"的重大倡议。提出这一倡议的初心，是借鉴古丝绸之路，以互联互通为主线，同各国加强政策沟通、设施联通、贸易畅通、资金融通、民心相通，为世界经济增长注入新动能，为全球发展开辟新空间，为国际经济合作打造新平台。

　　深刻认识"一带一路"建设的重大意义。一是"一带一路"建设是我国扩大对外开放的重大举措。"一带一路"建设，是将我国发展置于更广阔的国际空间来谋划的主动开放之举，标志着党的开放理论实现了从指导我国开放到推动世界各国共同开放的伟大历史转变。二是"一带一路"建设是为破解人类发展难题提供的中国智慧和中国方案。"一带一路"建设致力于缩小发展鸿沟，从根本上化解造成各种冲突和矛盾的根源，致力于破解全球发展难题。三是"一带一路"建设是探索全球经济

治理新模式、推动构建人类命运共同体的新平台。"一带一路"建设强调求同存异、兼容并蓄，给予各国平等参与全球事务的权利，推动现有国际秩序、国际规则增量改革，为完善全球经济治理体系提供了新思路新方案。四是"一带一路"建设是新时代中国特色社会主义的伟大开放实践。共建"一带一路"倡议提出以来，全球多个国家和国际组织积极支持和参与。实践证明，"一带一路"建设开创了中国特色社会主义开放发展新实践，丰富和发展了治国理政的新理念。五是"一带一路"建设是构建新发展格局的重要举措。构建新发展格局是更加开放的国内国际双循环，不是封闭的国内单循环，不仅是中国自身发展的需要，而且将更好造福各国人民。"一带一路"建设通过加快完善各具特色、互为补充、畅通安全的陆上通道，优化海上布局，协调各方力量、整合优势资源，做大共同利益的蛋糕，为畅通国内国际双循环提供有力支撑，助力共同推进国家经济社会发展和民生福祉改善。

牢牢把握"一带一路"建设的总体方向。一是以共商共建共享为基本原则。共建"一带一路"坚持共商共建共享，跨越不同文明、文化、社会制度、发展阶段差异，开辟了各国交往的新路径，搭建起国际合作的新框架，汇集着人类共同发展的最大公约数。二是以深化"五通"交流合作为关键支撑。政策沟通、设施联通、贸易畅通、资金融通和民心相通，是"一带一路"建设的核心内容。把基础设施"硬联通"作为重要方向，把规则标准"软联通"作为重要支撑，把同共建国家人民"心联通"作为重要基础。三是以构建全面开放新格局为努力方向。要助推内陆沿边地区成为开放前沿，实现开放空间逐步从沿海、沿江向内陆、沿边延伸。要加强"一带一路"建设同京津冀协同发展、长江经济带发展等国家战略的对接，统筹推进西部开发、东北振兴、中部崛起、东部率先"四大板块"，带动形成陆海内外联动、东西双向互济的开放格局。

促进"一带一路"国际合作的重点内容。一是坚持内外需协调、进出口平衡、引进来走出去并重、引资引技引智并举。要进一步挖掘双向投资潜力，促进要素自由流动、资源高效配置和市场深度融合，为发展开放型世界经济注入新动能。二是要深化互联互通，突破沿线发展瓶颈。完善陆、海、天、网"四位一体"互联互通布局，深化传统基础设施项目合作，推进新型基础设施项目合作，提升规则标准等"软联通"水平，为促进全球互联互通做增量。三是加强创新能力开放合作，增强发展新动力。稳步拓展合作新领域，稳妥开展健康、绿色、数字、创新等新领域合作，培育合作新增长点。四是坚持公平正义，完善全球治理体系。要致力于建设开放型世界经济，推动形成更加公正合理的国际经济秩序。五是构筑多层次人文交流平台，促进包容发展。要努力开辟更多合作渠道，推动各国政府、企业、社会机构、民间团体积极参与，共同打造多主体、全方位、跨领域的互利合作新平台。

共建"一带一路"站在了历史正确一边，符合时代进步的逻辑，走的是人间正道。从夯基垒台、立柱架梁到落地生根、持久发展，共建"一带一路"已成为开放包容、互利互惠、合作共赢的国际合作平台。共建"一带一路"的成就和经验让我们深刻认识到：一是世界好，中国才会好；中国好，世界会更好。通过共建"一带一路"，中国对外开放的大门越开越大，中国市场同世界市场的联系更加紧密。二是只有合作共赢才能办成事、办好事、办大事。只要各国有合作的愿望、协调的行动，天堑可以变通途，"陆锁国"可以变成"陆联国"，发展的洼地可以变成繁荣的高地。三是和平合作、开放包容、互学互鉴、互利共赢的丝路精神是共建"一带一路"最重要的力量源泉。共建"一带一路"注重的是众人拾柴火焰高、互帮互助走得远，崇尚的是自己过得好、也让别人过得好，践行的是互联互通、互利互惠，谋求的是共同发展、合作共赢。不搞意识形态对立，不搞地缘政治博弈，也不搞集团政治对抗，反对单边制裁，反对经济胁迫，也反对"脱钩断链"。

三、推动形成全面开放新局面

实施高水平对外开放，既要求开放范围扩大、领域拓宽、层次加深，也要求开放方式创新、布局优化、质量提升。

坚持主动开放，把开放作为发展的内在要求，更加积极主动地扩大对外开放。开放发展的核心是解决内外联动问题，目标是提高对外开放质量、发展更高层次的开放型经济。以开放促改革、促发展、促创新，以对外开放的主动赢得经济发展的主动。主动处理好对外开放和维护经济安全之间的关系，坚持底线思维，注重风险防控和评估，在扩大开放中动态地谋求更高层次的总体安全。

坚持双向开放，高质量引进来，高水平走出去，拓展经济发展空间。要坚持引进来和走出去并重，更好统筹国内国际两个市场、两种资源、两类规则，推动货物贸易优化升级，创新服务贸易发展机制，发展数字贸易，加快建设贸易强国。在引进来方面，着力提高引资质量，注重吸收国际投资搭载的技术创新能力、先进管理经验，吸引高素质人才。在走出去方面，有序推进人民币国际化，支持我国企业扩大对外投资，推动装备、技术、标准、服务走出去，提升在全球价值链中的地位。

坚持全面开放，推动形成陆海内外联动、东西双向互济的开放格局。全面开放体现在开放空间上，就是优化区域开放布局，巩固东部沿海地区开放先导地位，提高中西部和东北地区开放水平，逐步形成沿海内陆沿边分工协作、互动发展的全方位开放新格局。体现在开放举措上，就是推动共建"一带一路"高质量发展，坚持自主开放与对等开放，加强走出去战略谋划，统筹多双边和区域开放合作，建设西部陆海新通道、海南自由贸易港，实施自由贸易试验区提升战略，扩大面向全球的高标准自由贸易区网络等。体现在开放内容上，就是大幅度放宽市场准入，进一步放开一般制造业，有序扩大服务业对外开放，扩大金融业双向开放，促进基础设施互联互通。推进全面开放，还要求协同推进战略互信、经贸合作、人文交流。

坚持公平开放，构建公平竞争的内外资发展环境。公平开放要求改变过去依靠土地、税收等优惠政策招商引资的做法，通过合理缩减外资准入负面清单，依法保护外商投资权益，营造市场化、法治化、国际化一流营商环境，实现各类企业依法平等使用生产要素、公平参与市场竞争、同等受到法律保护。

坚持共赢开放，推动经济全球化朝着普惠共赢方向发展。中国对外开放，不是要营造自己的后花园，而是要建设各国共享的百花园。中国坚定不移地奉行互利共赢的开放策略，坚定不移地发展全球自由贸易和投资，在开放中推动贸易和投资自由化、便利化，促进形成各国合作共赢的新格局，旗帜鲜明反对保护主义。

坚持包容开放，探索求同存异、包容共生的国际发展合作新途径。当今世界，开放包容、多元互鉴是主基调。中国的对外开放，秉持的是共商共建共享原则，不是封闭的、排他的，而是开放的、包容的；不是中国一家的独奏，而是世界各国的合唱。

第六节　强化现代化建设基础性战略性支撑

当前，全球科技创新进入空前密集活跃的时期，新一轮科技革命和产业变革正在重构全球创新版图、重塑全球经济结构。我们对高质量教育的需要比以往任何时候都更加迫切，对科学知识和卓越人才的渴求比以往任何时候都更加强烈。面对国内外环境的深刻复杂变化，要坚持教育、科技、人才协同创新，加快建设教育强国、科技强国、人才强国，深入实施科教兴国战略、人才强国战略、创新驱动发展战略，开辟发展新领域新赛道，不断塑造发展新动能新优势。

一、教育、科技、人才具有重要的战略地位

教育、科技、人才是现代化建设的重要推动力。习近平指出，"科技是第一生产力、人才是第一资源、创新是第一动力"①。马克思、恩格斯认为，教育"不仅是提高社会生产的一种方法，而且是造就全面发展的人的唯一方法"②，"科学是一种在历史上起推动作用的、革命的力量"③，而"过去的资产阶级革命向大学要求的仅仅是律师，作为培养政治家的最好的原料；而工人阶级的解放，除此之外还需要医生、工程师、化学家、农艺师及其他专门人才"④。16 世纪的意大利、17 世纪的英国、18 世纪的法国、19 世纪的德国、20 世纪的美国通过兴办一批世界著名大学，集聚一批顶尖科学家，产生一批科技创新成果，引领世界近现代化发展进程。历史已经证明，谁站在教育发展、科技创新和人才建设的前沿与制高点，谁就走在了现代化发展前列。全面建设社会主义现代化国家，教育是根本，科技是关键，人才是基础。

我们党始终把教育、科技、人才事业置于极为重要的战略地位。新民主主义革命时期，毛泽东强调，"中国应当建立自己的民族的、科学的、人民大众的新文化和新教育"⑤，创办抗日军事政治大学等各类学校，推动党的教育事业快速发展，为取得革命的胜利培养汇聚大批人才。社会主义革命和建设时期，毛泽东提出，"科学技术这一仗，一定要打，而且必须打好"⑥。一大批科技人才肩负起"两弹一星"研制等重要科研任务，为国家发展作出重要贡献。改革开放和社会主义现代化建

---

① 《习近平著作选读》第一卷，人民出版社 2023 年版，第 28 页。

② 《马克思恩格斯选集》第二卷，人民出版社 2012 年版，第 230 页。

③ 《马克思恩格斯选集》第三卷，人民出版社 2012 年版，第 1003 页。

④ 《马克思恩格斯选集》第四卷，人民出版社 2012 年版，第 301 页。

⑤ 《毛泽东选集》第三卷，人民出版社 1991 年版，第 1083 页。

⑥ 《毛泽东文集》第八卷，人民出版社 1999 年版，第 351 页。

设新时期，邓小平反复强调，教育和科学是我国经济发展的关键，"教育是一个民族最根本的事业"①，"科学技术是第一生产力"②。我们党推动深化教育改革，制定各类人才政策，培养了现代化建设所需要的各类人才。

进入新时代，以习近平同志为核心的党中央高度重视教育、科技、人才一体化发展。习近平强调，"我们必须把创新作为引领发展的第一动力，把人才作为支撑发展的第一资源，把创新摆在国家发展全局的核心位置"③。推动教育优先发展、科技自立自强、人才引领驱动，推动深入实施科教兴国战略、人才强国战略、创新驱动发展战略，加快建设教育强国、科技强国、人才强国，制定了一系列政策措施，持续加大投入，推动我国建成世界上规模最大的教育体系，科技创新取得重大进展，人才工作取得显著成效。

新时代新征程，坚持教育、科技、人才协同创新发展，加快建设教育强国、科技强国、人才强国，是建成现代化经济体系、形成新发展格局的基础性战略性支撑；是实现高水平科技自立自强，进入创新型国家前列的基础性战略性支撑；是实现经济实力、科技实力、综合国力大幅跃升的基础性战略性支撑。当前，我国发展进入战略机遇和风险挑战并存、不确定难预料因素增多的时期，我们要深刻把握建设教育强国、科技强国、人才强国的内在一致性和相互支撑性，把三者有机结合起来、一体统筹推进，形成推动高质量发展的倍增效应。教育优先发展，重在夯实人力资源深度开发基础；科技自立自强，重在坚持独立自主开拓创新；人才引领驱动，重在巩固发展优势赢得竞争主动。三者既相互融合又各有侧重，要统筹谋划、协同前行，主动适应全面贯彻新发展理念、推动构建新发展格局、推进高质量发展的需要，更好汇聚力量，为以

---

① 《邓小平年谱（1975—1997）》下卷，中央文献出版社 2004 年版，第 1112 页。

② 《邓小平文选》第三卷，人民出版社 1993 年版，第 274 页。

③ 《习近平谈治国理政》第二卷，外文出版社 2017 年版，第 198 页。

中国式现代化全面推进中华民族伟大复兴提供强大人才支撑和知识创新贡献。

二、推动教育高质量发展

教育兴则国家兴，教育强则国家强。"教育是国之大计、党之大计。"[①]建设教育强国，是全面建成社会主义现代化强国的战略先导，是实现高水平科技自立自强的重要支撑，是促进全体人民共同富裕的有效途径，是以中国式现代化全面推进中华民族伟大复兴的基础工程。我们建设教育强国的目的，就是培养一代又一代德智体美劳全面发展的社会主义建设者和接班人，培养一代又一代在社会主义现代化建设中可堪大用、能担重任的栋梁之材，确保党的事业和社会主义现代化强国建设后继有人。要全面贯彻党的教育方针，坚持以人民为中心发展教育，主动超前布局、有力应对变局、奋力开拓新局，加快推进教育现代化，以教育之力厚植人民幸福之本，以教育之强夯实国家富强之基，为全面推进中华民族伟大复兴提供有力支撑。

新时代以来我国教育面貌发生格局性变化。我国已建成世界上规模最大的教育体系，教育现代化发展总体水平跨入世界中上国家行列，历史性地解决了长期存在的失学辍学问题。教育普及水平显著提升，现代教育体系更加完善，人民群众教育获得感不断增强，教育服务发展能力全面提升，教育优先发展得到有力保障。截至2022年，我国已有2895个县实现了义务教育基本均衡。2022年我国教育强国指数居全球第23位，比2012年上升26位，是进步最快的国家。这充分证明，中国特色社会主义教育发展道路是完全正确的。

加快建设教育强国。我们要建设的教育强国，是中国特色社会主义

① 《习近平著作选读》第一卷，人民出版社2023年版，第28页。

教育强国，必须以坚持党对教育事业的全面领导为根本保证，以立德树人为根本任务，以为党育人、为国育才为根本目标，以服务中华民族伟大复兴为重要使命，以教育理念、体系、制度、内容、方法、治理现代化为基本路径，以支撑引领中国式现代化为核心功能，最终是办好人民满意的教育。

一是落实立德树人根本任务。"培养什么人、怎样培养人、为谁培养人"始终是教育的根本问题。育人的根本在于立德。要坚持不懈用习近平新时代中国特色社会主义思想铸魂育人，着力加强社会主义核心价值观教育，引导学生树立坚定的理想信念，永远听党话、跟党走，矢志奉献国家和人民。要把立德树人内化到教育教学、服务管理各领域、各方面、各环节，做到以树人为核心，以立德为根本，加快构建立德树人体系。

二是加快建设高质量教育体系。把基础教育作为基点，推进学前教育普及普惠安全优质发展，义务教育优质均衡发展和城乡一体化；把高等教育作为龙头，加快建设中国特色、世界一流的大学和优势学科，大力加强基础学科、新兴学科、交叉学科建设。在全社会树立科学的人才观、成才观、教育观，推动形成健康的教育环境和生态。建设全民终身学习的学习型社会、学习型大国，不断提高国民受教育程度，促进人的全面发展。

三是建设高素质的教师队伍。教师是立教之本、兴教之源，是教育发展的第一资源。要大力弘扬教育家精神，培养高素质教师队伍，健全中国特色教师教育体系，提升教书育人能力，优化教师管理和资源配置，加大待遇保障力度，完善荣誉表彰体系，营造全社会尊师重教浓厚氛围，让教师成为最受社会尊重和令人羡慕的职业，为加快建设教育强国、实现中华民族伟大复兴提供有力支撑。

四是深化教育领域综合改革。坚持系统观念，统筹推进育人方式、办学模式、管理体制、保障机制改革，坚决破除一切制约教育高质量发展的思想观念束缚和体制机制弊端，全面提高教育治理体系和治理能力现代化水平。深入实施教育数字化战略行动，让数字技术为教育赋能，为个性化学习、终身学习、扩大优质教育资源覆盖面和教育现代化提供有效支撑。完善教育对外开放战略策略，统筹做好"引进来"和"走出去"两篇大文章，有效利用世界一流教育资源和创新要素，使我国成为具有强大影响力的世界重要教育中心。积极参与全球教育治理，大力推进"留学中国"品牌建设，讲好中国故事、传播中国经验、发出中国声音，增强我国教育的国际影响力和话语权。

三、加快实现高水平科技自立自强

科技自立自强是国家强盛之基、安全之要。科技是推动生产发展、经济变革和历史进步的重要力量。马克思认为，"劳动生产力是随着科学和技术的不断进步而不断发展的"[①]。从全球范围看，科学技术越来越成为推动经济社会发展的主要力量，创新驱动是大势所趋。实现高水平科技自立自强，是推动高质量发展的必由之路，是确保国内大循环畅通、塑造我国在国际大循环中新优势的关键，也是中国式现代化建设的关键。只有加快实现高水平科技自立自强，才能有效应对各项风险挑战、维护国家安全和战略利益，不断提升我国发展的独立性、自主性、安全性；才能将发展的主动权牢牢掌握在自己手中，在国际竞争中占得先机、赢得优势；才能为构建新发展格局、推动高质量发展提供新的成长空间、关键着力点和主要支撑体系，实现依靠创新驱动的内涵型增长。

科技自立自强迈出坚实步伐。党的十八大以来，党中央坚持把科技创新摆在国家发展全局的核心位置，科技事业取得历史性成就。一是科技实力的国际地位大幅提升，全社会研发经费支出居世界第二位，研发

---

① 《马克思恩格斯选集》第二卷，人民出版社 2012 年版，第 271 页。

人员总量居世界首位，成功进入创新型国家行列。二是基础研究和原始创新不断加强，一些关键核心技术实现突破，战略性新兴产业发展壮大。三是全面部署科技创新体制改革，改革政策密度之高、力度之大、范围之广前所未有。四是聚焦医疗卫生、教育等民生领域，提供科技支撑，努力推动科技创新成果惠及于民。

加快建设科技强国。当前，我国科技领域面临着诸多难题，如基础研究同国际先进水平差距明显，关键核心技术"卡脖子"问题仍然突出，原始创新能力不强，创新体系整体效能不高，科技创新力量布局有待优化，全社会鼓励创新、包容创新的机制和环境有待优化等。党的二十大提出要"完善科技创新体系""加快实施创新驱动发展战略"，明确擘画了我国科技事业发展的时间表和路线图，即未来五年，科技自立自强能力显著提升；到2035年，实现高水平科技自立自强，进入创新型国家前列，建成科技强国。新时代新征程上，要加快实现高水平科技自立自强，走好中国特色自主创新道路。一是加强基础研究。要坚持目标导向和自由探索"两条腿走路"，不断壮大我国基础研究体系。二是坚决打赢关键核心技术攻坚战。要健全新型举国体制，以具有先发优势的关键技术和引领未来发展的基础前沿技术为突破口，集聚力量进行原创性引领性科技攻关，着力解决影响制约国家发展全局和长远利益的"卡脖子"难题。三是强化国家战略科技力量。要优化国家科研机构、高水平研究型大学、科技领军企业定位和布局，形成国家实验室体系。四是培养创新文化，弘扬科学家精神。要更加重视科学精神、创新能力、批判性思维的培养培育，让创新在全社会蔚然成风。

四、强化现代化建设人才支撑

人才是富国之本、兴邦大计。全面建设社会主义现代化国家离不开人才支撑。全部科技史都证明，谁拥有了一流创新人才、拥有了一流科学家，谁就能在科技创新中占据优势。当前，人才资源作为创新活动中最为活跃、最为积极的因素，对于建设创新型国家具有极为重要的支撑作用。习近平指出："培养造就大批德才兼备的高素质人才，是国家和民族长远发展大计。"① 我们必须充分认识强化现代化建设人才支撑的极端重要性。

新时代人才工作取得历史性成就、发生历史性变革。一是党对人才工作的领导全面加强。各地区各部门抓人才工作的积极性和主动性前所未有，事业发展和政策创新为人才营造的条件前所未有，人才对我国发展的支撑作用前所未有。二是人才队伍快速壮大。截至 2022 年，我国人才资源总量达到 2.2 亿人，比 2012 年增加了 1 亿人；2021 年回国创新创业的留学人员首次超过 100 万。我国已成为全球规模最宏大、门类最齐全的人才资源大国。三是人才效能持续增强。人才对经济社会发展的贡献逐年提升，服务创新驱动发展、决战脱贫攻坚、决胜全面建成小康社会、推动区域协调发展、抗击新冠疫情等国家重大战略和重大工作卓有成效。四是人才比较优势稳步增强。我国研发人员总量由 2012 年的 325 万人年提高到 2021 年的 572 万人年，居世界首位。

加快实施人才强国战略。我国人才工作同新形势新任务相比还有很多不适应的地方。人才队伍结构性矛盾突出，人才政策精准化程度不高，人才发展体制机制改革还存在"最后一公里"不畅通的问题，人才评价唯论文、唯职称、唯学历、唯奖项等问题仍然比较突出。因此，加快实施人才强国战略要做到以下几方面。一是坚持党管人才原则。加强党对人才工作的全面领导，党管宏观、管政策、管协调、管服务，为人才"保驾护航"。二是完善人才战略布局。要紧扣国家重大战略需求，做到重大战略部署到哪里、人才集聚就跟进到哪里，党和国家事业急需紧缺什么人才、就优先集聚什么人才。三是加快建设世界重要人才中心和

---

① 《习近平著作选读》第一卷，人民出版社 2023 年版，第 30 页。

创新高地。要改革人才引进各项配套制度，加快形成我国在诸多领域人才竞争比较优势，聚天下英才而用之。四是加快建设国家战略人才力量。全面提高人才自主培养质量，努力培养造就更多大师、战略科学家、一流科技领军人才和创新团队、青年科技人才、卓越工程师、大国工匠、高技能人才。加强人才国际交流，千方百计引进顶尖人才。五是深化人才发展体制机制改革。坚决破除"四唯"现象，破除人才培养、引进、使用、评价、激励、流动、保障等方面的体制机制障碍。积极为人才松绑，完善人才管理制度，做到人才为本、信任人才、尊重人才、善待人才、包容人才。

思考题

1. 如何理解建设现代化经济体系的内涵及其重要意义？

2. 为什么说实现高质量发展是中国式现代化的本质要求？

3. 如何理解"两个毫不动摇"的内涵及其重要意义？

4. 新发展阶段如何以新发展理念为统领构建新发展格局？

5. 如何统筹谋划构建新发展格局和共建"一带一路"？

6. 如何认识教育、科技、人才一体化推进的重大战略意义？

第四章　新时代中国特色社会主义政治建设

教学要点

1. 新时代中国特色社会主义政治理论与制度的基本内容
2. 坚持中国特色社会主义政治发展道路的必然性和根本要求
3. 全过程人民民主是社会主义民主政治的本质属性
4. 新时代全面依法治国的重大意义与工作布局

第一节　新时代中国特色社会主义政治理论与制度

发展社会主义民主政治，建设社会主义政治文明，是中国共产党的一贯主张和不懈追求。党的十八大以来，以习近平同志为核心的党中央深刻把握新时代坚持和发展中国特色社会主义的目标任务，结合中国特色社会主义政治建设的实践，作出了一系列重要论述，发展了中国特色社会主义政治理论，完善了中国特色社会主义政治制度。

一、新时代中国特色社会主义政治理论

党的十八大以来，中国共产党立足于中国特色社会主义政治的伟大实践，自觉运用马克思主义的立场、观点、方法，勇于推进实践基础上

的理论创新。新时代中国特色社会主义政治理论内涵十分丰富，涉及政治建设各个领域，涵盖政治建设各个方面。

一是关于坚持党的集中统一领导。中国共产党领导是中国特色社会主义最本质的特征，是中国特色社会主义制度的最大优势。中国共产党是最高政治领导力量，坚持党中央集中统一领导是最高政治原则。中国共产党领导人民实行人民民主，就是保障和支持人民当家作主，必须落实到国家政治生活和社会生活之中，必须具体地、现实地体现到党和国家各方面治理活动和工作上来，体现到人民对美好生活的向往和自身利益的实现和发展上来。党的领导制度是我国的根本领导制度，必须坚持和完善党的领导制度体系，提高党科学执政、民主执政、依法执政水平。

二是关于发展全过程人民民主。全过程人民民主是最广泛、最真实、最管用的社会主义民主。我们党领导人民治理国家，最根本的就是保障和支持人民当家作主，就是要从各个层次、各个领域扩大公民有序政治参与，发展更加广泛、更加充分、更加健全的人民民主。要不断发展全过程人民民主，使人民民主不仅体现在民主选举方面，而且也体现在民主协商、民主决策、民主管理、民主监督等方面。全过程人民民主是全链条、全方位、全覆盖的民主，不仅有完整的制度程序，而且有完整的参与实践，形成了全面、广泛、有机衔接的人民当家作主制度体系，构建了多样、畅通、有序的民主渠道，实现了过程民主和成果民主、程序民主和实质民主、直接民主和间接民主、人民民主和国家意志相统一。

三是关于坚持和完善国家政治制度。在一个国家的各种制度中，政治制度是关键。设计和发展国家政治制度，必须注重历史和现实、理论和实践、形式和内容有机统一。政治制度是用来调节政治关系、建立政治秩序、推动国家发展、维护国家稳定的，不可能脱离特定社会政治条件来抽象评判，不可能千篇一律、归于一尊。评价一个国家政治制度是不是民主的、有效的，主要看国家领导层能否依法有序更替，全体人民能否依法管理国家事务和社会事务、管理经济和文化事业，人民群众能否畅通表达利益要求，社会各方面能否有效参与国家政治生活，国家决策能否实现科学化、民主化，各方面人才能否通过公平竞争进入国家领导和管理体系，执政党能否依照宪法法律规定实现对国家事务的领导，权力运用能否得到有效制约和监督。

四是关于坚持中国特色社会主义政治发展道路。坚持正确的政治发展道路是关系根本、关系全局的重大问题。中国特色社会主义政治发展道路深深扎根于中国社会土壤，是近代以来中国人民长期奋斗的必然结果，是中国共产党团结带领中国人民，立足中国实际和中国革命、建设、改革的实践进程而作出的必然选择。坚持中国特色社会主义政治发展道路，关键是坚持党的领导、人民当家作主、依法治国有机统一，其中，最根本的是坚持党的领导，本质要求是人民当家作主，基本保障是依法治国，三者相互配合、相辅相成，统一于中国特色社会主义政治发展道路的伟大实践。

五是关于推进全面依法治国。党的十八大以来，以习近平同志为核心的党中央从坚持和发展中国特色社会主义的全局和战略高度定位法治、布局法治、厉行法治，创造性提出了关于全面依法治国的一系列新理念新思想新战略，形成了习近平法治思想。这一思想的主要内容包括：坚持党对全面依法治国的领导；坚持以人民为中心；坚持中国特色社会主义法治道路；坚持依宪治国、依宪执政；坚持在法治轨道上推进国家治理体系和治理能力现代化；坚持建设中国特色社会主义法治体系；坚持依法治国、依法执政、依法行政共同推进，法治国家、法治政府、法治社会一体建设；坚持全面推进科学立法、严格执法、公正司法、全民守法；坚持统筹推进国内法治和涉外法治；坚持建设德才兼备的高素质法治工作队伍；坚持抓住领导干部这个"关键少数"。这"十一个坚持"，是建设社会主义法治国家的重大战略思想，是全面依法治国的根本遵循和行动指南。

六是关于推进国家治理体系和治理能力现代化。坚持和完善中国特色社会主义制度，推进国家治理体系和治理能力现代化，是关系党和国家事业兴旺发达、国家长治久安、人民幸福安康的重大问题。中国特色社会主义制度是党和人民在长期实践探索中形成的科学制度体系，我国国家治理一切工作和活动都依照中国特色社会主义制度展开，我国国家治理体系和治理能力是中国特色社会主义制度及其执行能力的集中体现。改革开放以来我国创造的经济快速发展、社会长期稳定两大世所罕见的奇迹，靠的就是我国的制度优势。党的十九届四中全会提出，坚持和完善中国特色社会主义制度、推进国家治理体系和治理能力现代化的总体目标是，我们党成立 100 年时，在各方面制度更加成熟更加定型上取得明显成效；到 2035 年，各方面制度更加完善，基本实现国家治理体系和治理能力现代化；到新中国成立 100 年时，全面实现国家治理体系和治理能力现代化，使中国特色社会主义制度更加巩固、优越性充分展现。

七是关于做好新时代党的统一战线工作。统一战线是党克敌制胜、执政兴国的重要法宝，是团结海内外全体中华儿女实现中华民族伟大复兴的重要法宝。必须充分发挥统一战线的重要法宝作用，必须解决好人心和力量问题，必须正确处理一致性和多样性关系，必须坚持好发展好完善好中国新型政党制度，必须以铸牢中华民族共同体意识为党的民族工作主线，必须坚持我国宗教中国化方向，必须做好党外知识分子和新的社会阶层人士统一战线工作，必须促进非公有制经济健康发展和非公有制经济人士健康成长，必须发挥港澳台和海外统一战线工作争取人心的作用，必须加强党外代表人士队伍建设，必须把握做好统一战线工作的规律，必须加强党对统一战线工作的全面领导。习近平关于做好新时代党的统一战线工作的重要思想，是党的统一战线百年发展史的智慧结晶，是新时代党的统一战线工作的根本指针。

八是关于尊重和保障人权。尊重和保障人权是发展社会主义民主政治、建设社会主义政治文明的内在要求。人权是具体的、相对的，不是抽象的、绝对的。我国坚持把人权的普遍性原则同当代实际相结合，走符合国情的人权发展道路，坚持以人民为中心的人权理念，把人民的幸福生活作为最大的人权，把生存权和发展权作为首要的基本人权。实现人权的根本途径是经济发展和社会全面进步。中国坚持平等互信、包容互鉴、合作共赢、共同发展的理念，推动全球人权治理朝着更加公平公正合理包容的方向发展。

二、新时代中国特色社会主义政治制度

政治制度是指在特定的社会中统治阶级通过组织政权以实现其政治统治的原则和规则的总和，包括国家政权的组织形式、国家结构形式、政党制度、选举制度等。我国是工人阶级领导的、以工农联盟为基础的人民民主专政的社会主义国家，我国的国家性质以及历史文化传统、经济社会发展水平决定了我国根本政治制度、基本政治制度、重要政治制度的基本架构。

人民代表大会制度是我国的根本政治制度，是人民当家作主的政权组织形式。中华人民共和国的一切权力属于人民，人民行使国家权力的机关是全国人民代表大会和地方各级人民代表大会；全国人民代表大会是最高国家权力机关，地方各级人民代表大会是地方国家权力机关，它们都由民主选举产生，对人民负责，受人民监督；国家行政机关、监察机关、审判机关、检察机关都由人民代表大会产生，对它负责，受它监督。

中国共产党领导的多党合作和政治协商制度是中国特色社会主义新型政党制度，也是中国的一项基本政治制度。我国新型政党制度坚持共产党领导、多党派合作，共产党执政、多党派参政。中国共产党的领导是多党合作和政治协商的前提和基础。各民主党派自觉接受中国共产党的领导，以宪法为根本活动准则，按照中国特色社会主义参政党要求加强自身建设、更好地担负起参政议政和民主监督的职责。人民政协作为

统一战线组织、多党合作和政治协商的机构，是人民民主的重要实现形式，是我国国家治理体系的重要组成部分。

民族区域自治制度是我国的一项基本政治制度，是中国特色解决民族问题正确道路的重要内容和制度保障，其根本目的在于实现和维护国家统一和民族团结。我国是一个统一的多民族国家，各族人民都为缔造统一的多民族国家、创造悠久灿烂的中华文化、推动中国历史的发展进步，作出了自己的重要贡献。中国共产党结合中国具体国情，确立了民族区域自治制度。民族区域自治是指在国家的统一领导下，以少数民族聚居区为基础，建立相应的民族自治地方，设立民族自治机关，行使宪法法律规定的自治权。

基层群众自治制度是我国的一项基本政治制度。它以农村村民委员会、城市居民委员会和企事业单位职工代表大会为主要形式，是城乡基层群众直接参与社会主义民主政治建设的主阵地和重要平台。它是城乡基层群众以相关法律法规政策为依据，在城乡基层党组织领导下，在居住地范围内，依托基层群众自治组织，依法直接行使民主选举、民主决策、民主管理和民主监督等权利，实行自我管理、自我服务、自我教育、自我监督的制度。

此外，中国特色的国家元首制度、选举制度、行政制度、监察制度、司法制度、军事制度、特别行政区制度等构成我国的具体政治制度。它们建立在我国根本政治制度与基本政治制度之上，相互配套、相互支撑，共同为人民当家作主和党领导人民治理国家提供制度保障。

第二节　坚定不移走中国特色社会主义政治发展道路

政治发展道路是一个国家在发展民主政治、建设政治文明过程中所选择的路径和模式，它是一个国家政治发展的战略目标、基本要求、动力机制、制度架构、重点任务等方面的综合反映。政治发展道路的选择，在国家政治生活中具有决定性意义。古今中外，由于政治发展道路选择错误而导致社会动荡、国家分裂、人亡政息的例子比比皆是。对中国这样一个历史悠久、人口众多的发展中国家来说，坚持正确的政治发展道路更是关系根本、关系全局的重大问题。

一、坚持走中国特色社会主义政治发展道路的必然性

一个国家选择什么样的政治发展道路，归根到底是由这个国家的性质和国情决定的。正如世界上没有两片完全相同的树叶一样，世界上也不存在完全相同的政治发展道路。习近平强调："要坚持从国情出发、从实际出发，既要把握长期形成的历史传承，又要把握走过的发展道路、积累的政治经验、形成的政治原则，还要把握现实要求、着眼解决现实问题，不能割断历史，不能想象突然就搬来一座政治制度上的'飞来峰'。"[1] 正确的政治发展道路是符合本国国情、体现人民意愿、能够保证国家有效治理和长治久安的政治发展道路。

> 各国国情不同，每个国家的政治制度都是独特的，都是由这个国家的人民决定的，都是在这个国家历史传承、文化传统、经济社会发展的基础上长期发展、渐进改进、内生性演化的结果。
>
> ——习近平

改革开放以来，我们党团结带领人民在发展社会主义民主政治方面取得了重大进展，成功开辟和坚持了中国特色社会主义政治发展道路。

---

[1] 《习近平著作选读》第一卷，人民出版社 2023 年版，第 261—262 页。

这一道路，坚持党的领导、人民当家作主、依法治国有机统一，以保障人民当家作主为根本，以增强党和国家活力、调动人民积极性为目标，为实现最广泛的人民民主确立了正确方向，是发展社会主义民主政治、建设社会主义政治文明的正确道路，是近代以来中国人民长期奋斗的历史逻辑、理论逻辑、实践逻辑的必然结果。

首先，坚持走中国特色社会主义政治发展道路，是近代以来中国人民长期奋斗的历史必然。鸦片战争后，面对内忧外患、山河破碎的严峻局面，选择什么样的政治发展道路，建立什么样的政治制度，才能完成民族复兴、人民解放的历史任务，成了摆在中国人民面前的历史性课题。面对这一历史性课题，各种政治力量提出了各种方案，尝试了包括君主立宪制、议会制、多党制、总统制等在内的各种政治制度，但都没能找到一条适合中国国情的政治发展道路，反而使中华民族陷入了更加深重的民族危机之中。中国共产党一经成立，就把马克思主义的民主理论与中国的实际相结合，始终高举人民民主的伟大旗帜，为实现人民民主不懈奋斗。中国共产党团结带领中国人民，经过28年艰苦卓绝的斗争，取得了新民主主义革命的胜利，建立了中华人民共和国，建立了社会主义政治制度，找到了以人民代表大会制度为根本政治制度的政治发展道路。改革开放和社会主义现代化建设新时期，党不断深化政治体制改革，大力推进社会主义民主政治建设，进一步健全党的领导制度，完善基本政治制度，发展协商民主，拓宽民主渠道，丰富民主形式，扩大公民有序政治参与，推进依法治国，有力地推进了社会主义民主政治建设。党的十八大以来，以习近平同志为核心的党中央，把发展社会主义民主政治作为中国特色社会主义事业总体布局的重要组成部分，提出用制度体系保障人民当家作主，大力推进人民民主的制度建设，党的领导、人民当家作主、依法治国有机统一的制度安排更加完善。

其次，坚持走中国特色社会主义政治发展道路，是中国共产党人创造性运用和发展马克思主义政治理论的重大成果。在《共产党宣言》中，马克思、恩格斯强调："工人革命的第一步就是使无产阶级上升为统治阶级，争得民主。"[1] 马克思主义是实现无产阶级和人民大众解放的学说，建立人民当家作主的政治制度是马克思主义者孜孜以求的奋斗目标。中国共产党始终高举人民民主的旗帜，把马克思主义政治理论同中国具体实际和时代特征结合起来，同中华优秀传统文化中关于国家制度和国家治理的丰富思想结合起来，探索出中国特色社会主义政治发展道路。这一道路，充分体现了我国的国家性质，充分体现了人民民主是社会主义的生命。

最后，坚持走中国特色社会主义政治发展道路，是中国共产党践行党的根本宗旨、推进中国特色社会主义政治发展的实践要求。中国共产党的性质和宗旨决定了党必然把领导和支持人民当家作主作为自己的重要使命，把实现好、维护好、发展好最广大人民的根本利益作为自己的执政目标，不断提高科学执政、民主执政、依法执政水平，更好地为人民服务。新时代以来的实践证明，全过程人民民主扎实推进，协商民主全面展开，依法治国向纵深推进，权力运行监督制约机制更加有效，党和国家机构改革取得显著成效，行政体制、司法体制改革取得实质性进展，中国特色社会主义政治发展道路越走越宽广。

二、坚持党的领导、人民当家作主、依法治国有机统一

坚持中国特色社会主义政治发展道路，关键是要坚持党的领导、人民当家作主、依法治国有机统一。三者相互联系、相互作用，构成内在统一、不可分割的整体，构成我国社会主义民主政治的基本结构。

中国共产党的领导是人民当家作主和依法治国的根本保证。在中国这样一个人口众多、发展很不平衡的大国，人民利益具有广泛性和多样

---

[1] 《马克思恩格斯选集》第一卷，人民出版社2012年版，第421页。

性，实现人民利益具有复杂性、艰巨性，这就要求有一个能够代表广大人民利益、集中反映和有效体现人民意愿的政治核心。只有坚持中国共产党的领导，才能凝聚人民意志，保障和实现最广大人民群众的根本利益。党领导人民建立人民代表大会制度和一系列基本政治制度，目的就是支持和保障人民当家作主。党领导人民制定宪法法律、实施宪法法律、捍卫宪法法律的尊严，支持人大、政府、政协和监察委员会、法院、检察院依法依章程履行职能、开展工作、发挥作用。

人民当家作主是社会主义民主政治的本质特征。社会主义民主的本质是人民当家作主。发展社会主义民主政治，归根到底是为了实现好、维护好、发展好人民群众的民主权利，保障最广大人民群众的根本利益。人民当家作主具体体现在国家制度和社会政治生活的各方面。第一，中华人民共和国的一切权力属于人民，人民通过各级人民代表大会行使管理国家的权力；第二，国家建立健全法律制度和体制机制，保证人民享有管理国家事务、管理经济文化事业和管理社会事务的权利；第三，一切国家机关和国家工作人员必须依靠人民的支持，经常保持同人民群众的密切联系，倾听人民的意见和建议，接受人民的监督，为人民服务；第四，国家制定和实施的法律法规和方针政策，必须体现人民意志、尊重人民意愿、得到人民拥护，维护最广大人民的根本利益；第五，国家各方面事业和各方面工作，必须坚持以人民为中心的发展思想，不断满足人民日益增长的美好生活需要，促进人的全面发展。人民当家作主保证了国家各项事业发展符合人民的利益和意愿，离开人民当家作主，不受人民监督，党的领导和依法治国就会脱离正确方向，就会变质。要改进党的领导方式和执政方式，保证党领导人民有效治理国家，保证人民各项民主权利落到实处。

依法治国是党领导人民治理国家的基本方式。依法治国，就是广大人民群众在中国共产党的领导下，依照宪法法律规定，通过各种途径和形式管理国家事务、管理经济和文化事业、管理社会事务，保证国家各项工作都依法进行。依法治国是坚持和发展中国特色社会主义的本质要求和重要保障，是国家治理体系和治理能力现代化的必然要求，也是国家治理领域的一场深刻革命，是人民当家作主的有效途径和可靠保障。坚持依法治国，必须确立和维护宪法法律的尊严，坚持依宪治国、依宪执政，必须坚持依法治国、依法执政、依法行政共同推进，坚持法治国家、法治政府、法治社会一体建设，不断开创依法治国的新局面。

党的领导、人民当家作主、依法治国是一个相辅相成的有机整体，三者统一于我国社会主义民主政治伟大实践。任何把党的领导、人民当家作主、依法治国割裂开来、对立起来或者相互取代的主张和做法，都不符合社会主义民主政治的根本性质、核心理念和实践要求。需要强调的是，在我国政治生活中，党是居于领导地位的，坚持三者的有机统一，最根本的是坚持中国共产党的领导。

三、坚持和完善国家根本政治制度和基本政治制度

坚定不移走中国特色社会主义政治发展道路，发展社会主义民主政治，要用制度体系保障人民当家作主。人民代表大会制度是我国的根本政治制度，中国共产党领导的多党合作和政治协商制度、民族区域自治制度、基层群众自治制度是我国的基本政治制度。这些制度是我国人民当家作主、行使国家权力的基础，必须长期坚持、全面贯彻、不断发展。

一是坚持好完善好人民代表大会制度。人民代表大会制度是中国人民的伟大创造，是中国共产党在总结新民主主义革命时期革命根据地局部政权建设经验基础上创造出来的人民民主专政的政权组织形式，是符合中国国情、有强大生命力和适应性的政治制度。新中国成立以来特别是改革开放以来，人民代表大会制度不断健全和完善，为保障人民依法管理国家和社会事务、经济和文化事业发挥了重要作用，有力地保障了

人民群众有序参与政治生活，保障了人民群众的合法权益，保证了国家政权体系的有效运转，极大地调动了人民群众的积极性、主动性，促进了依法治国的进程，确保了党对国家政权机关的领导。实践证明，人民代表大会制度是确保人民当家作主的最可靠、最管用的制度安排。

中国特色社会主义进入新时代，人民对民主、法治、公平、正义的要求更加迫切，必须进一步坚持和完善人民代表大会制度。首先，支持和保证人民通过人民代表大会行使国家权力。要在党的领导下，不断扩大人民有序政治参与，加强人权法治保障，保证人民依法享有广泛权利和自由。要保证人民依法行使选举权利，民主选举产生人大代表，保证人民的知情权、参与权、表达权、监督权落实到人大工作各方面各环节全过程，确保党和国家在决策、执行、监督落实各个环节都能听到来自人民的声音。要完善人大的民主民意表达平台和载体，健全吸纳民意、汇集民智的工作机制，推进人大协商、立法协商，把各方面社情民意统一于最广大人民根本利益之中。其次，更好发挥人大代表的作用。要丰富人大代表联系人民群众的内容和形式，更好接地气、察民情、聚民智、惠民生。各级人大常委会要加强代表工作能力建设，支持和保障代表更好依法履职。人大代表肩负人民赋予的光荣职责，要站稳政治立场，履行政治责任，密切同人民群众的联系，展现新时代人大代表的风采。最后，与时俱进推进人大自身的制度与体制机制建设。要健全人大组织制度和工作制度，完善人大专门委员会设置，优化人大常委会和专门委员会组成人员结构，健全人大常委会组成人员联系本级人大代表机制，畅通社情民意反映和表达渠道等。各级党委要把人大工作摆在重要位置，完善党领导人大工作的制度，定期听取人大常委会党组工作汇报，研究解决人大工作中的重大问题。要支持人大及其常委会依法行使职权、开展工作，指导和督促"一府一委两院"自觉接受人大监督。各级人大常委会党组要认真执行党的领导各项制度，落实好全面从严治党主体责任。

　　二是进一步健全和完善中国共产党领导的多党合作和政治协商制度。中国共产党领导的多党合作和政治协商制度，是在我国革命、建设、改革的长期实践中形成发展起来的。"共产党领导、多党派合作，共产党执政、多党派参政"是这一制度的鲜明特征。它既强调中国共产党的领导，也强调发扬社会主义民主。政治协商、民主监督、参政议政，就是这种民主最基本的体现。在中国共产党领导的多党合作制度框架下，共产党作为执政党，是中国特色社会主义事业的领导核心，引领多党合作正确的政治方向；各民主党派是接受共产党领导的中国特色社会主义参政党，是共产党的好参谋、好帮手、好同事，同共产党亲密合作、团结奋斗，共同致力于中国特色社会主义事业。人民政协是社会主义协商民主的重要渠道和专门协商机构，是国家治理体系的重要组成部分，是中国特色人民民主的重要制度安排。

　　中国共产党领导的多党合作和政治协商制度，也是我国的新型政党制度。作为一种新型政党制度，新就新在它是马克思主义政党理论同中国实际相结合的产物，能够真实、广泛、持久代表和实现最广大人民根本利益、全国各族各界根本利益，有效避免了旧式政党制度代表少数人、少数利益集团的弊端；新就新在它把各个政党和无党派人士紧密团结起来、为着共同目标而奋斗，有效避免了一党缺乏监督或者多党轮流坐庄、恶性竞争的弊端；新就新在它通过制度化、程序化、规范化的安排，集中各种意见和建议，推动决策科学化民主化，有效避免了旧式政党制度囿于党派利益、阶级利益、区域和集团利益决策施政导致社会撕裂的弊端。所以，坚持和完善中国共产党领导的多党合作和政治协商制度，不仅是发扬社会主义民主的独特制度安排，也是调动各方面积极性的重要途径。必须贯彻共产党与各民主党派"长期共存、互相监督、肝胆相照、荣辱与共"的方针，充分发挥民主党派和无党派人士的参政议政和民主监督作用，健全相互监督特别是中国共产党自觉接受监督、对重大决策部署贯彻落实情况实施专项监督等机制，加强中国特色社会主义参政党建设，完善支持民主党派和无党派人士履行职能的方法，积极拓展参政议政方式，大力发展协商民主。

三是进一步坚持和完善民族区域自治制度。我国是一个统一的多民族国家。多民族的大一统，各民族多元一体，是老祖宗留给我们的一笔重要财富，也是我们国家的重要优势。新中国成立后，采用什么样的政治制度解决民族问题、处理民族关系，是摆在中国共产党人面前的一大课题。中国共产党把马克思主义民族理论与中国的实际相结合，开创了民族区域自治制度这一解决民族问题的正确道路。我们党采取民族区域自治这个新办法，既保证了国家团结统一，又实现了各民族共同当家作主。实践证明，民族区域自治制度符合我国国情，在维护国家统一、领土完整，在加强民族平等团结、促进民族地区发展、增强中华民族凝聚力等方面都起到了重要作用，具有坚持各民族一律平等，铸牢中华民族共同体意识，实现共同团结奋斗、共同繁荣发展的显著优势。

新时代坚持和完善民族区域自治制度，关键在于做到坚持统一和自治相结合、民族因素和区域因素相结合。坚持统一和自治相结合，就是要明确：团结和统一是中华民族的根本利益，是各民族的共同利益，是实行民族区域自治的基础和前提，民族自治地方的自治权必须在维护国家统一的前提下行使，必须在国家宪法法律的范围内行使。坚持民族因素和区域因素相结合，就是要明确：民族区域自治制度既有利于保障少数民族的合法权益，也有利于促进民族自治地方民族关系的和谐。因此，在民族区域自治制度下，民族区域自治不是某个民族独享的自治，民族区域自治地方更不是某个民族独有的地方。要坚定不移走中国特色解决民族问题的正确道路，坚持在中国共产党领导下，坚持中国特色社会主义道路，坚持维护祖国统一，坚持各民族一律平等，坚持和完善民族区域自治制度，坚持各民族共同团结奋斗、共同繁荣发展，坚持打牢中华民族共同体的思想基础，坚持依法治国，加强各民族交往交流交融，促进民族和睦相处、和衷共济、和谐发展，巩固和发展平等团结互助和谐的社会主义民族关系。

四是进一步坚持和完善基层群众自治制度。基层群众自治制度作为我国的一项基本政治制度，在我国政治制度体系中有着十分独特的作用。新时代坚持和完善基层民主制度，必须把党的领导贯穿基层群众自治全过程和各方面，实现自治、法治、德治相结合，确保基层民主建设始终沿着正确道路前进。要健全基层党组织领导的基层群众自治机制，在城乡社区治理、基层公共事务和公益事业中广泛实行群众自我管理、自我服务、自我教育、自我监督，拓宽人民群众反映意见和建议的渠道，着力推进基层直接民主制度化、规范化、程序化。要全心全意依靠工人阶级，健全以职工代表大会为基本形式的企事业单位民主管理制度，探索企事业职工参与管理的有效方式，保障职工群众的知情权、参与权、表达权、监督权，维护职工合法权益。

第三节　发展全过程人民民主

人民民主是社会主义的生命，是全面建设社会主义现代化国家的应有之义。全过程人民民主是社会主义民主政治的本质属性，是中国共产党团结带领人民追求民主、发展民主、实现民主的伟大创造。推进全过程人民民主建设，要坚持人民主体地位，充分体现人民意志、保障人民权益、激发人民创造活力，巩固和发展生动活泼、安定团结的政治局面。

一、全过程人民民主是最广泛、最真实、最管用的民主

人民民主是我们党始终高举的旗帜。党的十八大以来，以习近平同志为核心的党中央立足新的历史方位，深刻把握我国社会主要矛盾发生的

新变化，积极回应人民对民主法治、公平正义的新要求新期待，深化对社会主义民主政治发展规律的认识，提出全过程人民民主重大理念，推动全过程人民民主取得历史性成就，成为新时代我国民主政治领域具有重大创新意义的标志性成果。

民主不是装饰品，不是用来做摆设的，而是要用来解决人民需要解决的问题的。一个国家民主不民主，关键在于是不是真正做到了人民当家作主，要看人民有没有投票权，更要看人民有没有广泛参与权；要看人民在选举过程中得到了什么口头许诺，更要看选举后这些承诺实现了多少；要看制度和法律规定了什么样的政治程序和政治规则，更要看这些制度和法律是不是真正得到了执行；要看权力运行规则和程序是否民主，更要看权力是否真正受到人民监督和制约。如果人民只有在投票时被唤醒、投票后就进入休眠期，只有竞选时聆听天花乱坠的口号、竞选后就毫无发言权，只有拉票时受宠、选举后就被冷落，这样的民主不是真正的民主。

——习近平

民主不是抽象的，而是具体的、历史的。资产阶级民主建立在生产资料资本主义私人占有的基础上，无论其选举程序和选举形式如何完善，选举过程如何眼花缭乱，都是一种典型的"金钱民主"。这种民主无论其形式如何，都不能改变其资产阶级统治的实质。我国的人民民主，建立在社会主义基本经济制度基础上，是为绝大多数人民所享有的广泛的、真实的民主，是一种全过程人民民主。这一民主不仅有完整的制度程序，而且有完整的参与实践，实现了过程民主和成果民主、程序民主和实质民主、直接民主和间接民主、人民民主和国家意志的统一，是全链条、全方位、全覆盖的民主。

从政治过程看，我国全过程人民民主是民主选举、民主协商、民主决策、民主管理、民主监督各个环节紧密联系、相互贯通的全链条民主。一是在选举环节，人民通过选举、投票行使权利，选出代表自己意愿的人来掌握并行使权力，包括国家机构选举、村（居）委会选举、企事业单位职工代表大会选举等。二是在协商环节，人民在重大决策之前和决策实施之中进行充分协商，尽可能就共同性问题取得一致意见。三是在决策环节，人民通过座谈听证、评估咨询、民意调查等多种方式，广泛参与到决策过程中。四是在管理环节，人民行使宪法赋予的各项权利、承担宪法赋予公民的责任义务，在各个层级、各个领域参与国家政治生活和社会生活的管理。五是在监督环节，建立健全各种监督制度，形成了一套有机贯通、相互协调的监督体系，人民可以对各级国家工作人员履职情况进行监督，保证人民赋予的权力始终用来为人民谋利益。

从政治体系看，我国全过程人民民主是贯通国家政治生活和社会生活各层面各维度的全方位民主。各级国家机关都按照民主集中制原则来组织并贯彻实施国家宪法法律和方针政策，保证国家治理成为充分体现人民意志、保障人民权益、激发人民创造活力的政治实践。我国已建立起行之有效的制度化协商渠道，包括政党协商、人大协商、政府协商、政协协商、人民团体协商、基层协商以及社会组织协商。广泛商量的过程就是发扬民主、集思广益的过程，就是统一思想、凝聚共识的过程，就是科学决策、民主决策的过程，就是实现人民当家作主的过程。

从政治领域看，我国全过程人民民主是涵盖国家各项事业各项工作的全覆盖民主。毛泽东说过："民主必须是各方面的，是政治上的、军事上的、经济上的、文化上的、党务上的以及国际关系上的，一切这些，都需要民主。"[1] 我国全过程人民民主坚持以人民为中心，坚持人民主体地位，人民当家作主充分体现在中国特色社会主义经济建设、政治建设、

---

[1]《毛泽东文集》第三卷，人民出版社1996年版，第169页。

文化建设、社会建设、生态文明建设"五位一体"总体布局和全面建设社会主义现代化国家、全面深化改革、全面依法治国、全面从严治党"四个全面"战略布局的方方面面，实现了全领域、全过程整体性覆盖和贯通。同时，通过全过程人民民主最广泛地动员和组织全体人民以主人翁地位投身社会主义现代化建设，有力推动了国家各项事业的发展和各方面工作的开展。

党的十八大以来，全过程人民民主全面发展，社会主义民主政治制度化、规范化、程序化全面推进，社会主义协商民主广泛开展，人民当家作主更为扎实，基层民主活力增强，爱国统一战线巩固拓展，民族团结进步呈现新气象，党的宗教工作基本方针得到全面贯彻，人权得到更好保障。实践证明，全过程人民民主是符合中国国情、保障人民当家作主的民主，是最广泛、最真实、最管用的民主。

坚持和发展全过程人民民主，要用制度体系保障人民当家作主。坚持和完善我国根本政治制度、基本政治制度、重要政治制度，拓展民主渠道，丰富民主形式，确保人民依法通过各种途径和形式管理国家事务，管理经济和文化事业，管理社会事务，支持和保证人民通过人民代表大会行使国家权力，保证各级人大都由民主选举产生、对人民负责、受人民监督。我国的社会主义民主政治制度安排，能够有效保证人民享有更加广泛、更加充实的权利和自由，保证人民广泛参加国家治理和社会治理；能够有效调节国家政治关系，发展充满活力的政党关系、民族关系、宗教关系、阶层关系、海内外同胞关系，增强民族凝聚力，形成安定团结的政治局面。我们要不断健全全面、广泛、有机衔接的人民当家作主制度体系，为党和国家兴旺发达、长治久安提供更加完善的制度保障。

二、推动协商民主广泛多层制度化发展

协商民主是实践全过程人民民主的重要形式。社会主义协商民主是在中国共产党领导下，人民内部各方面围绕改革发展稳定的重大问题和涉及群众切身利益的实际问题，在决策之前和决策实施之中开展广泛协商，努力形成共识的重要民主形式。协商民主是实现党的领导的重要方式，是我国社会主义民主政治中独特的、独有的、独到的民主形式，是中国共产党的群众路线在政治领域的重要体现。在中国社会主义制度下，有事好商量、众人的事情由众人商量，找到全社会意愿和要求的最大公约数，是人民民主的真谛。

社会主义协商民主具有鲜明的特点和独特的优势，它以人民利益根本一致为最大政治基础，以团结尊重和谐为出发点和落脚点，以制度化、规范化和程序化为重要保证。既坚持了中国共产党的领导，又发挥了各方面的积极作用；既坚持了人民主体地位，又贯彻了民主集中制的领导制度和组织原则；既坚持了人民民主的原则，又贯彻了团结和谐的要求。我国社会主义协商民主丰富了民主的形式、拓展了民主的渠道、深化了民主的内涵，是对人类政治文明发展的新贡献。

协商民主以我国根本政治制度和基本政治制度为支撑，是人民依法直接行使民主权利的重要保障，深深嵌入中国社会主义民主政治全过程。发展社会主义民主政治，实现人民当家作主，必须推动协商民主广泛多层制度化发展。

一是继续加强政党协商。政党协商是中国共产党同民主党派基于共同的政治目标，就党和国家重大方针政策和重要事务，在决策之前和决策实施之中，直接进行政治协商的重要民主形式。要发挥中国特色社会主义政党制度优势，加强中国共产党同民主党派的政治协商，搞好合作共事，巩固和发展和谐政党关系。政党协商的内容十分广泛，主要包括：中国共产党全国和地方各级代表大会、党中央以及地方党委有关重要文

件的制定、修改；宪法的修改建议，有关重要法律的制定、修改建议，有关重要地方性法规的制定、修改建议；关系国民经济和社会发展的有关重大问题；换届时人大常委会、政府、政协领导班子成员和监察委员会主任、法院院长、检察院检察长的建议人选；关系统一战线和多党合作的重大问题。

二是积极开展人大协商。开展人大协商是推进人大制度发展完善，提升人大工作质量和水平的重要途径。要以人民代表大会为平台，深入推进立法工作中的协商，发挥好人大代表在协商民主中的作用。鼓励基层人大在履职过程中依法开展协商，探索协商形式、丰富协商内容。各级人大要依法行使职权，同时在重大决策之前根据需要进行充分协商，更好汇聚民智、听取民意，支持和保证人民通过人民代表大会行使国家权力。

三是扎实推进政府协商。围绕有效推进科学民主依法决策加强政府协商，增强决策透明度和公众参与度，解决好人民最关心最直接最现实的利益问题，推进政府职能转变，提高政府治理能力和水平。要探索制定并公布协商事项目录，积极做好政府信息公开工作，创新协商方式和协商平台，增强协商的广泛性、针对性和实效性。

四是充分发挥人民政协作为协商民主重要渠道和专门协商机构的作用。加强人民政协协商民主建设，必须聚焦党和国家中心任务，围绕团结和民主两大主题，把协商民主贯穿到政治协商、民主监督、参政议政全过程，进一步拓展协商内容、丰富协商形式、规范协商程序、增加协商密度、提高协商成效，推进政治协商、民主监督、参政议政制度建设。

五是认真做好人民团体协商。建立完善人民团体参与各渠道协商的工作机制，围绕做好新形势下党的群众工作开展协商，对涉及群众切身利益的实际问题，特别是事关特定群体权益保障的，要加强与有关部门协商。健全人民团体直接联系群众工作机制，更好组织和代表所联系群众参与公共事务，有效反映群众意愿和利益诉求，发挥人民团体作为党和政府联系人民群众的桥梁和纽带作用。

六是稳步推进基层协商。基层协商是指乡镇、街道和行政村、社区围绕城乡社会治理、基层公共事务、社会公益事业、涉及群众切身利益的实际问题，以及企事业单位围绕民主管理进行协商的基层民主形式。要按照协商于民、协商为民的要求，建立健全基层协商民主建设协调联动机制，稳步开展基层协商，更好解决人民群众的实际困难和问题，及时化解矛盾纠纷，促进社会和谐稳定。

七是探索开展社会组织协商。坚持党的领导和政府依法管理，健全与相关社会组织联系的工作机制和沟通渠道，引导社会组织有序开展协商，更好为社会服务。

我国的协商民主建设是全方位的、多层次的、立体化的，是切实保障人民当家作主的制度安排。切实落实推进协商民主广泛多层制度化发展这一战略任务，对于发挥我国政治制度的优越性、发展全过程人民民主、扩大公民有序参与政治生活、保持党同人民群众的血肉联系、保障人民当家作主具有重大意义。

三、积极发展基层民主

基层民主是全过程人民民主的重要体现，是发展我国社会主义民主政治的基础性工程。广大人民群众最直接的政治参与主要在基层，最直观的当家作主感受也主要在基层。基层民主的建立和发展，实现了基层群众的自我管理、自我服务、自我教育、自我监督，保障了基层群众广泛、直接、有效行使民主权利，彰显了人民当家作主的广泛性、真实性、有效性，成为确保我国社会长期和谐稳定的重要政治基础和制度保障。党的十八大以来，全国城乡基层民主创新创造更加活跃，基层民主活力得到进一步增强。人民群众通过接地气、聚人气、提心气的民主实践，围绕涉及自身切身利益的实际问题，积极发表意见建议，持续进行广泛协商，利益得到协调，矛盾有效化解，合理化建议被及时采纳，促进了基层稳定与和谐安宁。

积极发展基层民主，必须始终坚持党的领导，坚持和完善基层群众自治制度，不断拓展基层民主渠道，不断创新基层民主方式，不断增强基层群众的民主意识和民主能力，把民主选举、民主协商、民主决策、民主管理、民主监督贯穿基层治理的全过程各方面，推动建设人人有责、人人尽责、人人享有的社会治理共同体。

一是健全基层党组织领导的基层群众自治机制。中国共产党的领导，是发展全过程人民民主的根本保证，无论是发展间接民主还是城乡基层直接民主，都离不开党的坚强有力的统一领导。在此基础上，需要通过健全基层群众自治机制，加强基层组织建设，完善基层直接民主制度体系和工作体系，这就是要建成基层民主完整的制度程序和完整的参与实践，并且把完善的基层民主制度形态转化为城乡居（村）民自治效能。

二是完善办事公开制度，拓宽基层各类群体有序参与基层治理渠道。具体来说，就是着力健全基层党组织领导的自治、法治、德治相结合的城乡基层治理体系，健全社区管理和服务机制，推进网格化管理和服务。基层党组织需要把社区工作做到位做到家，在办好一件件老百姓操心事、烦心事中提升群众获得感、幸福感、安全感。还需要充分发挥群团组织和社会组织作用，发挥行业协会商会自律功能，实现政府治理和社会调节、居民自治良性互动，夯实基层社会治理基础，打造人人有责、人人尽责、人人享有的社会治理共同体，同时推动社会治理和服务中心向基层下移，把更多资源下沉到基层，保障人民依法直接行使民主权利。

三是健全以职工代表大会为基本形式的企事业单位民主管理制度。职工群众最了解所在单位、对本单位最有感情，通过民主管理制度让职工群众充分表达意见建议、积极献计献策、有序参与决策，有利于企事业单位科学决策，有利于促进企事业单位自身发展和维护职工合法权益。

职工代表大会是保证职工对企事业单位实行民主管理的基本形式，广大职工在企事业单位中所享有的当家作主的民主权利，主要通过职工代表大会来体现。职工代表通过以厂务公开制度、职工董事制度、职工监事制度为主要内容的民主管理制度，参与企事业单位管理，维护单位职工合法权益。

四、巩固和发展最广泛的爱国统一战线

统一战线体现人民民主的意蕴，是全过程人民民主的重要表现形式。人心是最大的政治，统一战线是凝聚人心、汇聚力量的强大法宝。在长期的革命、建设、改革过程中，我们党始终把统一战线工作摆在全党工作的重要位置，结成了由中国共产党领导的，有各民主党派和各人民团体参加的，包括全体社会主义劳动者、社会主义事业的建设者、拥护社会主义的爱国者、拥护祖国统一和致力于中华民族伟大复兴的爱国者的广泛的爱国统一战线，对推动党和人民事业不断发展发挥了十分重要的作用。新时代新征程，要完善大统一战线工作格局，坚持大团结大联合，动员全体中华儿女围绕实现中华民族伟大复兴的中国梦一起来想、一起来干。

一是要坚持党对统一战线工作的领导，这是新时代统一战线工作的根本原则。党对统一战线的领导主要是政治领导，即政治原则、政治方向、重大方针政策的领导，主要体现为党委领导而不是部门领导、集体领导而不是个人领导。只有坚持共产党的领导，才能结成牢不可破的统一战线，统一战线才能有正确的方向、蓬勃的生机和光明的前途，才能发挥它应有的作用。这是我国社会主义制度的性质决定的，也是统一战线内部各方面人士的共同愿望和共同利益所在。坚持党的领导要坚定不移，但在这个过程中也要尊重、维护、照顾同盟者的利益，帮助党外人士排忧解难。

二是必须正确处理一致性和多样性的关系，这是新时代统一战线工作的主线。统一战线是一致性和多样性的统一体。只有一致性、没有多样性，或者只有多样性、没有一致性，都不能建立和发展统一战线。正确处理两者的关系，关键是要坚持求同存异。一方面，要不断巩固共同思想政治基础，包括巩固已有共识、推动形成新的共识，这是基础和前提。另一方面，要充分发扬民主，尊重包容差异。对危害中国共产党领导、危害我国社会主义政权、危害国家制度和法治、损害最广大人民根本利益的问题，必须旗帜鲜明反对。对其他各种多样性，要尽可能通过耐心细致的工作找到最大公约数，画出最大同心圆。

三是必须高举爱国主义、社会主义旗帜，牢牢把握大团结大联合的主题，实现中华儿女大团结。坚持做好民主党派工作，按照社会主义参政党的性质定位，加强民主党派自身建设。全面贯彻党的民族政策，铸牢中华民族共同体意识，加强各民族交往交流交融，促进各民族像石榴籽一样紧紧抱在一起。坚持我国宗教中国化方向，积极引导宗教与社会主义社会相适应；把党的宗教工作基本方针坚持好，关键是要在"导"上想得深、看得透、把得准，做到"导"之有方、"导"之有力、"导"之有效，牢牢掌握宗教工作主动权。加强党外知识分子思想政治工作，做好新的社会阶层人士工作，发挥他们在中国特色社会主义事业中的重要作用。全面构建亲清政商关系，促进非公有制经济健康发展和非公有制经济人士健康成长。广泛团结联系海外侨胞和归侨侨眷，涵养壮大知华友华力量，共同致力于中华民族伟大复兴。

四是必须改进工作方式，善于联谊交友。统一战线是做人的工作，搞统一战线是为了壮大共同奋斗的力量。习近平强调："统一战线工作做得好不好，要看交到的朋友多不多、合格不合格、够不够铁。多不多是数量问题，合格不合格、够不够铁是质量问题。"[1] 要坚持讲尊重、讲平

---

① 《习近平著作选读》第一卷，人民出版社 2023 年版，第 358—359 页。

等、讲诚恳，也要坚持讲原则、讲纪律、讲规矩，出于公心为党交一大批肝胆相照的党外朋友。

第四节　坚持全面依法治国

全面依法治国是国家治理的一场深刻革命，关系党执政兴国，关系人民幸福安康，关系党和国家长治久安。党的十八大以来，以习近平同志为核心的党中央创造性提出了关于全面依法治国的一系列具有原创性、标志性的新理念新思想新战略，深刻回答了新时代为什么实行全面依法治国、怎样实行全面依法治国等一系列重大问题，形成了习近平法治思想。要以习近平法治思想为指导，坚持走中国特色社会主义法治道路，建设中国特色社会主义法治体系，建设社会主义法治国家，全面推进国家各方面工作法治化。

一、在法治轨道上全面建设社会主义现代化国家

法律是治国之重器，法治是治国理政的基本方式。新时代新征程，改革发展稳定任务艰巨繁重，全面对外开放深入推进，人民群众在民主、法治、公平、正义、安全、环境等方面的要求日益增长。全面依法治国是解决党和国家事业发展面临的一系列重大问题，解放和增强社会活力、促进社会公平正义、维护社会和谐稳定的根本要求。在我们这样一个大国，要实现经济发展、政治清明、文化昌盛、社会公正、生态良好，必须把全面依法治国坚持好、贯彻好、落实好，必须坚持把全面依法治国摆在全局性、战略性、基础性、保障性位置，更好发挥法治固根本、稳预期、利长远的重要作用。

全面依法治国是我们党加强自身建设、坚持依法执政的必然要求。

全面依法治国是我们党在治国理政上的自我完善、自我提高。要把党领导人民制定和实施宪法法律同党坚持在宪法法律范围内活动统一起来，更加自觉地运用法治思维和法治方式加强党的执政能力建设，以法治力量更好保障党在新时代新征程上的使命任务胜利实现。

全面依法治国是坚持以人民为中心的发展思想、保障和促进人民群众各项权利实现的迫切要求。全面依法治国，就是要把体现人民利益、反映人民愿望、维护人民权益、增进人民福祉落实到全面依法治国的各领域全过程。要始终坚持以人民为中心，坚持法治为了人民、依靠人民、造福人民、保护人民，努力让人民群众在每一项法律制度、每一个执法决定、每一宗司法案件中都感受到公平正义，以法治力量更好保障人民群众的获得感、幸福感、安全感。

全面依法治国是推进国家治理体系和治理能力现代化、确保党和国家长治久安的根本要求。当前，国际环境不稳定性不确定性明显上升，国内改革发展稳定任务日益繁重。要聚焦党中央关注、人民群众反映强烈的突出问题和法治建设薄弱环节，加快形成完备的法律规范体系、高效的法治实施体系、严密的法治监督体系、有力的法治保障体系和完善的党内法规体系，进一步完善和发展中国特色社会主义制度，以法治方式解决党和国家事业发展面临的一系列重大问题，依靠良法善治来促进社会公平正义、维护社会和谐稳定，推进国家治理体系和治理能力现代化，以法治力量更好保障中国式现代化顺利实现。

二、坚持中国特色社会主义法治道路

全面推进依法治国，必须走对路。中国特色社会主义法治道路是建设社会主义法治国家的唯一正确道路。中国特色社会主义法治道路，本质上是中国特色社会主义道路在法治领域的具体体现。每个国家的法治道路，都与其各自历史文化传统、经济基础、社会条件等因素密切相关。

中国是一个有着 5000 多年历史的文明古国，又是发展中的社会主义大国，具有独特的法治传统、独特的国情、独特的现实问题，这就决定了我们的法治道路必定要走自己的路。习近平指出："全面推进依法治国这件大事能不能办好，最关键的是方向是不是正确、政治保证是不是坚强有力，具体讲就是要坚持党的领导，坚持中国特色社会主义制度，贯彻中国特色社会主义法治理论。"① 这一重要论述深刻地揭示了中国特色社会主义法治道路的核心要义。

一是坚持党的领导。党的领导是中国特色社会主义最本质的特征，是社会主义法治最根本的保证。必须坚持党领导立法、保证执法、支持司法、带头守法，把依法治国基本方略同依法执政基本方式统一起来，把党总揽全局、协调各方同人大、政府、政协、监察机关、审判机关、检察机关依法依章程履行职能、开展工作统一起来，把党领导人民制定和实施宪法法律同党坚持在宪法法律范围内活动统一起来，善于使党的主张通过法定程序成为国家意志，善于使党组织推荐的人选通过法定程序成为国家政权机关的领导人员，善于通过国家政权机关实施党对国家和社会的领导，善于运用民主集中制原则维护党中央权威、维护全党全国团结统一。

> 我们必须牢记，党的领导是中国特色社会主义法治之魂，是我们的法治同西方资本主义国家的法治最大的区别。离开了中国共产党的领导，中国特色社会主义法治体系、社会主义法治国家就建不起来。我们全面推进依法治国，绝不是要虚化、弱化甚至动摇、否定党的领导，而是为了进一步巩固党的执政地位、改善党的执政方式、提高党的执政能力，保证党和国家长治久安。
>
> ——习近平

---

① 《习近平著作选读》第二卷，人民出版社 2023 年版，第 569 页。

　　二是坚持中国特色社会主义制度。衡量一个社会制度是否科学、是否先进，主要看是否符合国情、是否有效管用、是否得到人民拥护。当今世界正经历百年未有之大变局，国与国的竞争日益激烈，归根到底是国家制度的竞争。中国特色社会主义取得举世瞩目的成就，其中很重要的原因就是我国国家制度和法律制度具有显著优越性和强大生命力。实践证明，我们党把马克思主义基本原理同中国具体实际相结合、同中华优秀传统文化相结合，在古老的东方大国建立起保证亿万人民当家作主的新型国家制度，使中国特色社会主义制度成为具有显著优越性和强大生命力的制度，保障我国创造出经济快速发展、社会长期稳定的奇迹。

　　三是贯彻中国特色社会主义法治理论。中国特色社会主义法治理论是中国特色社会主义法治体系的理论指导和学理支撑，是全面依法治国的行动指南。全面推进依法治国，法治理论是重要引领。要总结和运用党领导人民实行法治的成功经验，围绕社会主义法治建设重大理论和实践问题，不断丰富和发展符合中国实际、具有中国特色、体现社会发展规律的社会主义法治理论。

　　坚持中国特色社会主义法治道路，是一项系统工程，必须牢牢把握核心要义，毫不动摇坚持以下原则。一是必须坚持中国共产党领导。党的领导是中国特色社会主义法治之魂，离开了党的领导，全面依法治国就难以有效推进，社会主义法治国家就建不起来。二是必须坚持以人民为中心。坚持法治为了人民、依靠人民、造福人民、保护人民。充分调动人民群众投身依法治国实践的积极性和主动性，使全体人民都成为社会主义法治的忠实崇尚者、自觉遵守者、坚定捍卫者。三是必须坚持法律面前人人平等。平等是社会主义法律的基本属性，是社会主义法治的基本要求。任何组织和个人都必须尊重宪法法律权威，都必须在宪法法律范围内活动。任何人违反宪法法律都要受到追究，绝不允许任何人以任何借口任何形式以言代法、以权压法、逐利违法、徇私枉法。四是必须坚持依法治国和以德治国相结合。治理国家、治理社会必须一手抓法治、一手抓德治，实现法律和道德相辅相成、法治和德治相得益彰。要发挥好法律的规范作用，以法治体现道德理念、强化法律对道德建设的促进作用。要发挥好道德的教化作用，以道德滋养法治精神、强化道德对法治文化的支撑作用。五是必须坚持从中国实际出发。全面依法治国，必须从我国实际出发，同推进国家治理体系和治理能力现代化相适应，突出中国特色、实践特色、时代特色，既不能罔顾国情、超越阶段，也不能因循守旧、墨守成规。

三、坚持依宪治国、依宪执政

坚持依法治国首先要坚持依宪治国，坚持依法执政首先要坚持依宪执政。宪法是国家的根本大法，是治国安邦的总章程，是党和人民意志的集中体现。现行宪法在改革开放和社会主义现代化建设的历史进程中、在党治国理政实践中发挥了十分重要的作用，有力坚持了党的领导，有力保障了人民当家作主，有力促进了改革开放和社会主义现代化建设，有力推动了社会主义法治国家建设进程，有力维护了国家统一、民族团结、社会稳定。实践证明，我国现行宪法是符合国情、符合实际、符合时代发展要求的好宪法，是充分体现人民共同意志、充分保障人民民主权利、充分维护人民根本利益的好宪法，是推动国家发展进步、保证人民创造幸福生活、保障中华民族实现伟大复兴的好宪法，是我们国家和人民经受住各种困难和风险考验、始终沿着中国特色社会主义道路前进的根本法治保障。

宪法是国家法律法规和各种制度的总依据，是法律法规和制度体系的源头和统帅，具有最高的法律地位、法律权威、法律效力。要完善以宪法为核心的中国特色社会主义法律体系。推进科学立法、民主立法、依法立法，统筹立改废释纂，增强立法系统性、整体性、协同性、时效性。坚持依宪治国、依宪执政，是我们党在推进中国革命、建设、改革的实践中，形成的宝贵经验、得出的重要结论，是推进全面依法治国的迫切需要。任何公民、社会组织和国家机关都必须以宪法法律为行为准则，依照宪法法律行使权利或权力，履行义务或职责，都不得有超越宪法法律的特权，一切违反宪法法律的行为都必须予以追究。我们党作为执政党，领导人民制定宪法法律，并带头尊崇执行宪法法律，坚持自觉地在宪法法律范围内活动。

坚持依宪治国、依宪执政，必须加强宪法实施与监督。宪法实施是将宪法文本落实到社会生活、国家政治生活中的一套观念和制度。宪法的生命在于实施，宪法的权威也在于实施。维护宪法权威，就是维护党和人民共同意志的权威；捍卫宪法尊严，就是捍卫党和人民共同意志的尊严；保证宪法实施，就是保证人民根本利益的实现。如果宪法得不到有效实施，社会生活中存在的违宪行为无法得到惩处，宪法权威必然流于形式。宪法实施有赖于完善的宪法监督制度。加强宪法监督，有助于树立宪法的权威和尊严、维护国家法制的统一、保障公民基本权利、降低国家治理成本。

加强宪法实施与监督，必须推进合宪性审查工作，维护宪法权威。合宪性审查，就是对宪法以下的法律文件是否符合宪法精神进行审查，是宪法监督的一种方式。我国宪法明确规定，一切法律、行政法规和地方性法规都不得同宪法相抵触。一切违反宪法法律的行为，必须予以追究。要加强对宪法法律实施情况的监督检查，坚决纠正违宪违法行为。各级国家机关工作人员特别是领导干部要增强宪法观念，依照宪法法律行使职权、履行责任，自觉接受人民监督。全国各族人民、一切国家机关和武装力量、各政党和各社会团体、各企业事业组织，都必须以宪法为根本的活动准则，并且负有维护宪法尊严、保证宪法实施的职责。我国宪法还规定，全国人民代表大会及其常委会是我国的合宪性审查机关。当前，必须进一步探索具有中国特色的合宪性审查制度，健全相关制度，确保宪法实施和监督，维护宪法权威。

我们坚持的依宪治国、依宪执政，与西方所谓的"宪政"有本质的不同。西方所谓的"宪政"，并不是单纯的制定宪法、遵守宪法、执行宪法的意思，它实质上是西方的政治制度及其实践，是以西方代议民主、权力制衡、司法独立等为主要内容的政治制度的另一种称谓。这一制度体系建立在私有制基础上，说到底只不过是管理资产阶级共同事务的制度安排，具有极大的虚伪性和欺骗性。我们党领导人民制定的宪法是社会主义性质的宪法，体现了全体人民的共同意志，实现了党的意志和人民意志的统一。坚持依宪治国、依宪执政，就包括坚持宪法确定的中国共产党领导地位不动摇，坚持宪法确定的人民民主专政的国体和人民代表大会制度的政体不动摇。

四、全面推进依法治国的工作布局

全面推进依法治国是一个系统工程，必须系统谋划、把握重点、统筹推进。必须在中国共产党领导下，加快建设中国特色社会主义法治体系，坚持依法治国、依法执政、依法行政共同推进，坚持法治国家、法治政府、法治社会一体建设，全面推进科学立法、严格执法、公正司法、全民守法，全面推进国家各方面工作法治化。

一是坚持依法治国、依法执政、依法行政共同推进。依法治国、依法执政、依法行政是一个有机整体，三者本质一致、目标一体、成效相关，必须相互配合、共同推进、形成合力。

坚持依法治国。依法治国是党领导人民治理国家的基本方式。要把法治理念贯穿到治国理政各个环节，贯穿到改革发展全过程，贯穿到经济、政治、文化、社会、生态文明建设等各方面，确保一切组织和个人都必须在宪法法律的范围内活动。

坚持依法执政。能不能做到依法治国，关键在于党能不能坚持依法执政，各级政府能不能坚持依法行政。党要带头尊崇和执行宪法，不断加强和改进党的领导方式和执政方式，加强党的领导制度体系建设，健全党规党法，增强依法执政意识，推进依法执政制度化、规范化、程序化，善于用法治的理念、法治的体制、法治的方式开展工作。

坚持依法行政。依法行政是行政机关履行政府职能、管理经济社会文化等方面事务的主要方式，是切实维护广大人民群众切身利益、落实依法治国基本方略的必然要求。行政机关是法律的执行机关，必须依法全面履行职能，坚持法定职责必须为、法无授权不可为的原则，不断健全依法决策机制，完善执法程序，严格执法责任，做到严格规范文明公正执法。只有执法机关坚持严格规范文明公正执法，才能切实维护社会公平正义、更好满足人民群众的法治需求，才能树立执法机关公信力，带动全社会尊法守法，保证法律法规有效实施。

二是坚持法治国家、法治政府、法治社会一体建设。法治国家、法治政府、法治社会三者各有侧重、相辅相成，法治国家是法治建设的目标，法治政府是建设法治国家的主体，法治社会是构筑法治国家的基础。

法治国家是法治建设的目标，法治政府、法治社会建设必须服从、服务于法治国家建设。党的十八届四中全会确立的全面推进依法治国总目标是，建设中国特色社会主义法治体系，建设社会主义法治国家。这个总目标反映了我们党治国理政思想的重大创新，指明了全面依法治国的正确方向，规划了全面依法治国的总体布局，是贯穿全面依法治国工作的主线。法治政府、法治社会建设，要紧紧围绕建设社会主义法治国家的目标进行顶层设计、完善体制机制、明确工作重点、作出部署安排。

法治政府是建设法治国家的主体，是法治社会建设的先导和示范。建设法治政府对建设法治社会具有重要引领和带动作用。各级政府是否依宪施政、依法行政，各级领导干部和政府工作人员能不能带头尊法学法守法用法，直接影响人民群众的法治信仰和行为选择，直接决定法治社会建设的速度和成效。

法治社会是构筑法治国家、法治政府的基础，法治国家、法治政府建设必须筑牢法治社会根基。依法治国的基础在基层，根基在民众，只有全面增强全民法治观念，让法治成为全民思维方式和行为习惯，加快建设法治社会，才能夯实法治国家、法治政府建设的社会基础。

三是全面推进科学立法、严格执法、公正司法、全民守法。这是新时代我国法治建设的指导方针，明确了每一个主要环节的重点要求，构成了新时代全面依法治国的基本工作格局。

科学立法是法治建设的重要前提。科学立法，关键是完善立法体制。深入推进科学立法、民主立法，应抓住提高立法质量这个关键。严格执法是法律落实的关键环节。推进严格执法，重点是解决执法不规范、不严格、不透明、不文明以及不作为、乱作为等突出问题。公正司法是维护社会公平正义的最后一道防线。公平公正是法治的生命线，也是司法的灵魂。公正司法事关人民切身利益，事关社会公平正义，事关社会和谐和国家稳定。推进公正司法，要以优化司法职权配置为重点，健全司法权力分工负责、相互配合、相互制约的制度安排。全民守法是法律发挥作用的社会基础。法律权威源自人民的内心拥护和真诚信仰。人民权益要靠法律保障，法律权威要靠人民维护。要坚持把全民普法和守法作为依法治国的长期基础性工作，采取有力措施加强法治宣传教育。

当前，实现中华民族伟大复兴进入关键时期，我国开启了全面建设社会主义现代化国家新征程，更需要建设社会主义伟大事业的全体参与者牢固树立法治理念、秉持法治方式、弘扬法治精神，让法治成为全民思维方式和行为习惯。只有法治成为全民思维方式和行为习惯，全体人民才会信仰法治、厉行法治，国家和社会生活才能真正实现在法治轨道上运行。推动法治成为全民思维方式和行为习惯是一项系统工程，领导干部带头运用法治思维和法治方式至关重要。习近平强调："各级党组织和党员、干部要强化依法治国、依法执政观念，提高运用法治思维和法治方式深化改革、推动发展、化解矛盾、维护稳定、应对风险的能力。"①领导干部要运用好法治思维和法治方式，关键是要做到以下四点。一是守法律、重程序，这是法治的第一位要求；二是牢记职权法定，明白权力来自哪里、界线划在哪里，做到法定职责必须为、法无授权不可为；三是保护人民权益，这是法治的根本目的；四是受监督，这既是对领导干部行使权力的监督，也是对领导干部正确行使权力的制度保护。

思考题

1. 如何理解习近平法治思想的科学内涵？

2. 如何认识党的领导、人民当家作主、依法治国三者之间的关系？

3. 为什么说全过程人民民主是最广泛、最真实、最管用的民主？

4. 为什么说要在法治轨道上全面建设社会主义现代化国家？

---

① 习近平:《论坚持全面依法治国》，中央文献出版社 2020 年版，第 273 页。

第五章　新时代中国特色社会主义文化建设

教学要点

1. 新时代中国特色社会主义文化理论与制度的基本内容
2. 巩固和发展社会主义意识形态的重大意义
3. 培育和践行社会主义核心价值观的实践要求
4. 建设中华民族现代文明的丰富内涵和重大意义
5. 坚定文化自信、建设社会主义文化强国的任务要求

第一节　新时代中国特色社会主义文化理论与制度

一个国家、一个民族的强盛，不仅需要高度发展的物质文明，还需要繁荣兴盛的精神文化作为支撑。党的十八大以来，以习近平同志为核心的党中央坚持把文化建设摆在治国理政的重要位置，从全局和战略高度作出系统谋划和部署，形成了习近平文化思想，引领和推动新时代文化建设取得历史性成就。新时代新征程，中国特色社会主义文化建设面临新形势新任务，必须坚持以习近平文化思想为强大思想武器和科学行动指南，自觉承担起继续推动文化繁荣、建设文化强国、建设中华民族现代文明这一新的文化使命。

一、新时代中国特色社会主义文化理论

中国共产党历来高度重视运用文化引领前进方向、凝聚奋斗力量，团结带领全国各族人民不断以思想文化新觉醒、理论创造新成果、文化建设新成就推动党和人民事业向前发展。新时代，中国共产党人坚持马克思主义文化理论，立足新的时代条件和实践要求，深刻认识和把握中国特色社会主义文化建设规律。习近平在 2018 年 8 月全国宣传思想工作会议上，用"九个坚持"高度概括了我们党对宣传思想工作的规律性认识；在 2021 年庆祝中国共产党成立 100 周年大会上的讲话中明确提出"两个结合"；在 2023 年 6 月文化传承发展座谈会上，明确了文化建设方面的"十四个强调"，鲜明提出坚持党的文化领导权、深刻理解"两个结合"、担负新的文化使命等重大创新观点，提出建设中华民族现代文明的重大命题；在 2023 年 10 月对宣传思想文化工作作出重要指示，提出"七个着力"的要求。习近平关于新时代文化建设的新思想新观点新论断，是新时代党领导文化建设实践经验的理论总结，丰富和发展了马克思主义文化理论，形成了习近平文化思想，构成了习近平新时代中国特色社会主义思想的文化篇。

一是关于坚持党的文化领导权。意识形态工作是党的一项极端重要的工作，坚持党的文化领导权是关系党和国家前途命运的大事。强调坚持党的文化领导权，充分体现了对新时代文化地位作用的深刻认识，体现了党对意识形态工作的科学把握。必须牢牢坚持党的文化领导权不动摇，落实政治责任，勇于改革创新，切实把党的领导优势转化为铸就社会主义文化新辉煌的强大动力，为坚持党的执政地位、夯实党的执政基础提供有力思想保证和文化支持。

二是关于推动物质文明和精神文明协调发展。推动物质文明和精神文明协调发展是坚持和发展中国特色社会主义的本质特征。中国特色社会主义是物质文明和精神文明全面发展的社会主义，中国式现代化是物

质文明和精神文明相协调的现代化。物质贫困不是社会主义，精神贫乏也不是社会主义，物质富足、精神富有是社会主义现代化的根本要求。必须坚持两手抓、两手硬，不断夯实人民幸福生活的物质条件，不断丰富人民精神世界，促进人的全面发展。

三是关于"两个结合"的根本要求。"两个结合"既揭示了在 5000 多年中华文明深厚基础上开辟和发展中国特色社会主义的必由之路，也揭示了党推动理论创新和文化繁荣的必由之路，拓展了中国特色社会主义文化发展道路。"两个结合"是我们取得成功的最大法宝，中国特色的关键就在于"两个结合"。坚持把马克思主义基本原理同中华优秀传统文化相结合是又一次的思想解放，让我们能够在更广阔的文化空间中，充分运用中华优秀传统文化的宝贵资源，探索面向未来的理论和制度创新。只有坚持"两个结合"，我们党才能掌握宣传思想文化上的主动，不断开辟马克思主义中国化时代化新境界，不断推动中华优秀传统文化创造性转化、创新性发展，创造属于我们这个时代的新文化。

四是关于担负新的文化使命。在新的历史起点上继续推动文化繁荣、建设文化强国、建设中华民族现代文明，是我们在新时代新的文化使命。这是新时代新征程党的使命任务对文化发展的必然要求，彰显了中国共产党促进中华文化繁荣、创造人类文明新形态的历史担当。必须坚持中国特色社会主义文化发展道路，加快建设与我国深厚文化底蕴和丰富文化资源相匹配、与新时代中国特色社会主义事业总体布局和战略布局相适应、与建设富强民主文明和谐美丽的社会主义现代化强国相承接的社会主义文化强国。

五是关于坚定文化自信。文化自信是更基础、更广泛、更深厚的自信，是更基本、更深沉、更持久的力量，有文化自信的民族才能立得住、站得稳、行得远。坚定文化自信就是坚持走自己的路，立足中华民族伟大历史实践和当代实践，用中国道理总结好中国经验，把中国经验提升为中国理论，实现精神上的独立自主。文化自信来自我们的文化主体性，有了文化主体性，就有了文化意义上坚定的自我，文化自信就有了根本依托。必须不断巩固文化主体性，以文化上的自信自立、精神上的独立自主保障和支撑现代化建设。

六是关于培育和践行社会主义核心价值观。核心价值观是一个民族赖以维系的精神纽带，是一个国家共同的思想道德基础。培育和弘扬社会主义核心价值观是凝魂聚气、强基固本的基础工程。必须坚持以社会主义核心价值观引领文化建设，弘扬以伟大建党精神为源头的中国共产党人精神谱系，加强爱国主义、集体主义、社会主义教育，强化教育引导、实践养成、制度保障，不断提高人民思想觉悟、道德水准、文明素养，提高全社会文明程度。

七是关于掌握舆论主导权、广泛凝聚社会共识。当今世界信息技术日新月异，数字化、网络化、智能化深入发展，互联网成为影响世界的重要力量，谁掌握了互联网，谁就把握住了时代主动权。掌握信息化条件下舆论主导权、广泛凝聚社会共识，是巩固壮大主流思想文化的必然要求。必须牢牢坚持马克思主义新闻观，与时俱进把握媒体格局新变化，把握正确舆论导向，把互联网这个变量变成事业发展的增量，推动媒体融合向纵深发展，不断巩固主流思想舆论、主流价值、主流文化的主导地位。

八是关于以人民为中心的工作导向。以人民为中心的工作导向体现了中国共产党领导和推动文化建设的鲜明立场，是坚持以人民为中心的发展思想在宣传思想文化事业中的具体体现，充分彰显了我们党的性质宗旨和初心使命。必须坚定人民立场，把满足人民精神文化需求作为出发点和落脚点，繁荣发展文化事业和文化产业，以高质量文化供给不断满足人民群众多样化多层次多方面的精神文化需求，不断增强人民群众文化获得感、幸福感，同时充分发挥人民主体地位，激发人民群众创造活力，使文化发展获得不竭动力源泉。

九是关于保护历史文化遗产。历史文化遗产承载着中华民族的基因和血脉，保护历史文化遗产是推动文化传承发展的重要基础。文物和文化遗产是不可再生、不可替代的中华优秀文明资源。要像爱惜自己的生命一样保护好历史文化遗产，妥善处理保护和发展的关系，加强研究和利用，挖掘文物和文化遗产的多重价值，传播更多承载中华文化、中国精神的价值符号和文化产品，让文物说话、让历史说话、让文化说话，使中华文脉绵延赓续、文明薪火代代相传。

十是关于构建中国话语和中国叙事体系。大国发展既是硬实力的发展，也是软实力的提升。掌握了话语的主导权，就掌握了中国道路的定义权、中国精神的阐释权、中国形象的塑造权，从而占据文化传播和舆论斗争的制高点。必须加快建构中国自主的知识体系、学科体系、价值体系、美学体系，着力讲好中国故事、传播中国声音，把我们的制度优势、发展优势真正转化为话语优势，努力形成同我国综合国力和国际地位相匹配的国际话语权。

十一是关于促进文明交流互鉴。文明因交流而多彩，文明因互鉴而丰富，文明交流互鉴是推动人类文明进步和世界和平发展的重要动力。促进文明交流互鉴，彰显了我们大党大国的天下情怀和开放包容的胸襟格局。必须始终坚持胸怀天下，以兼收并蓄的态度汲取一切人类优秀文明成果，以自信开放的姿态更好推动中华文化走出去，为破解人类共同难题、推动构建人类命运共同体作出应有贡献。

与此同时，习近平对新时代文化建设进行一系列系统谋划，对各方面工作作出一系列战略部署，提出健全用党的创新理论武装全党、教育人民、指导实践工作体系，全面落实意识形态工作责任制，推动理想信念教育常态化制度化，把社会主义核心价值观融入法治建设、融入社会发展、融入日常生活，加快构建中国特色哲学社会科学，加快构建融为一体、合而为一的全媒体传播格局，健全网络综合治理体系，推出更多同新时代相匹配的文化精品，深化文化体制改革，加强对中华优秀传统文化的挖掘和阐发，积极推进文物保护利用和文化遗产保护传承，全面推进中华民族共有精神家园建设，坚持我国宗教中国化方向，加强国际传播能力建设，深化文明交流互鉴，打造宣传思想工作队伍，等等。这些部署要求，明确了新时代文化建设的路线图和任务书。

习近平文化思想既有文化理论观点上的创新和突破，又有文化工作布局上的部署要求，明体达用、体用贯通，标志着我们党对社会主义文化建设规律的认识达到了新高度，标志着我们党的历史自信、文化自信达到了新高度，并在我国社会主义文化建设中展现出了强大伟力。

二、新时代中国特色社会主义文化制度

中国特色社会主义文化制度，是现阶段国家通过宪法法律等规范社会文化生活，调整以社会意识形态为核心的各种文化生活的基本原则和规则的总和。它为新时代中国特色社会主义文化的繁荣与发展提供了制度保障，必须长期坚持、不断完善。

坚持马克思主义在意识形态领域指导地位的根本制度。马克思主义始终是我们党和国家的指导思想，是我们认识世界、把握规律、追求真理、改造世界的强大思想武器。党的十九届四中全会着眼新时代党和国家事业全局，明确将坚持马克思主义在意识形态领域指导地位确立为我们必须始终遵循的根本制度。全面贯彻落实习近平新时代中国特色社会主义思想，健全用党的创新理论武装全党、教育人民、指导实践工作体系。深入实施马克思主义理论研究和建设工程，把坚持以马克思主义为指导全面落实到思想理论建设、哲学社会科学研究、掌握互联网战场的主动权和主导权、大中小学思想政治教育一体化等各方面。落实意识形态工作责任制，注意区分政治原则问题、思想认识问题、学术观点问题，旗帜鲜明反对和抵制各种错误观点。

坚持以社会主义核心价值观引领文化建设制度。推动理想信念教育常态化、制度化，弘扬民族精神和时代精神，加强党史、新中国史、改

革开放史、社会主义发展史、中华民族发展史教育，加强爱国主义、集体主义、社会主义教育，实施公民道德建设工程，推进新时代文明实践中心建设。坚持依法治国和以德治国相结合，把社会主义核心价值观融入法治建设和社会治理，体现到国民教育、精神文明创建、文化产品创作生产全过程。推进中华优秀传统文化传承发展工程。完善青少年理想信念教育齐抓共管机制。完善志愿服务制度和工作体系。弘扬诚信文化，健全诚信建设长效机制。

健全人民文化权益保障制度。坚持以人民为中心的工作导向，完善文化产品创作生产传播的引导激励机制，推出更多群众喜爱的文化精品。完善城乡公共文化服务体系，优化城乡文化资源配置，推动基层文化惠民工程扩大覆盖面、增强实效性，健全支持开展群众性文化活动机制，鼓励社会力量参与公共文化服务体系建设。

完善坚持正确导向的舆论引导工作机制。坚持党管媒体原则，坚持团结稳定鼓劲、正面宣传为主，唱响主旋律、弘扬正能量。构建网上网下一体、内宣外宣联动的主流舆论格局，建立以内容建设为根本、先进技术为支撑、创新管理为保障的全媒体传播体系。改进和创新正面宣传，完善舆论监督制度，健全重大舆情和突发事件舆论引导机制。建立健全网络综合治理体系，加强和创新互联网内容建设，全面提高网络治理能力，推动形成良好网络生态。

建立健全把社会效益放在首位、社会效益和经济效益相统一的文化创作生产体制机制。深化文化体制改革，加快完善遵循社会主义先进文化发展规律、体现社会主义市场经济要求、有利于激发文化创新创造活力的文化管理体制和生产经营机制。健全现代公共文化服务体系，创新实施文化惠民工程。健全现代文化产业体系和市场体系，完善以高质量发展为导向的文化经济政策。完善文化企业履行社会责任制度，健全引导新型文化业态健康发展机制。完善文化和旅游融合发展体制机制。健全文化创作生产传播工作机制，完善倡导讲品位讲格调讲责任、抵制低俗庸俗媚俗的工作机制。

第二节　新时代巩固和发展社会主义意识形态

意识形态决定文化前进方向和发展道路。意识形态工作是党的一项极端重要的工作，关乎旗帜、关乎道路、关乎国家政治安全，发挥着引领国家、稳定社会、凝聚人心、推动发展的强大支撑作用，在党和国家事业发展中具有根本性、战略性、全局性的地位和意义。马克思指出："如果从观念上来考察，那么一定的意识形式的解体足以使整个时代覆灭。"① 要牢牢掌握党对意识形态工作领导权，全面落实意识形态工作责任制，巩固壮大奋进新时代的主流思想舆论，不断巩固马克思主义在意识形态领域的指导地位，巩固全党全国人民团结奋斗的共同思想基础。

一、坚持马克思主义在意识形态领域的指导地位

马克思主义是我们立党立国、兴党兴国的根本指导思想，是我们党的灵魂和旗帜。中国共产党坚持马克思主义基本原理，坚持实事求是，从中国实际出发，洞察时代大势，把握历史主动，进行艰辛探索，不断推进马克思主义中国化时代化，指导中国人民不断推进伟大社会革命。坚持马克思主义在意识形态领域的指导地位，是历史的结论、现实的必然，意义重大而深远。

马克思主义是科学的理论、人民的理论、实践的理论、不断发展的开放的理论。它深刻揭示了自然界、人类社会、人类思维发展的普遍规

---

① 《马克思恩格斯文集》第八卷，人民出版社 2009 年版，第 170 页。

律，为人类社会发展进步指明了方向，是"对"的理论；它坚持实现人民解放、维护人民利益的立场，以实现人的自由而全面的发展和全人类解放为己任，反映了人类对理想社会的美好憧憬，是"好"的理论；它具有鲜明的实践品格，为改变人民历史命运而创立，为人民认识世界、改造世界提供强大思想武器，是"行"的理论；它始终站在时代前沿，不断探索时代和实践发展提出的新课题、回应人类社会面临的新挑战，是"活"的理论。

马克思主义是共产党人的"真经"。中国共产党人始终是马克思主义的忠诚信仰者、坚定实践者。正是因为选择了马克思主义，我们党才掌握了认识世界、改造世界的锐利思想武器，从而成为最先进的政治力量，在近代以后的中国政治舞台上脱颖而出；正是因为毫不动摇地坚持和发展马克思主义，我们党才能够始终走在时代前列、历经百年风雨依然风华正茂。

马克思主义是社会主义事业的"北斗"。在长期的奋斗历程中，我们党始终坚持马克思主义指导思想，坚持把马克思主义基本原理同中国具体实际相结合、同中华优秀传统文化相结合，开辟了新民主主义革命道路、社会主义革命道路、社会主义建设道路、中国特色社会主义道路，建立并不断发展壮大社会主义中国。只有始终不渝坚持以马克思主义为指导，才能保证道路不偏向、江山不变色，保证国本永固、事业常青。

坚持马克思主义在意识形态领域的指导地位，第一位的要求就是坚持不懈用习近平新时代中国特色社会主义思想凝心铸魂，在真学真懂真信真用、深化内化转化上下功夫。坚持学思用贯通、知信行统一，深入推进习近平新时代中国特色社会主义思想学习教育，引导人们在新的广度和深度上深刻认识这一思想的历史地位和重大意义，准确把握这一思想的理论逻辑、历史逻辑、实践逻辑，把握好这一思想的世界观、方法论和贯穿其中的立场观点方法，不断推进体系化建构、学理化阐释，不断增强对伟大祖国、中华民族、中华文化、中国共产党、中国特色社会主义的认同。

> 国家之魂，文以化之，文以铸之。我们要立足中国，面向现代化、面向世界、面向未来，巩固马克思主义在意识形态领域的指导地位，发展社会主义先进文化，加强社会主义精神文明建设，把社会主义核心价值观融入社会发展各方面，推动中华优秀传统文化创造性转化、创新性发展，不断提高人民思想觉悟、道德水平、文明素养，不断铸就中华文化新辉煌。
>
> ——习近平

坚持马克思主义在意识形态领域的指导地位，必须切实把马克思主义指导地位贯穿到文化建设各方面。无论是理论武装还是新闻宣传，无论是文艺创作生产还是文化体制改革，无论是精神文明创建还是网络建设管理，都要高扬马克思主义旗帜，不断巩固马克思主义指导地位，坚定宣传科学理论、传播先进文化、弘扬主流价值，确保我国文化建设始终沿着正确方向前进。

坚持马克思主义在意识形态领域的指导地位，必须深入实施马克思主义理论研究和建设工程。在加强经典著作编译和研究的基础上，不断深化对党的基本理论、基本路线、基本方略的研究阐释，重点研究阐释我们党提出的新理念新论断中原理性理论成果，把握相互的内在联系，更好用中国理论阐释中国实践，用中国实践发展中国理论。强化问题意识和问题导向，以我们正在做的事情为中心，加大对重大理论问题、重大现实问题、重大实践经验研究总结的力度，不断增强理论解释力、话语说服力、实践推动力。

坚持马克思主义在意识形态领域的指导地位，必须加强和改进学校思想政治教育。坚持社会主义办学方向，落实立德树人根本任务，建立全员、全程、全方位育人体制机制，用科学理论培养人，用正确思想引导人，用主流价值涵育人。推动思政课改革创新，不断增强思政课的思想性、理论性和亲和力、针对性。统筹推进大中小学思政课一体化建设，坚持问题导向和目标导向相结合，坚持守正和创新相统一，推动思政课建设内涵式发展。提高网络育人能力，扎实做好互联网时代的学校思想政治工作和意识形态工作。

坚持马克思主义在意识形态领域的指导地位，必须落实意识形态工作责任制。坚持党管宣传、党管意识形态、党管媒体、党管互联网不动摇，压紧压实做好意识形态工作的政治责任、领导责任，把意识形态工作领导权牢牢掌握在党的手中，不断增强意识形态领域的主导权和话语权。坚决有效防范化解意识形态风险，敢于亮剑、敢于斗争。坚持立破并举，旗帜鲜明反对和抵制各种错误观点，理直气壮批驳挑战政治底线的错误言论，切实维护政治安全、文化安全、意识形态安全。

二、加快构建中国特色哲学社会科学

哲学社会科学是人们认识世界、改造世界的重要工具，是推动历史发展和社会进步的重要力量，是一个民族的思维能力、精神品格、文明素质的集中体现，是一个国家、一个民族价值观念和思想文化影响力的重要体现。牢牢掌握意识形态工作领导权、巩固壮大社会主义意识形态，就必须大力加强和繁荣哲学社会科学。要坚持以马克思主义为指导，按照立足中国、借鉴国外，挖掘历史、把握当代，关怀人类、面向未来的思路，着力构建中国特色哲学社会科学，在指导思想、学科体系、学术体系、话语体系等方面充分体现中国特色、中国风格、中国气派。

第一，体现继承性、民族性。加快构建中国特色哲学社会科学，必须善于融通马克思主义理论、中华优秀传统文化、国外哲学社会科学等古今中外各种资源。马克思主义的资源包括马克思主义基本原理，马克思主义中国化时代化的成果及其文化形态，这是中国特色哲学社会科学的主体内容，也是中国特色哲学社会科学发展的最大增量。绵延几千年的中华文化，是中国特色哲学社会科学成长发展的深厚基础。中华民族有着深厚文化传统，形成了富有特色的思想体系，体现了中华民族几千年来积累的知识智慧和理性思辨，这是我国的独特优势。要加强对中华优秀传统文化的挖掘和阐发，使中华民族最基本的文化基因与当代文化相适应、与现代社会相协调，把跨越时空、超越国界、富有永恒魅力、具有当代价值的文化精神弘扬起来，推动中华优秀传统文化创造性转化、创新性发展，激活其生命力。强调民族性并不是要排斥其他国家的学术研究成果，而是要研究世界所有国家哲学社会科学取得的积极成果，在比较、对照、批判、吸收、升华的基础上，使民族性更加符合当代中国和当今世界的发展要求。

第二，体现原创性、时代性。当代中国的伟大社会变革，不是简单延续我国历史文化的母版，不是简单套用马克思主义经典作家设想的模板，不是其他国家社会主义实践的再版，也不是国外现代化发展的翻版。跟在别人后面亦步亦趋，不仅难以形成中国特色哲学社会科学，而且解决不了我国的实际问题。优秀的哲学社会科学成果都是时代的产物，都是思考和研究当时当地社会突出矛盾和问题的结果。我们的哲学社会科学有没有中国特色，归根到底要看有没有主体性、原创性。必须以我国实际为研究起点，立足时代变化，从改革发展的实践中挖掘新材料、发现新问题、提出新观点、构建新理论，提出具有主体性、原创性、时代性、针对性的理论观点，决不能做西方理论的"搬运工"。要紧密关注世情国情党情新变化，加强对改革开放和社会主义现代化建设实践经验的系统总结，加强对发展社会主义市场经济、民主政治、先进文化、和谐社会、生态文明以及党的执政能力建设等领域的分析研究，加强对党中央治国理政新理念新思想新战略的研究阐释，提炼有学理性的新理论，概括有规律性的新实践。这是构建中国特色哲学社会科学的着力点、着重点。

> 增强做中国人的骨气和底气，让世界更好认识中国、了解中国，需要深入理解中华文明，从历史和现实、理论和实践相结合的角度深入阐释如何更好坚持中国道路、弘扬中国精神、凝聚中国力量。回答好这一重大课题，需要广大哲学社会科学工作者共同努力，在新的时代条件下推动中华优秀传统文化创造性转化、创新性发展。
>
> ——习近平

第三，体现系统性、专业性。当前，我国哲学社会科学学科体系已基本确立，涵盖经济、政治、文化、社会、生态、军事、党建、历史等各领域，囊括传统学科、新兴学科、前沿学科、交叉学科、冷门学科等诸多学科，但还存在一些亟待解决的问题，主要是一些学科设置同社会发展联系不够紧密，学科体系不够健全，新兴学科、交叉学科建设比较薄弱。要突出优势、拓展领域、补齐短板、完善体系，加快完善对哲学社会科学具有引领和支撑作用的学科，使基础学科健全扎实、重点学科优势突出、新兴学科和交叉学科创新发展、冷门学科代有传承，基础研究和应用研究相辅相成、学术研究和成果应用相互促进，打造具有中国特色和普遍意义的学科体系。以学科建设为基点加强话语体系建设，提炼具有自身特质的标识性概念，打造易于为国际社会所理解和接受的新概念、新范畴、新表述，增强我国哲学社会科学研究的国际影响力。

加快构建中国特色哲学社会科学，归根结底是建构中国自主的知识体系。建构中国自主的知识体系，对于构建具有中国特色、中国风格、中国气派的哲学社会科学的学科体系、学术体系、话语体系，彰显中国之路、中国之治、中国之理的思想追求，增强中国哲学社会科学国际话语权具有重要意义。要在研究解决事关党和国家全局性、根本性、关键性的重大问题上拿出真本事、取得好成果，着眼于解决新时代改革开放和社会主义现代化建设的实际问题，作出符合中国实际和时代要求的正确回答，不断推动中华优秀传统文化创造性转化、创新性发展，不断推进知识创新、理论创新、方法创新，使中国特色哲学社会科学真正屹立于世界学术之林。

三、把互联网这个最大变量变成最大增量

互联网是我们这个时代最具发展活力的领域，也是我们面临的最大变量，已成为意识形态斗争的主战场。网络空间已经成为人们生产生活的新空间，也应该成为凝聚共识的新空间。要科学认识网络传播规律，主动适应信息化要求、强化互联网思维，提高对互联网规律的把握能力、对网络舆论的引导能力、对信息化发展的驾驭能力、对网络安全的保障能力，用好网络空间，发挥网络功能，把互联网这个最大变量变成事业发展的最大增量。

> 没有网络安全就没有国家安全，没有信息化就没有现代化，网络安全和信息化事关党的长期执政，事关国家长治久安，事关经济社会发展和人民群众福祉，过不了互联网这一关，就过不了长期执政这一关，要把网信工作摆在党和国家事业全局中来谋划，切实加强党的集中统一领导。
>
> ——习近平

构建网上网下同心圆。理直气壮唱响网络主旋律，巩固壮大主流思想舆论，是掌握互联网战场主动权的重中之重。要旗帜鲜明坚持正确政治方向、舆论导向、价值取向，加强互联网内容建设，创新网上宣传理

念、内容、形式、方法、手段，更好用党的创新理论团结凝聚亿万网民。善于运用网络了解民意、开展工作，发挥好网络引导舆论、反映民意的作用，让互联网成为我们同群众交流沟通的新平台，成为了解群众、贴近群众、为群众排忧解难的新途径，成为践行全过程人民民主的新渠道。

加强网络空间治理。坚持党管互联网，坚持网信为民，坚持走中国特色治网之道，坚持统筹发展和安全，坚持正能量是总要求、管得住是硬道理、用得好是真本事，坚持筑牢国家网络安全屏障，坚持发挥信息化驱动引领作用，坚持依法管网、依法办网、依法上网，坚持推动构建网络空间命运共同体，坚持建设忠诚干净担当的网信工作队伍。新时代青少年是互联网的"原住民"，要培育积极健康、向上向善的网络文化，做到正能量充沛、主旋律高昂，为广大网民特别是青少年营造一个风清气正的网络空间。

推动媒体融合发展。随着信息社会不断发展，全程媒体、全息媒体、全员媒体、全效媒体的出现，信息无处不在、无所不及、无人不用，舆论生态、媒体格局、传播方式发生深刻变化。要加快构建融为一体、合而为一的全媒体传播格局，实现各种媒介资源、生产要素有效整合，实现信息内容、技术应用、平台终端、管理手段共融互通，催化融合质变，放大一体效能，打造一批具有强大影响力、竞争力的新型主流媒体。牢牢占据舆论引导、思想引领、文化传承、服务人民的传播制高点，巩固壮大奋进新时代的主流思想舆论，以强信心为重点加强正面宣传，全面提高舆论引导能力。

第三节　培育和践行社会主义核心价值观

核心价值观，承载着一个民族、一个国家的精神追求，体现着一个社会评判是非曲直的价值标准，是决定文化性质和方向的最深层次要素。

社会主义核心价值观，是中国特色社会主义的价值表达，是我国社会共同的思想道德基础。必须把坚持社会主义核心价值体系、培育和践行社会主义核心价值观作为凝魂聚气、强基固本的基础工程抓紧抓好。

一、当代中国精神的集中体现

不同民族、不同国家由于其自然条件和发展历程不同，产生和形成的核心价值观也各有特点。我们生而为中国人，最根本的是我们有中国人的独特精神世界，有百姓日用而不觉的价值观。我们提倡的社会主义核心价值观，就充分体现了对中华优秀传统文化的传承和升华。

社会主义核心价值观集中体现了中国共产党人的奋斗目标、历史责任、执政方式和精神追求。100多年来，中国共产党弘扬伟大建党精神，历史地形成了井冈山精神、长征精神、遵义会议精神、延安精神、西柏坡精神、红岩精神、抗美援朝精神、"两弹一星"精神、特区精神、抗洪精神、抗震救灾精神、抗疫精神等伟大精神，构筑起了中国共产党人的精神谱系。中国共产党人精神谱系已深深融入党、国家、民族、人民的血脉和灵魂，成为激励全党全军全国各族人民不断攻坚克难、从胜利走向胜利的强大精神动力，是培育和践行社会主义核心价值观的重要内容，为我们立党兴党强党提供了丰厚滋养，为中华民族伟大复兴提供了源源不断的精神力量，为培育和践行社会主义核心价值观提供了宝贵精神资源。广泛践行社会主义核心价值观，必须大力弘扬以伟大建党精神为源头的中国共产党人精神谱系，不断从中汲取真理力量、实践力量、人格力量，使之转化为坚定理想、锤炼党性、指导实践、推动工作的强大力量。

社会主义核心价值观主要包括以富强、民主、文明、和谐为国家层面的价值目标，以自由、平等、公正、法治为社会层面的价值取向，以爱国、敬业、诚信、友善为个人层面的价值准则，凝结着全体中国人民共同的价值追求，是中华民族赖以维系的精神纽带，是当代中国精神的集中体现。只有持续培育和践行社会主义核心价值观，大力传承和延续中华民族思想精髓、精神基因、文化血脉，才能更好构筑中国精神、中国价值、中国力量。

培育和践行社会主义核心价值观，是新时代坚持和发展中国特色社会主义的重大任务。中国特色社会主义需要有一套与其经济基础和上层建筑相适应，并能形成广泛社会共识的核心价值观。中国特色社会主义进入了新时代，我国发展处于新的历史方位，只有把培育和践行社会主义核心价值观作为重大任务来认识、来落实，才能确保中国特色社会主义沿着正确方向胜利前进，不断展现出更加强大的生命力。

培育和践行社会主义核心价值观，是进行伟大斗争、建设伟大工程、推进伟大事业、实现伟大梦想的铸魂工程。伟大斗争需要众志成城，伟大工程需要坚定一致，伟大事业需要聚力推进，伟大梦想需要同心共筑。这就要求我们激发全体人民的信心和热情，凝聚起团结奋进的强大力量。深培厚植、广泛践行社会主义核心价值观，就一定能够铸牢理想信念、坚守价值追求、聚合磅礴之力。

培育和践行社会主义核心价值观，是在世界文化激荡中保持民族精神独立、挺起民族精神脊梁的战略支撑。当今世界各种观念碰撞激荡不断加剧，各种文化交流交融交锋日益频繁。我们要始终保持清醒头脑，敢于亮剑、敢于斗争，坚决抵制借所谓"普世价值"抹黑我们党、我国社会主义制度和文化传统的行为，增强主动性、掌握主动权、打好主动仗。只有坚定道路自信、理论自信、制度自信、文化自信，才能使中华民族以更加昂扬的姿态屹立于世界民族之林。

二、强化教育引导、实践养成、制度保障

着力培育和践行社会主义核心价值观，必须强化教育引导、实践

养成、制度保障，并将社会主义核心价值观融入社会发展各方面，转化为人们的情感认同和行为习惯，让人们在日常生活中感知、领悟、弘扬。

教育引导，是培育和践行社会主义核心价值观的重要基础。要用好红色资源，深入开展社会主义核心价值观宣传教育，深化爱国主义、集体主义、社会主义教育，推动理想信念教育常态化制度化，持续抓好党史、新中国史、改革开放史、社会主义发展史、中华民族发展史宣传教育，引导人民知史爱党、知史爱国，不断坚定传播中国特色社会主义共同理想。

实践养成，是培育和践行社会主义核心价值观的重要途径。社会主义核心价值观的培育和践行是内化于心、外化于行的实践活动，要把社会主义核心价值观与人们日常生活紧密联系起来，在落细、落小、落实上下功夫，从身边小事做起、从一点一滴做起，把社会主义核心价值观融入社会发展各方面，融入人民群众日常生活，使其逐步变成思维习惯、行为准则、话语体系，进而提高人们自觉奉行和日常践行能力，使社会主义核心价值观成为全体人民的共同价值追求。

健全制度，是培育和践行社会主义核心价值观的重要保障。坚持依法治国和以德治国相结合，把社会主义核心价值观融入法治建设，通过科学合理的制度设计、政策制定、法律完善等，提高社会主义核心价值观的刚性约束力，使符合核心价值观的行为得到鼓励、违背核心价值观的行为受到约束。引导社会思潮朝着积极健康的方向发展，为实现第二个百年奋斗目标、实现中华民族伟大复兴不断积累正能量。

三、培养担当民族复兴大任的时代新人

中国共产党历来重视培养什么人、怎样培养人、为谁培养人的根本问题，始终把培养时代新人作为重要任务。革命战争年代，党宣传群众、

教育群众，就是要帮助劳苦大众认清苦难生活的根源，为摆脱压迫、实现解放而奋起抗争。新中国成立后，党提出培养又红又专的社会主义建设者。改革开放新时期，党提出培育有理想、有道德、有文化、有纪律的社会主义新人。进入新时代，世界正经历百年未有之大变局，实现中华民族伟大复兴正处于关键时期，越是接近目标，越是形势复杂，越是任务艰巨，越是需要具有崭新风貌、过硬素质的时代新人迎难而上、挺身而出。

时代新人之"新"，特别体现在有自信、尊道德、讲奉献、重实干、求进取。有自信，就是要有作为中华儿女的骄傲和自豪，增强做新时代中国人的志气、骨气和底气，爱党、爱国、爱社会主义，对"四个自信"执着坚定，对实现中华民族伟大复兴的中国梦充满信心。尊道德，就是继承中华传统美德、弘扬社会主义道德，崇德向善、见贤思齐，具有善良的道德情感、正确的道德判断、自觉的道德实践。讲奉献，就是具有自觉的国家意识、民族意识、责任意识，主动担当民族复兴的历史责任，在尽责集体、服务社会、贡献国家中体现自身价值。重实干，就是坚持实践第一、知行合一，求实务实、有为善为，脚踏实地干事创业，用勤劳的双手创造美好生活。求进取，就是始终保持昂扬向上的奋斗姿态，富有求新求变的朝气锐气，勤于学习、勇于开拓，以新的实践创造成就民族复兴的伟大梦想。

"盖有非常之功，必待非常之人。"把培养时代新人作为事关党和国家前途命运的重大战略任务抓紧抓好。要以坚定的理想信念筑牢精神之基，引导广大学生树立对马克思主义的信仰、对中国特色社会主义的信念、对中华民族伟大复兴中国梦的信心。坚持立德树人、以文化人，大力培育和践行社会主义核心价值观，弘扬民族精神和时代精神。在学习中增长知识、锤炼品格，在工作中增长才干、练就本领，以真才实学服务人民，在新时代新征程中创业奋斗，在创新创造中成就伟业。

青年强，则国家强。当代中国青年生逢其时，施展才干的舞台无比广阔，实现梦想的前景无比光明。广大青年要坚定不移听党话、跟党走，怀抱梦想又脚踏实地，敢想敢为又善作善成，立志做有理想、敢担当、能吃苦、肯奋斗的新时代好青年，让青春在全面建设社会主义现代化国家的火热实践中绽放绚丽之花。

四、提高全社会文明程度

提高全社会文明程度是全面建设社会主义现代化国家的重要目标和重要保证。我们要把提高全社会文明程度作为一项重大任务，努力推动形成适应新时代要求的思想观念、精神面貌、文明风尚、行为规范、整体素质，为全国各族人民不断前进提供坚强的思想保证、强大的精神力量、丰润的道德滋养、优良的社会环境。

坚定理想信念。人民有信仰，国家有力量，民族有希望。培养理想信念坚定的社会主义建设者和接班人，是巩固和发展社会主义制度、推动社会主义事业顺利发展的基本前提。不论时代如何变化，不论条件如何变化，都要保持理想信念坚定，风雨如磐不动摇，自觉做共产主义远大理想和中国特色社会主义共同理想的坚定信仰者、忠实实践者。要始终发扬伟大团结精神，促进全体人民在思想上精神上紧紧团结在一起，筑牢全党全国各族人民团结奋进的共同思想基础。

加强道德建设。要重视发挥道德的教化作用，深入实施公民道德建设工程，着力加强社会公德、职业道德、家庭美德、个人品德建设，引导人们自觉讲道德、尊道德、守道德。弘扬中华传统美德，深入挖掘、充分运用中华优秀传统文化中的道德教化资源，善于从中华民族传统美德中汲取道德滋养，引导人们不断提升道德水准。推动明大德、守公德、严私德，全面提高人民道德水准和文明素养。青少年阶段是人生的"拔节孕穗期"，最需要精心引导和栽培。加强家庭家教家风建设，健全家庭、学校、政府、社会相结合的思想道德教育体系，加强和改进未成年人思想道德建设，促进青少年全面发展。

培育文明风尚。把开展群众性精神文明创建活动作为提升国民素质和社会文明程度的有效途径，统筹推动文明培育、文明实践、文明创建，推进城乡精神文明建设融合发展。大力加强农村精神文明建设，培育文明乡风、良好家风、淳朴民风，焕发乡村文明新气象。在全社会弘扬劳动精神、奋斗精神、奉献精神、创造精神、勤俭节约精神，培育时代新风新貌。完善志愿服务制度和工作体系，广泛开展志愿服务关爱行动，弘扬诚信文化，健全诚信建设长效机制。

注重榜样力量。"天地英雄气，千秋尚凛然。"党的十八大以来，党和国家高规格表彰了一批作出杰出贡献的英雄模范，推出一大批道德模范、时代楷模、最美人物、身边好人，为全社会树立了榜样。要广泛开展先进模范学习宣传活动，弘扬道德模范高尚品格，营造崇尚英雄、学习英雄、捍卫英雄、关爱英雄的浓厚氛围。发挥党和国家功勋荣誉表彰的精神引领、典型示范作用，推动全社会见贤思齐、崇尚英雄、争做先锋，把榜样力量转化为亿万群众的生动实践。

深化全民阅读活动。阅读是人类获取知识、启智增慧、培养道德的重要途径，可以让人得到思想启发，树立崇高理想，涵养浩然之气。大力倡导读书学习，让人们真正把读书学习当成一种生活方式、一种精神追求；着力提升出版品质，为人民出更多好书；创造更好的阅读条件，推动读书习惯的养成；推动全民共建书香社会，深入推进全民阅读进企业、进农村、进机关、进校园、进社区、进军营、进网络；加强阅读引领，涵育阅读风尚，构建覆盖城乡的阅读推广服务体系，推动全民阅读扩大覆盖、提升品质、增强实效，以书香中国建设促进文化强国建设，为奋进新征程、建功新时代注入强大精神力量。

第四节　在传承发展中华优秀传统文化中
推进文化创新

中国有百万年的人类史、一万年的文化史、五千多年的文明史。中华文明源远流长、博大精深，是中华民族独特的精神标识，是当代中国文化的根基，是维系全世界华人的精神纽带，也是中国文化创新的宝藏。我们要用科学的态度对待中华优秀传统文化，更有效地推动中华优秀传统文化创造性转化、创新性发展，更有力地推进文化创新、建设中华民族现代文明，继续谱写中华文化传承发展新篇章。

一、中华优秀传统文化是中华民族的精神命脉

在中华民族形成和发展过程中产生的各种思想文化，记载了中华民族在长期奋斗中开展的精神活动、进行的理性思维、创造的文化成果，反映了中华民族的精神追求，其中最核心的内容已经成为中华民族最基本的文化基因，是中华民族的精神命脉。

第一，中华优秀传统文化是我们民族的根脉所在。中华优秀传统文化来源于中华民族的历史实践，积淀着中华民族最深沉的精神追求，包含着中华民族最根本的精神基因，具有重要的历史意义和时代价值。中华优秀传统文化对中华文明形成并延续发展几千年而从未中断，对形成和维护中国团结统一的政治局面，对形成和巩固中国多民族和合一体的大家庭，对形成和丰富中华民族精神，对激励中华儿女维护民族独立、反抗外来侵略，对推动中国社会发展进步、促进中国社会利益和社会关系平衡，都发挥了十分重要的作用。中国人民的理想和奋斗，中国人民的价值观和精神世界，始终深深植根于中华优秀传统文化沃土之中，又随着历史和时代前进而不断与日俱新、与时俱进，为人们认识世界和改造世界提供有益启迪，为治国理政提供有益启示，为道德建设提供有益

启发。我们到什么时候都不能抛弃中华优秀传统文化这个根脉。

第二，中华优秀传统文化是我们民族智慧的结晶。在 5000 多年漫长文明发展史中，中国人民创造了璀璨夺目的中华文明，为人类文明进步事业作出了重大贡献。中华优秀传统文化体现了中国几千年来积累的知识智慧和理性思辨，蕴藏着解决当代人类面临的难题的重要启示，是我国的独特优势。天下为公、天下大同的社会理想，民为邦本、为政以德的治理思想，九州共贯、多元一体的大一统传统，修齐治平、兴亡有责的家国情怀，厚德载物、明德弘道的精神追求，富民厚生、义利兼顾的经济伦理，天人合一、万物并育的生态理念，实事求是、知行合一的哲学思想，执两用中、守中致和的思维方法，讲信修睦、亲仁善邻的交往之道等，共同构成了中华优秀传统文化的重要元素，体现着鲜明的民族智慧，有其永不褪色的时代价值。中华优秀传统文化的丰富哲学思想、人文精神、教化思想、道德理念等，是推动新时代中国特色社会主义文化创新的重要思想智慧之源。

第三，中华优秀传统文化是我们在世界文化激荡中站稳脚跟的根基。中华民族之所以能够成为伟大的民族、始终屹立于世界民族之林，之所以历经磨难而愈挫愈勇、奋发奋起，离不开博大精深、历久弥新的中华优秀传统文化为中华民族生生不息、发展壮大提供的丰厚滋养。中华优秀传统文化是中国特色社会主义植根的沃土，一直拥有"大道之行、天下为公"的开放姿态，为回答"世界之问"提供了文化启迪。中华民族在世界上有地位、有影响，不是靠穷兵黩武，不是靠对外扩张，而是靠中华优秀传统文化的强大感召力和吸引力，让中国在世界文化激荡中始终站稳脚跟。

二、深刻把握中华文明的突出特性

中华优秀传统文化有很多重要元素，共同塑造出中华文明的突出特性。只有深刻把握中华文明的突出特性，才能深化对中华文明发展的规律性认识，更好担负起新的文化使命。

中华文明具有突出的连续性。中华文明尽管历经沧桑，却始终绵延不绝、生生不息，是世界上唯一绵延不断且以国家形态发展至今的伟大文明。中华文明具有自我发展、回应挑战、开创新局的文化主体性与旺盛生命力。深厚的家国情怀与深沉的历史意识，为中华民族打下了维护大一统的人心根基，成为中华民族历经千难万险而不断复兴的精神支撑。中华文明的连续性，从根本上决定了中华民族必然走自己的路。只有从源远流长的历史连续性来认识中国，才能深刻理解古代中国、现代中国、未来中国。

中华文明具有突出的创新性。文明永续发展，既需要薪火相传、代代守护，更需要顺时应势、推陈出新。中华文明是革故鼎新、辉光日新的文明，静水深流与波澜壮阔交织。连续不是停滞、更不是僵化，而是以创新为支撑的历史进步过程。创新创造是文化的生命所在，是文化的本质特征。中华民族始终以"苟日新，日日新，又日新"的精神不断创造自己的物质文明、精神文明和政治文明，在很长的历史时期内作为最繁荣最强大的文明体屹立于世。中华文明的创新性，从根本上决定了中华民族守正不守旧、尊古不复古的进取精神，决定了中华民族不惧新挑战、勇于接受新事物的无畏品格。

中华文明具有突出的统一性。一部中国史，就是一部各民族交融汇聚成中华民族的历史，就是各民族共同缔造、发展、巩固统一的伟大祖国的历史。中华文明长期的大一统传统，形成了多元一体、团结集中的统一性。"向内凝聚"的统一性追求，是文明连续的前提，也是文明连续的结果。中华文明的统一性，从根本上决定了中华民族各民族文化融为一体、即使遭遇重大挫折也牢固凝聚，决定了国土不可分、国家不可乱、民族不可散、文明不可断的共同信念，决定了国家统一永远是中国核心利益的核心，决定了一个坚强统一的国家是各族人民的命运所系。

中华文明具有突出的包容性。中华文化兼收并蓄、精彩纷呈，是各民族文化的集大成。中华文明从来不用单一文化代替多元文化，而是由多元文化汇聚成共同文化，化解冲突，凝聚共识。中华文化认同超越地域乡土、血缘世系、宗教信仰等，把内部差异极大的广土巨族整合成多元一体的中华民族。越包容，就越是得到认同和维护，就越会绵延不断。中华文明的包容性，从根本上决定了中华民族交往交流交融的历史取向，决定了中国各宗教信仰多元并存的和谐格局，决定了中华文化对世界文明兼收并蓄的开放胸怀。

中华文明具有突出的和平性。中华民族是爱好和平的民族，中国人民是爱好和平的人民。和平、和睦、和谐是中华文明5000多年来一直传承的理念，主张以道德秩序构造一个群己合一的世界，在人己关系中以他人为重。倡导交通成和，反对隔绝闭塞；倡导共生并进，反对强人从己；倡导保合太和，反对丛林法则。中华文明的和平性，从根本上决定了中国始终是世界和平的建设者、全球发展的贡献者、国际秩序的维护者，决定了中国不断追求文明交流互鉴而不搞文化霸权，决定了中国不会把自己的价值观念与政治体制强加于人，决定了中国坚持合作、不搞对抗，决不搞"党同伐异"的小圈子。

中华文明的突出特性，充分彰显了中华文明一脉相承、守正创新、凝聚统一、开放包容、崇尚和合的精神特质和发展形态。中华文明历经数千年而绵延不绝、迭遭忧患而经久不衰，这是人类文明的奇迹，也是我们自信的底气。必须大力传承和弘扬中华优秀传统文化，在继承中发展、在发展中继承，让中华文明的影响力、凝聚力、感召力更加充分地展示出来。

三、建设中华民族现代文明

对历史最好的继承，就是创造新的历史；对人类文明最大的礼敬，就是创造人类文明新形态。100 多年来，马克思主义把先进的思想理论带到中国，以真理之光激活了中华文明的基因，引领中国走进现代世界，推动了中华民族的生命更新和现代转型。新时代新征程，我们推动文化繁荣，建设文化强国，归根到底是要建设中华民族现代文明。

> 建设中华民族现代文明，是推进中国式现代化的必然要求，是社会主义精神文明建设的重要内容。
>
> ——习近平

守好魂脉和根脉，推进"第二个结合"。坚守好马克思主义魂脉和中华优秀传统文化根脉，既是理论创新的基础和前提，也是建设中华民族现代文明的基础和前提。必须坚持马克思主义这个立党立国、兴党兴国之本不动摇，坚持植根本国、本民族历史文化沃土发展马克思主义不停步，以马克思主义为指导对中华民族 5000 多年文明宝库进行全面挖掘，用马克思主义激活中华优秀传统文化中富有生命力的优秀因子并赋予新的时代内涵，将中华民族的伟大精神和丰富智慧更深层次地注入马克思主义，有效把马克思主义思想精髓同中华优秀传统文化精华贯通起来，聚变为新的理论优势，不断攀登新的思想高峰。

推进中国式现代化，赋予中华文明现代力量。中国式现代化是文明更新的结果，不是文明断裂的产物；是赓续古老文明的现代化，而不是消灭古老文明的现代化；是从中华大地长出来的现代化，不是照搬照抄其他国家的现代化。中国式现代化与中华民族现代文明相互交织、互促互动、融为一体。中国式现代化的发展过程，就是中华民族现代文明建设的过程。中国式现代化是中华民族的旧邦新命，推动了中华文明的生命更新和现代转型。从民本到民主，从九州共贯到中华民族共同体，从万物并育到人与自然和谐共生，从富民厚生到共同富裕，中华文明别开生面，实现了从传统到现代的跨越，发展出中华文明的现代形态。中国式现代化赋予中华文明以现代力量，中华文明赋予中国式现代化以深厚底蕴。

构筑中华民族共有精神家园，增强各民族群众中华文化认同。中华民族从历史走向未来、从传统走向现代、从多元凝聚为一体已经成为不可阻挡的历史大势。构筑中华民族共有精神家园，是铸牢中华民族共同体意识的精神和文化基础。在新的历史起点上，要大力弘扬以爱国主义为核心的民族精神、以改革创新为核心的时代精神，不断增强对中华民族的认同感和自豪感。要构建和运用中华文化特征、中华民族精神、中国国家形象的表达体系，增强各族群众的中华文化认同，进一步夯实中华民族现代文明建设的群众基础和文化基础。

把握文明建设规律，推进现代文明建设。坚定文化自信，既不盲从各种教条，也不照搬外国理论，实现精神上的独立自主。秉持开放包容，积极主动学习借鉴人类创造的一切优秀文明成果，融通中外、贯通古今，对内提升先进文化的凝聚力感召力，对外增强中华文明的传播力影响力。坚持守正创新。守正，守的是马克思主义在意识形态领域指导地位的根本制度，守的是"两个结合"的根本要求，守的是中国共产党的文化领导权和中华民族的文化主体性。创新，创的是新思路、新话语、新机制、新形式，在马克思主义指导下真正做到古为今用、洋为中用、辩证取舍、推陈出新。这就要求推进中华优秀传统文化的创造性转化和创新性发展，按照时代特点和要求，对那些至今仍有借鉴价值的内涵和陈旧的表现形式加以改造，赋予其新的时代内涵和现代表达形式，激活其生命力。按照时代的新进步新进展，对中华优秀传统文化的内涵加以补充、拓展、完善，增强其影响力和感召力，使中华民族最基本的文化基因同当代中国相适应、同现代社会相协调、同现实文化相融通，建设好中华民族现代文明。

第五节 建设社会主义文化强国

人类发展的历史表明，没有先进文化的积极引领，没有人民精神世界的极大丰富，没有民族精神力量的不断增强，一个国家、一个民族不可能屹立于世界民族之林。发展面向现代化、面向世界、面向未来的，民族的科学的大众的社会主义文化，激发全民族文化创新创造活力，增强实现中华民族伟大复兴的精神力量，必须坚持中国特色社会主义文化发展道路，增强文化自信，建设社会主义文化强国。

> 兴文化，就是要坚持中国特色社会主义文化发展道路，推动中华优秀传统文化创造性转化、创新性发展，继承革命文化，发展社会主义先进文化，激发全民族文化创新创造活力，建设社会主义文化强国。
>
> ——习近平

一、坚定中国特色社会主义文化自信

文化是一个国家、一个民族的灵魂。文化兴国运兴、文化强民族强。没有高度的文化自信，没有文化的繁荣兴盛，就没有中华民族伟大复兴。

中华优秀传统文化是中国特色社会主义文化自信的深厚基础。中华优秀传统文化是中华民族的智慧结晶和精华所在，是中华民族的根和魂。中华优秀传统文化不仅为中华民族生生不息、发展壮大提供了丰厚文化滋养，也为人类文明进步作出了独特贡献。中华优秀传统文化不仅铸就了历史的辉煌，也在今天闪耀着时代的光芒，生动表明了中华优秀传统文化在当今世界的重要现实意义。

在马克思主义指导下形成的革命文化和社会主义先进文化，是我们坚定文化自信的根本所在。马克思主义为中国特色社会主义先进文化建设指明了正确方向。中国共产党自诞生之日起就高举马克思主义伟大旗帜，并在同中国实际相结合的过程中不断推进马克思主义中国化时代化，取得了毛泽东思想、邓小平理论、"三个代表"重要思想、科学发展观、习近平新时代中国特色社会主义思想等重大理论成果，成为指引中国文化前进的根本指针。党领导人民在革命、建设、改革中创造了奋发向上的革命文化和生机勃勃的社会主义先进文化。这些富有时代特征、民族特色、中国风格的宝贵财富，不断实现着中华文化的再生再造，是中国共产党人和中国人民伟大创造精神的生动体现，是激励全党全国各族人民奋勇前进的强大精神力量和共同思想基础。

中国特色社会主义伟大实践，是我们坚定文化自信的不竭源泉。改革开放以来，党团结带领全国各族人民坚定不移推进中国特色社会主义伟大实践，我国经济实力、科技实力、国防实力、综合国力进入世界前列，科学社会主义在 21 世纪的中国焕发出新的蓬勃生机，中华民族以崭新姿态屹立于世界东方。中国特色社会主义伟大实践正在波澜壮阔地推进，为文化的繁荣发展提供了更加广阔舞台，也提供了重大历史机遇。只要我们立足中国实践，在人民群众的伟大创造中进行文化创造，在历史的进步中实现文化进步，就一定能够创造出无愧于历史、无愧于时代的灿烂文化。

我们所说的文化自信，是对包括中华优秀传统文化、革命文化、社会主义先进文化在内的中国特色社会主义文化这一有机整体的自信。只讲对传统文化的自信，而不讲我们党在马克思主义指导下创造的革命文化和社会主义先进文化，是错误的，也不可能立得住；反过来，只讲对革命文化和社会主义先进文化的自信，而丢掉中华优秀传统文化这一根脉，也是错误的，最终也会立不住。任何时候任何情况下，都不能把中国特色社会主义文化这一整体割裂开来，进行孤立的、片面的理解或解读。

二、不断繁荣发展社会主义文艺

一个时代有一个时代的文艺，一个时代有一个时代的精神。文艺是时代前进的号角，最能代表一个时代的风貌，最能引领一个时代的风气。任何一个时代的经典文艺作品，都是那个时代社会生活和精神的写照，都具有那个时代的烙印和特征。中国特色社会主义新时代为繁荣发展社会主义文艺提供了强大动力和广阔空间，也提出了新的更高要求。

坚持以人民为中心的创作导向。"社会主义文艺，从本质上讲，就是人民的文艺。"① 源于人民、为了人民、属于人民，是社会主义文艺的根本立场，也是社会主义文艺繁荣发展的动力所在。人民是文艺创作的源头活水，一旦离开人民，文艺就会变成无根的浮萍、无病的呻吟、无魂的躯壳。文艺要始终坚持为人民服务、为社会主义服务这个根本方向，反映好人民心声。只有牢固树立马克思主义文艺观，真正做到以人民为中心，文艺才能发挥最大正能量。以人民为中心，就是把满足人民对精神文化生活的需求作为文艺和文艺工作的出发点和落脚点，把人民生活看成一切文学艺术取之不尽、用之不竭的创作源泉，把人民看作文艺审美的鉴赏家和评判者，把为人民服务作为文艺工作者的天职，始终自觉与人民同呼吸、共命运，走进实践深处，观照人民生活，表达人民心声，用心用情用功抒写人民、描绘人民、歌唱人民。

努力创造无愧于伟大民族伟大时代的优秀作品。一部好的作品，应该是经得起人民评价、专家评价、市场检验的作品。改革开放以来，我国文艺创作迎来了新的春天，产生了大量脍炙人口的优秀作品。要立足中国现实，植根中国大地，把当代中国发展进步和当代中国人精彩生活表现好展示好，把中国精神、中国价值、中国力量阐释好，从当代中国的伟大创造中发现创作的主题、捕捉创新的灵感，深刻反映我们这个时

---

① 《习近平著作选读》第一卷，人民出版社 2023 年版，第 288 页。

代的历史巨变，描绘我们这个时代的精神图谱，为时代画像、为时代立传、为时代明德，努力创作无愧于我们这个伟大民族、伟大时代的优秀作品，用跟上时代的精品力作开拓文艺新境界。

尊重和遵循文艺规律。古今中外，文艺无不因时而兴，乘势而变，随时代而行，与时代同频共振。在人类发展的每一个重大历史关头，文艺都能发时代之先声、开社会之先风、启智慧之先河，成为时代变迁和社会变革的先导。繁荣发展社会主义文艺要求在文艺创作中既要有当代生活的底蕴，又要有文化传统的血脉，还要认真学习借鉴世界各国人民创造的优秀文艺。要切实加强党对文艺工作的领导，确保社会主义文艺沿着正确方向发展，坚决抵制和反对文艺创作中出现调侃崇高、扭曲经典、亵渎英雄、歪曲和颠覆历史的作品，坚决抵制和反对丑化人民群众和英雄的历史虚无主义。文艺批评是文艺创作的一面镜子、一剂良药，是引导创作、多出精品、提高审美、引领风尚的重要力量，要在大是大非问题上敢于表明立场，说真话、讲道理，营造开展文艺批评的良好氛围。

加强文艺队伍建设。繁荣文艺创作、推动文艺创新，必须有大批德艺双馨的文艺名家。要把文艺队伍建设摆在更加突出的重要位置，努力造就一批有影响的各领域文艺领军人物，建设一支宏大的文艺人才队伍，引导青年文艺工作者守正道、走大道，鼓励他们多创新、出精品，支持他们挑大梁、当主角，让当代中国文学家、艺术家像泉水一样奔涌而出，努力以高尚的职业操守、良好的社会形象、文质兼美的优秀作品赢得人民喜爱和欢迎，让我国文艺充分彰显中国特色、中国风格、中国气派。

三、着力推动文化事业和文化产业繁荣发展

发展文化事业和文化产业，是新时代满足人民日益增长的精神文化需求的必然要求，也是激发全民族文化创新创造活力、推动文化繁荣兴盛的题中应有之义。必须深化文化体制改革，解放和发展文化生产力，

加快构建把社会效益放在首位、社会效益和经济效益相统一的文化创作生产体制机制，推动新时代中国特色社会主义文化事业和文化产业繁荣发展。

发展文化事业，完善公共文化服务体系。实施国家文化数字化战略，健全现代公共文化服务体系，创新实施文化惠民工程。全面繁荣新闻出版、广播影视、文学艺术、哲学社会科学事业，着力提升公共文化服务水平；推进城乡公共文化服务体系一体建设，优化城乡文化资源配置，完善农村文化基础设施网络，增加农村公共文化服务总量供给，缩小城乡公共文化服务差距；加强重大公共文化工程建设，以基本公共文化服务标准化均等化为抓手，以基层和农村为重点，深入实施文化惠民工程，提高基本公共文化服务的覆盖面和适用性；着力丰富群众文化生活，普及科学健身知识和方法，广泛开展全民健身活动；加大文物和文化遗产保护力度，加强城乡建设中历史文化保护传承，建好用好国家文化公园，让历史说话，让文物说话，传承祖先的成就和光荣，增强民族自尊和自信。

发展文化产业，健全现代文化产业体系。实施重大文化产业项目带动战略，不断优化文化产品供给结构，更好满足人民多样化、多层次、多方面的精神文化需求；健全现代文化市场体系，创新生产经营机制，培育新型文化业态；推动各类文化市场主体发展壮大，完善文化融资体系，完善文化市场准入机制，加强对文化资本市场的服务、引导和监管；推动文化产业高质量发展，不断增强人们的文化获得感、幸福感；创新文化消费模式，提高质量效益和核心竞争力，促进形成文化产业发展新格局，不断丰富人民精神世界、增强人民精神力量。

四、增强中华文明传播力影响力

一个大国发展兴盛，必然要求文化传播力、文明影响力大幅提升，实现软实力和硬实力相得益彰。当今时代，中国式现代化的成功实践让世界再次聚焦中国，国际社会对中国奇迹产生愈加浓厚的兴趣，渴望破解中国成功的秘诀。同时，国际社会对我们的误解也不少，或出于意识形态偏见，或出于所谓"西方文明优越"的傲慢，一些西方媒体仍然在"唱衰"中国。我们在国际上还存在着信息流进流出的"逆差"、中国真实形象和西方主观印象的"反差"、软实力和硬实力的"落差"，必须下大力气提高国家软实力。

加快构建中国话语和中国叙事体系。要用中国理论阐释中国实践，用中国实践升华中国理论，打造融通中外的新概念、新范畴、新表述，更加充分、更加鲜明地展现中国故事及其背后的思想力量和精神力量。客观真实向世界讲好中国故事，讲好中国共产党故事，讲好新时代故事，帮助国外民众了解中国共产党为什么能、马克思主义为什么行、中国特色社会主义为什么好。更好推动中华文化走出去，向世界阐释推介更多具有中国特色、体现中国精神、蕴藏中国智慧的优秀文化。注重把握好基调，既开放自信，又谦逊温和，讲好中国故事、传播好中国声音。

着力加强国际传播能力建设。要加强国际传播的理论研究，掌握国际传播的规律，采用贴近不同区域、不同国家、不同群体受众的精准传播方式，推进中国故事和中国声音的全球化表达、区域化表达、分众化表达，增强国际传播的亲和力和实效性。讲究舆论斗争的策略和艺术，下好先手棋、打好主动仗，提升重大问题对外发声能力。整合各类资源，推动内宣外宣一体发展，着力打造具有强大引领力、传播力、影响力的国际一流新型主流媒体，不断提高塑造国家形象、影响国际舆论场、掌握国际话语权的能力和水平。

着力促进文明交流互鉴。以文载道、以文传声、以文化人，面向不同国家和区域，搭建开放包容的文明对话平台，促进文明互学互鉴、共同发展，推动落实全球发展倡议、全球安全倡议、全球文明倡议。深化政府和民间对外交流，加强与共建"一带一路"国家文化交流合作，通过多种途径推动我国同各国的人文交流和民心相通。创新体制机制，把我们的制度优势、组织优势、人力优势转化为传播优势。更好发挥高层次专家作用，利用重要国际会议论坛、外国主流媒体等平台和渠道发声，展示真实、立体、全面的中国，努力塑造可信、可爱、可敬的中国形象。

思考题

1. 如何理解习近平文化思想的丰富内涵和重大意义？
2. 为什么要坚持马克思主义在意识形态领域的指导地位？
3. 如何理解培育和践行社会主义核心价值观的重要意义？
4. 怎样建设中华民族现代文明？
5. 如何坚定中国特色社会主义文化自信？

第六章　新时代中国特色社会主义社会建设

1. 新时代中国特色社会主义社会建设理论与制度的基本内容
2. 新时代保障和改善民生的主要内容
3. 加强和创新社会治理的原则和要求

第一节　新时代中国特色社会主义
社会建设理论与制度

党的十八大以来，以习近平同志为核心的党中央坚持以人民为中心的发展思想，顺应人民对美好生活的期待，坚持以保障改善民生和加强社会治理为重点，大力推进旨在增强人民获得感、幸福感、安全感的理论创新，不断完善统筹城乡高品质生活的民生保障制度和共建共治共享的社会治理制度，为全面推进新时代中国特色社会主义社会建设提供了科学引领和基本遵循。

一、新时代中国特色社会主义社会建设理论

新时代中国特色社会主义社会建设理论内涵十分丰富，涉及社会建

设各个领域，涵盖社会建设各个方面。

一是关于在发展中保障和改善民生。保障和改善民生是社会建设的重点。为民造福是立党为公、执政为民的本质要求，增进民生福祉是发展的根本目的。发展社会主义民生事业，要始终坚持把实现好、维护好、发展好最广大人民根本利益作为出发点和落脚点，着力解决好收入分配、就业、教育、社会保障、医疗卫生、住房保障等人民最关心最直接最现实的利益问题，最大限度地激发全社会的创造活力，在幼有所育、学有所教、劳有所得、病有所医、老有所养、住有所居、弱有所扶上不断取得新进展，使人民生活更加美好，人的全面发展、全体人民共同富裕取得更为明显的实质性进展。

二是关于促进社会公平正义。在发展基础上实现和维护社会公平正义，是马克思主义的基本立场和基本观点，是中国特色社会主义的内在要求，是不断满足人民美好生活需要的重要体现。社会公平正义，就是社会各方面的利益关系得到妥善协调，人民内部矛盾和其他社会矛盾得到正确处理，人民的合法权益得到切实维护和实现。实现和维护社会公平正义，权利公平是基础，机会公平是前提，规则公平是保障，三者相辅相成，构成一个完整的现代社会公平正义体系。实现社会公平正义，要在全体人民共同奋斗、经济社会发展的基础上，逐步建立以权利公平、机会公平、规则公平为主要内容的社会法律和制度体系，努力营造公平的社会环境，保证人民平等参与、平等发展的权利。

三是关于中国特色反贫困。消除贫困是各国人民的共同愿望。我们立足国情，把握减贫规律，走出了一条中国特色减贫道路，形成了中国特色反贫困理论。其核心要义是：坚持党的领导，为脱贫攻坚提供坚强政治和组织保证；坚持以人民为中心的发展思想，坚定不移走共同富裕道路；坚持发挥我国社会主义制度能够集中力量办大事的政治优势，形成脱贫攻坚的共同意志、共同行动；坚持精准扶贫方略，用发展的办法消除贫困根源；坚持调动广大贫困群众积极性、主动性、创造性，激发脱贫内生动力；坚持弘扬和衷共济、团结互助美德，营造全社会扶危济困的浓厚氛围；坚持求真务实、较真碰硬，做到真扶贫、扶真贫、脱真贫。这是我国脱贫攻坚伟大实践的理论结晶，是马克思主义反贫困理论中国化时代化最新成果。

四是关于扎实推动共同富裕。实现共同富裕是社会主义的本质要求，是中国式现代化的重要特征。共同富裕是物质生活和精神生活都富裕，是全体人民的共同富裕，不是少数人的富裕，也不是整齐划一的平均主义。在促进共同富裕的过程中，要鼓励勤劳创新致富，防止社会阶层固化，畅通向上流动通道，给更多人创造致富机会，形成人人参与的发展环境；坚持基本经济制度，大力发挥公有制经济在促进共同富裕中的重要作用，同时要促进非公有制经济健康发展、非公有制经济人士健康成长；坚持尽力而为，量力而行，以更大的力度、更实的举措让人民群众有更多获得感，要把保障和改善民生建立在经济发展和财力可持续的基础之上；坚持循序渐进，对其长期性、艰巨性、复杂性要有充分估计，等不得，也急不得。

五是关于加强和创新社会治理。社会治理是国家治理的重要领域，是社会建设的重要内容，也是一个系统工程，需要综合施策，形成合力。加强和创新社会治理，就是要以最广大人民根本利益为坐标，完善社会治理体系，实现从社会管理到社会治理的观念转变，从单一社会管理主体向多元社会治理主体转变，从简单行政命令管理方式向多元、民主、协调治理方式转变，促进社会治理结构的合理化、治理方式的科学化、治理过程的民主化，打造共建共治共享的社会治理新格局，建设人人有责、人人尽责、人人享有的社会治理共同体，为党和国家事业发展营造良好社会环境。

二、新时代中国特色社会主义社会建设制度

中国特色社会主义社会建设在实践中形成了劳动就业制度、教育制

度、社会保障制度、卫生健康制度等一系列民生保障制度和社会治理制度，为实现社会主义社会建设总体目标提供了制度保障。

第一，坚持和完善统筹城乡的民生保障制度。健全以增进民生福祉为宗旨的国家基本公共服务制度体系，尽力而为、量力而行，注重加强普惠性、基础性、兜底性民生建设，保障群众基本生活。创新公共服务提供方式，鼓励支持社会力量兴办公益事业，满足人民多层次多样化需求，使改革发展成果更多更公平惠及全体人民。

健全有利于更充分更高质量就业的促进机制。这是坚持和完善劳动就业制度的总体目标。坚持就业是民生之本，实施就业优先政策，健全公共就业服务和终身职业技能培训制度，完善重点群体就业支持体系。建立促进创业带动就业、多渠道灵活就业机制，健全相关法律制度和监督机制，健全劳动关系协商协调机制。

构建服务全民终身学习的教育体系。这是坚持和完善教育制度的总体目标。全面贯彻党的教育方针，完善立德树人体制机制。推动城乡义务教育一体化发展。健全学前教育、特殊教育和普及高中阶段教育保障机制，完善职业技术教育、高等教育、继续教育统筹协调发展机制，支持和规范民办教育、合作办学。构建覆盖城乡的家庭教育指导服务体系，创新教育和学习方式，加快发展面向每个人、适合每个人、更加开放灵活的教育体系。

完善覆盖全民的社会保障体系。这是坚持和完善社会保障制度的总体目标。坚持应保尽保原则，加快建立基本养老保险全国统筹制度，健全基本养老和基本医疗保险制度，统筹完善社会救助、社会福利、慈善事业、优抚安置等制度。健全退役军人工作体系和保障制度。坚持和完善促进男女平等、妇女全面发展的制度机制。完善农村留守儿童和妇女、老年人关爱服务体系，健全残疾人帮扶制度。建立解决相对贫困的长效机制。加快建立多主体供给、多渠道保障、租购并举的住房制度。

强化提高人民健康水平的制度保障。这是坚持和完善卫生健康制度的总体目标。坚持关注生命全周期、健康全过程，完善国民健康政策。深化医药卫生体制改革，健全基本医疗卫生制度。加快现代医院管理制度改革。坚持以基层为重点、预防为主、防治结合、中西医并重。加强公共卫生防疫和重大传染病防控，健全重特大疾病医疗保险和救助制度。优化生育政策，加快建设居家社区机构相协调、医养康养相结合的养老服务体系，健全促进全民健身制度性举措。

第二，坚持和完善共建共治共享的社会治理制度。完善党委领导、政府负责、民主协商、社会协同、公众参与、法治保障、科技支撑的社会治理体系，确保人民安居乐业、社会安定有序，推动建设更高水平的平安中国。

完善正确处理新形势下人民内部矛盾有效机制。坚持和发展新时代"枫桥经验""浦江经验"，探索创造更多依靠基层、发动群众、就地化解人民内部矛盾的途径和办法，实现预防化解工作常态化、长效化。坚持关口前移、源头预防，实现"小事不出村、大事不出镇、矛盾不上交"。坚持联调联动、多元化解，建立人民调解、行政调解、司法调解联动工作体系。坚持疏解引导、培育心态，健全社会心理服务体系和危机干预机制。

完善社会治安防控体系。增强社会治安防控的整体性、协同性、精准性，形成问题联治、工作联动、平安联创工作机制。坚持专群结合、群防群治，创新完善依靠群众、发动群众的制度机制。提高社会治安立体化、法治化、专业化、智能化水平，打造社会治安防控体系升级版。

健全公共安全体制机制。完善和落实安全生产责任和管理制度，坚持党政同责、一岗双责、失职追责，建立公共安全隐患排查和安全预防控制体系。构建统一指挥、专常兼备、反应灵敏、上下联动的应急管理体制，优化国家应急管理能力体系建设。加强和改进食品药品安全监管制度，要用最严谨的标准、最严格的监管、最严厉的处罚、最严肃的问责，守护人民群众"舌尖上的安全"。

构建基层社会治理新格局。树立大抓基层、大抓基础的政策导向，健全党组织领导的自治、法治、德治相结合的城乡社区基层治理体系。完善群众参与基层社会治理的制度化渠道，激发群众参与基层社会治理的内生动力。抓好基层基础建设的重点难点，推动社会治理力量落到最基层，实现对各类基础要素的精准掌控，增强基层干部掌握情况、化解矛盾、服务群众本领。

第二节　在发展中保障和改善民生

在发展中保障和改善民生是加强社会建设的基本着力点。保障和改善民生没有终点，只有连续不断的新起点。在全面建设社会主义现代化国家新征程上，要以保障和改善民生为重点加强社会建设，着力解决发展不平衡不充分问题和人民群众急难愁盼问题，巩固拓展脱贫攻坚成果，扎实推进共同富裕，不断把人民对美好生活的向往变为现实。

一、增进民生福祉是发展的根本目的

民生主要是指人民的基本生存和生活状态，以及人民的基本发展机会、基本发展能力和基本权益保护状况等，具体涉及收入分配、劳动就业、社会福利、义务教育、医疗保障、基本住房、最低生活保障、社会救助等方面的内容。随着经济社会发展水平的不断提高、社会公平正义的不断彰显，民生的内涵和外延不断深化和拓展，人民的生活品质不断提升，全体人民共同富裕不断取得进展，获得感、幸福感和安全感不断增强。

在发展经济的基础上不断提高人民生活水平，是党和国家一切工作的根本目的。检验我们一切工作的成效，最终要看人民是否真正得到实惠，人民生活是否真正得到改善。如果我们的发展不能实现好、维护好、发展好最广大人民根本利益，这样的发展就失去意义，也不可能持续。所以，必须正确认识和把握民生和发展的关系。

发展是改善民生的物质基础，离开发展谈改善民生是无源之水、无本之木。民生是做好经济社会发展工作的"指南针"，持续不断改善民生，既能有效解决群众后顾之忧，调动人们发展生产的积极性，又能释放居民消费潜力，拉动内需，催生新的增长点，为经济社会发展提供强大内生动力。要始终坚持发展为了人民、发展依靠人民、发展成果由人民共享，在推动经济社会持续健康发展的基础上，保证全体人民在共建共享发展中有更多获得感，让社会主义制度优越性得到充分体现。

改善民生要尽力而为、量力而行。民生关系最广大人民群众的根本利益，不仅要抓住更要抓好。一方面要坚持尽力而为。适应人民日益增长的美好生活需要，抓住人民最关心最直接最现实的利益问题，扭住突出民生难题，采取针对性更强、覆盖面更大、作用更直接、效果更明显的举措，争取早见成效，让人民群众有更多获得感。另一方面也要坚持量力而行。民生改善有一个从低层次到高层次、从不均衡到均衡的过程，不能脱离国情提出过高目标。要坚持从实际出发，一件事情接着一件事情办，一年接着一年干，将收入提高建立在劳动生产率提高的基础上，将福利水平提高建立在经济和财力可持续增长的基础上，以免出现过度福利化。

在发展中保障和改善民生体现在民生建设的工作思路上，就是坚守底线、突出重点、完善制度、引导预期。坚守底线，就是实行以保障基本生活为主的社会保障，发挥社会政策的托底作用，对困难群众实行应保尽保，做到横向到边、纵向到底、一个也不能少。突出重点，就是强调以教育、就业、收入分配、社会保障、医药卫生等为主要内容的基本民生，突出重点地区、重点人群、重点制度，突出机会公平。完善制度，就是推进制度的全覆盖、更公平、更可持续，通过建立健全体制机制来解决区域差别大、制度碎片化问题。引导预期，就是引导人民形成合理预期，党和政府在着力改善民生的同时，也要着力做好思想政治工作，形成社会保障水平要与经济社会发展水平相适应的认识。

二、保障和改善民生的重点领域

做好民生工作，要坚持兜底线、保基本、补短板、强弱项，加强普惠性、基础性、兜底性民生建设，着力解决好人民群众急难愁盼问题。统筹抓好民生重点领域的工作，健全基本公共服务体系，提高公共服务水平，增强均衡性和可及性，不断增进民生福祉，提高人民生活品质。

第一，提高人民收入水平。收入乃民生之源。提高人民收入水平，改善人民生活品质，是新时代的要求，反映了人民心声，是我们党坚守初心使命、让改革发展成果更多更公平惠及全体人民的执政理念的重要体现。党的十八大以来，我们不断深化收入分配制度改革，把落实收入分配制度、增加城乡居民收入、缩小收入分配差距作为重要任务，有力促进了经济发展和居民收入提高。但我国收入分配中还存在一些突出的问题，主要是劳动报酬在初次分配中的比重较低、居民收入在国民收入分配中的比重偏低，我国居民收入基尼系数仍处于 0.4 以上的较高水平，城乡、区域、不同群体间收入差距较大问题仍客观存在。对此，要坚持按劳分配为主体、多种分配方式并存，通过健全完善三次分配机制、改善收入和财富分配格局，努力实现居民收入增长和经济增长同步、劳动报酬增长和劳动生产率提高同步，持续增加城乡居民收入，促进经济行稳致远和社会安定和谐。

提高居民收入在国民收入分配中的比重、劳动报酬在初次分配中的比重。提高居民收入和劳动报酬比重，有利于促进收入分配更合理、更公平，有利于激发人们通过劳动创造美好生活的热情。通过扩大就业和提高就业质量增加劳动者收入，拓展服务业、中小微企业、劳动密集型企业、知识和技能密集型企业就业空间，稳定新就业形态、灵活就业人员就业增收，帮助高校毕业生、农民工等重点群体就业增收。坚持多劳多得，着重增加劳动所得，鼓励勤劳致富。

健全各类生产要素参与分配机制。劳动力、资本、土地、技术、数据等生产要素由市场评价贡献、按贡献决定报酬，对提高人民收入水平具有重要作用。只有让各类生产要素的活力竞相迸发，才能形成提高人民收入水平的源泉充分涌流的局面。完善按要素分配政策制度，健全各类生产要素由市场决定报酬的机制，探索通过土地、资本等要素使用权、收益权增加中低收入群体要素收入。多渠道增加城乡居民财产性收入。

完善再分配调节机制。实践证明，搞好再分配调节，不仅有利于缩小收入差距、促进共同富裕，而且对增加低收入群体收入，进而整体提高人民收入水平具有重要作用。完善再分配机制，加大税收、社保、转移支付等调节力度和精准性；完善个人所得税制度，规范收入分配秩序，规范财富积累机制，保护合法收入，调节过高收入，取缔非法收入。重视发挥第三次分配作用，发展慈善事业，改善收入和财富分配格局。

第二，实施就业优先战略。就业是最基本的民生。我国有 14 亿多人口、约 9 亿劳动力，解决好就业问题，始终是经济社会发展的一项重大任务。新时代十年，我国城镇新增就业年均超过 1300 万人，8000 多万名高校毕业生总体就业水平保持稳定，农民工总量增至 2.9 亿人，脱贫劳动力务工规模保持在 3000 万人以上。就业是永恒的课题。当前和今后一个时期，我国就业总量压力依然存在，结构性就业矛盾更为凸显，要科学研判大势，把握发展规律，将促进就业作为经济社会发展的重要内容。

坚持经济发展就业导向。解决就业问题根本要靠经济发展。构建经济增长和促进就业的良性循环机制，在保持经济总量稳定增长、经济结构不断升级的同时，提高经济增长的就业带动力，不断促进就业量的扩大和质的提升。要支持中小微企业发展，发挥其就业主渠道作用。把握好科技创新和稳定就业的平衡点，既要坚定不移加快创新，也要实施有效的社会政策，解决增强劳动人口就业能力和保障基本生活问题，确保社会大局稳定。

健全就业公共服务体系。就业公共服务是促进市场供需匹配、实施就业失业管理、落实就业政策的重要载体。紧密结合新形势新任务新要求，持续打造覆盖全民、贯穿全程、辐射全域、便捷高效的全方位就业公共服务体系，满足社会求职招聘创业等多方面的需求。

注重缓解结构性就业矛盾。当前我国结构性就业矛盾突出表现为招工难和就业难并存，这一问题正在成为就业领域的主要矛盾。健全终身职业技能培训制度，加快提升劳动者技能素质，这既是当务之急，也是长远之计。以提升劳动者技能水平、能力素质为核心，紧贴社会、产业、企业、个人发展需求，加快推进技能人才发展。

完善重点群体就业支持体系。稳住了重点群体，就稳住了就业基本盘。着力做好高校毕业生等青年就业工作，积极促进农民工就业，扎实做好退役军人就业工作，健全困难群体就业援助制度。

统筹城乡就业政策体系。统筹城乡就业，对于积极引导农村劳动力就业增收、推进新型城镇化、实施乡村振兴战略意义重大。统筹城乡就业政策体系是针对城乡发展不平衡提出的明确要求，要着力破除妨碍劳动力、人才流动的体制和政策弊端，消除影响平等就业的不合理限制和就业歧视，使人人都有通过勤奋劳动实现自身发展的机会。

完善促进创业带动就业、多渠道灵活就业的保障制度。创业是就业之源，灵活就业是就业的重要渠道，对于稳定和扩大就业具有重要意义。要持续优化营商环境，持续释放创业带动就业倍增效应，持续推动多渠道灵活就业。健全劳动法律法规，完善劳动者权益保障制度，加强灵活就业和新就业形态劳动者权益保障。

第三，办好人民满意的教育。教育事关民生大计，对提高人民综合素质、促进人的全面发展具有决定性意义。党的十八大以来，以习近平同志为核心的党中央始终把教育摆在优先发展的战略位置，国家财政性教育经费占国内生产总值比例连续保持在 4% 以上，并优先向农村地区、边疆民族地区、革命老区、边远贫困地区教育发展倾斜；城乡教育一体化稳步推进，区域、城乡、校际差距逐步缩小，我国教育普及水平显著提升，人民群众教育获得感不断增强。我国教育有了长足的发展，"有学上"的问题总体上基本解决，"上好学"的需求更加凸显。要适应人民群众对更加公平更高质量的教育需求，坚持我国教育现代化的社会主义方向，坚持教育公益性原则，把教育公平作为国家基本教育政策，大力推进教育体制改革创新，不断促进教育事业发展成果更多更公平惠及全体人民。

坚持教育事业的公益属性。教育是重要的公共服务，我国教育法规定"教育活动必须符合国家和社会公共利益"。在保证公益性的前提下，政府以外的民办教育机构提供教育服务，对于扩大学位供给、满足多样教育需求来说是有益的。但良心的行业不能变成逐利的产业，更不能让资本在教育领域无序扩张，加重群众负担，破坏教育生态。各级政府要承担起责任，该投入的必须投入，保障义务教育的公益性，平衡好公办教育和民办教育、政府责任和社会责任，将教育改革发展与解决现实问题结合起来，补齐短板，办好每一所学校、教好每一个学生。

促进教育公平。教育公平是社会公平的重要基础，必须坚持以人民为中心发展教育，努力让每个人享有受教育的机会，获得发展自身、奉献社会、造福人民的能力。要加快建成伴随每个人一生的教育，让学习成为每个人的生活习惯和生活方式，实现人人皆学、处处能学、时时可学；要加快建成平等面向每个人的教育，努力使每个人不分性别、不分城乡、不分地域、不分贫富、不分民族都能接受良好教育；要加快建成适合每个人的教育，努力使不同性格禀赋、不同兴趣特长、不同素质潜力的学生都能接受符合自己成长需要的教育；要加快建成更加开放灵活的教育，努力使教育选择更多样、成长道路更宽广，使学业提升通道、职业晋升通道、社会上升通道更加畅通。

促进各级各类教育高质量发展。当前，学前教育、农村义务教育、职业教育仍是短板，必须下大力气解决。学前教育要多渠道增加普惠性资源，全面提升科学保教水平。义务教育要落实"五育并举"要求，优化区域教育资源配置。坚持高中阶段学校多样化发展，加强县域普通高中建设。高等教育要促进内涵式发展，鼓励高校在不同定位上办出特色、争创一流，全面提高人才自主培养质量。推进职普融通、产教融合、科教融汇，培养更多应用型、技能型人才。发展全民教育、终身教育，大力提高国民素质。

第四，健全社会保障体系。社会保障是保障和改善民生、维护社会公平、增进人民福祉的基本制度保障，是促进经济社会发展、实现广大人民群众共享改革发展成果的重要制度安排，发挥着民生保障安全网、收入分配调节器、经济运行减震器的作用，是治国安邦的大问题。党的十八大以来，以习近平同志为核心的党中央坚持以人民为中心的发展思想，从增强公平性、适应流动性、保证可持续性出发，提出了全面建成多层次社会保障体系的目标，推动建成世界上规模最大的社会保障体系，为人民创造美好生活奠定了坚实基础。随着我国社会主要矛盾发生变化和城镇化、人口老龄化、就业方式多样化加快发展，我国社会保障体系仍存在不足，主要体现在制度之间转移衔接不够通畅，部分农民工、灵活就业人员、新业态就业人员等人群没有纳入社会保障，政府主导并负责管理的基本保障"一枝独大"，社会保障统筹层次有待提高，城乡、区域、群体之间待遇差异不尽合理，社会保障公共服务能力同人民群众的需求还存在一定差距等。要坚持全覆盖、保基本、多层次、可持续的基本方针，按照兜底线、织密网、建机制的基本要求，健全覆盖全民、城乡统筹、公平统一、安全规范、可持续的多层次社会保障体系，进一步织密社会保障安全网。

全面建成多层次社会保障体系，就是要在保障项目上，坚持以社会保险为主体，社会救助保底层，积极完善社会福利、慈善事业、优抚安置等制度；在组织方式上，坚持以政府为主体，积极发挥市场作用，促进社会保险与补充保险、商业保险相衔接。积极构建基本养老保险、职业（企业）年金与个人储蓄性养老保险、商业保险相衔接的养老保险体系，协同推进基本医疗保险、大病保险、补充医疗保险、商业健康保险，在保基本基础上满足人民群众多样化多层次的保障需求。

全面建成多层次社会保障体系，基本要求是"兜底线、织密网、建机制"。兜底线，就是要发挥社会保障政策的托底功能，切实保障群众基本生活需求，兜住民生保障底线，坚守社会稳定底线；织密网，就是要实现制度最广泛的覆盖，让人人都能享受基本社会保障；建机制，就是要持续深化改革，建立健全体制机制，不断提高社会保障法治化、制度化水平。

全面建成多层次社会保障体系，重要任务和目标是"覆盖全民、城乡统筹、公平统一、安全规范、可持续"。覆盖全民，就是要不断扩大社会保障覆盖面，基本实现法定人员全覆盖；城乡统筹，就是要统筹推进城乡居民社会保障体系建设，合理缩小社会保障领域的城乡差异；公平统一，就是要统一社会保障制度，实现全体社会成员权利公平、机会公平、规则公平；安全规范，就是要统筹发展和安全，加强社会保障基金规范管理，守住社会保障基金安全底线；可持续，就是要确保各项社会保险基金收支平衡，制度长期稳定运行。

第五，推进健康中国建设。人民健康是民族昌盛和国家强盛的重要标志。党的十八大以来，以习近平同志为核心的党中央把保障人民健康摆在优先发展的战略地位，作出了"实施健康中国战略"的重大部署，制定了一系列改革举措，建成世界上规模最大的医疗卫生体系，推动卫生健康事业取得新的发展成就。我们始终坚持人民至上、生命至上，全党全国各族人民同心抗疫，因时因势优化调整防控政策措施，统筹疫情防控和经济社会发展取得重大积极成果。当前，人民群众对卫生健康事业提出了更高要求，要把保障人民健康放在更加突出位置，完善人民健康促进政策，着力化解健康服务供给总体不足与需求不断增长之间的矛盾，不断增强健康领域发展与经济社会发展的协调性。

深化医药卫生体制改革。加快建设分级诊疗体系，推动优质医疗资源扩容下沉、均衡布局，促进医疗机构上下联动、分工协作。深化以公益性为导向的公立医院改革，规范民营医院发展。深化医疗保障制度改革，充分发挥医保对医药服务的激励约束作用。积极促进发展，支持引导社会力量在医疗资源薄弱区域和短缺领域创办非营利性医疗机构，满足群众多层次医疗服务需求。优化生育政策，推动相关经济社会政策配套衔接，切实减轻家庭生育养育负担。

构建强大的公共卫生体系。改革和强化疾病预防控制体系，提高疾病预防处置能力。加强救治体系建设，完善城乡三级医疗服务网络，全面提升公立医院疾病救治能力。完善突发公共卫生事件的监测系统，健全多渠道监测预警和风险评估机制。加强重大疫情防控和突发公共卫生事件科研体系与能力建设，提升核心技术攻关能力。

促进中医药传承创新发展。要把老祖宗留给我们的中医药宝库保护好、传承好、发展好，坚持古为今用，使之与现代健康理念相融相通，服务于人民健康。深化中医药管理体制机制改革，建设融预防保健、疾病治疗和康复于一体的中医药服务体系，完善中医药人才培养体系。推进中医药科学研究和技术创新，推动中医药国际标准制定，加快中医药"走出去"步伐。

积极应对人口老龄化。"十四五"时期是我国应对人口老龄化的重要窗口机遇期，预计"十四五"时期，60岁及以上老年人口占总人口的比例将超过20%。要加快构建居家社区机构相协调、医养康养相结合的养老服务体系，推动医疗卫生服务向社区、家庭延伸，支持社会力量兴办医养结合机构。

深入开展健康中国行动和爱国卫生运动。普及健康知识，引导养成文明健康行为和生活方式。健全社会心理服务体系和危机干预机制，加强全民健身公共服务体系建设。

表 6-1 "十三五"时期经济社会发展主要指标（民生篇）

指　标	单位	2020 年绝对量	2020 年比上年增长（%）	2016—2020 年平均增速（%）［累计］
一、人口就业				
年末全国人口	万人	141212	204（万人）	［2886］（万人）
人均预期寿命	岁	77.93	—	［1.59］（岁）
城镇新增就业人数	万人	1186	—	［6564］（万人）
年末城镇调查失业率	%	5.2	上年末为5.2	—
二、居民生活				
全国居民人均可支配收入	元	32189	2.1	5.6
全国居民人均消费支出	元	21210	−4.0	3.9
农村贫困人口	万人	全部脱贫	−551（万人）	［−5575］（万人）
恩格尔系数	%	30.2	2.0（百分点）	［−0.4］（百分点）
全国居民人均服务性消费支出占人均消费支出比重	%	42.6	−3.3（百分点）	［1.5］（百分点）
全国居民每百户家用汽车拥有量	辆	37.1	5.1	10.3
三、教育发展				
劳动年龄人口平均受教育年限	年	10.75	0.03（年）	［0.52］（年）
学前教育毛入学率	%	85.2	1.8（百分点）	［10.2］（百分点）
九年义务教育巩固率	%	95.2	0.4（百分点）	［2.2］（百分点）
高中阶段毛入学率	%	91.2	1.7（百分点）	［4.2］（百分点）
高等教育毛入学率	%	54.4	2.8（百分点）	［14.4］（百分点）
四、卫生健康				
每千人口医疗卫生机构执业（助理）医师数	人	2.90	4.8	5.5
每千人口拥有注册护士数	人	3.34	5.0	7.1
每千人口医疗卫生机构床位数	张	6.46	2.5	4.8
孕产妇死亡率	1/10 万	16.9	−0.9（1/10 万）	［−3.2］（1/10 万）
婴儿死亡率	‰	5.4	−0.2（千分点）	［−2.7］（千分点）
5 岁以下儿童死亡率	‰	7.5	−0.3（千分点）	［−3.2］（千分点）
五、社会保障				
年末参加基本养老保险人数	万人	99864.9	3.2	3.1
年末参加基本医疗保险人数	万人	136131.1	0.5	—
年末参加失业保险人数	万人	21689.5	5.6	4.6
年末参加工伤保险人数	万人	26763.4	5.0	4.5
年末参加生育保险人数	万人	23567.3	10.0	5.8
六、文化体育				
文化及相关产业增加值占国内生产总值比重	%	4.43	−0.07（百分点）	［0.48］（百分点）
公共图书馆数量	个	3212	0.5	0.5
博物馆数量	个	5452	6.2	7.2
电视节目综合人口覆盖率	%	99.59	0.20（百分点）	［0.82］（百分点）
人均体育场地面积	平方米	2.2	5.8	
全国 7 岁及以上人口经常参加体育锻炼人数比例	%	37.2		

资料来源：国家统计局。

注：全国居民人均可支配收入、全国居民人均消费支出绝对数按当年价格计算，增速为实际增速。

三、巩固拓展脱贫攻坚成果

中国共产党从成立之日起，就坚持把为中国人民谋幸福、为中华民族谋复兴作为初心使命，团结带领中国人民为创造自己的美好生活进行了长期艰辛奋斗。特别是改革开放以来，党团结带领人民实施了大规模、有计划、有组织的扶贫开发，着力解放和发展社会生产力，着力保障和改善民生，取得了前所未有的伟大成就。我国贫困人口基数庞大，截至2012年年底，现行标准下的农村贫困人口仍然高达9899万。这些贫困人口，不仅贫困程度较深，自身发展能力较弱，而且大多分散在交通信息闭塞、经济发展落后、自然条件恶劣、高山大川阻隔的地方。脱贫成本之高、难度之大，超过以往。党的十八大以来，以习近平同志为核心的党中央把脱贫攻坚摆在治国理政的突出位置，作为全面建成小康社会的底线任务，组织开展了声势浩大的脱贫攻坚人民战争，取得了举世瞩目的重大历史性成就。

第一，农村贫困人口全部脱贫，为实现全面建成小康社会目标任务作出了关键性贡献。党的十八大以来，平均每年1000多万人脱贫，相当于一个中等国家的人口脱贫。贫困人口收入水平显著提高，全部实现"两不愁三保障"，脱贫群众不愁吃、不愁穿，义务教育、基本医疗、住房安全有保障。2000多万名贫困患者得到分类救治，近2000万名贫困群众享受低保和特困救助供养，2400多万名困难和重度残疾人拿到了生活和护理补贴。

第二，脱贫地区经济社会发展大踏步赶上来，整体面貌发生历史性巨变。贫困地区发展步伐显著加快，经济实力不断增强，基础设施建设突飞猛进，社会事业长足进步，行路难、吃水难、用电难、通信难、上学难、就医难等问题得到历史性解决。28个人口较少民族全部整族脱贫，一些新中国成立后"一步跨千年"进入社会主义社会的"直过民族"，又实现了从贫穷落后到全面小康的第二次历史性跨越。

第三，脱贫群众精神风貌焕然一新，增添了自立自强的信心勇气。脱贫攻坚，取得了物质上的累累硕果，也取得了精神上的累累硕果。广大脱贫群众激发了奋发向上的精气神，社会主义核心价值观得到广泛传播，文明新风得到广泛弘扬，艰苦奋斗、苦干实干、用自己的双手创造幸福生活的精神在广大贫困地区蔚然成风。

第四，党群干群关系明显改善，党在农村的执政基础更加牢固。各级党组织和广大共产党员坚决响应党中央号召，以热血赴使命、以行动践诺言，在脱贫攻坚这个没有硝烟的战场上呕心沥血、建功立业。广大扶贫干部舍小家为大家，同贫困群众结对子、认亲戚，常年加班加点、任劳任怨，困难面前豁得出，关键时候顶得上。在脱贫攻坚斗争中，1800多名党员、干部献出了生命，生动诠释了共产党人的初心使命。

第五，创造了减贫治理的中国样本，为全球减贫事业作出了重大贡献。摆脱贫困一直是困扰全球发展和治理的突出难题。改革开放以来，按照现行贫困标准计算，我国7.7亿农村贫困人口摆脱贫困；按照世界银行国际贫困标准，我国减贫人口占同期全球减贫人口70%以上。我国提前10年实现《联合国2030年可持续发展议程》减贫目标，赢得国际社会广泛赞誉。我们积极开展国际减贫合作，履行减贫国际责任，为发展中国家提供力所能及的帮助，做世界减贫事业的有力推动者，为推动构建人类命运共同体贡献了中国力量。

脱贫攻坚之所以取得举世瞩目的成就，最重要的是以习近平同志为核心的党中央立足我国国情，把握减贫规律，构建了一整套精准扶贫的政策体系、工作体系、制度体系，走出了一条中国特色减贫道路。扶贫贵在精准、重在精准，成败之举在于精准。精准扶贫就是根据致贫原因有针对性地制定方案，对不同原因不同类型的贫困采取不同措施，因人因户因村施策，精确识别、精确帮扶、精确管理，做到扶持对象精准、项目安排精准、资金使用精准、措施到户精准、因村派人精准、脱贫成效精准，确保各项政策好处落到扶贫对象身上。

脱贫攻坚战的全面胜利，历史性地解决了绝对贫困问题，标志着我们党在团结带领人民创造美好生活、实现共同富裕的道路上迈出了坚实的一大步。脱贫摘帽不是终点，而是新生活、新奋斗的起点，要切实做好巩固拓展脱贫攻坚成果同乡村振兴有效衔接，建立解决相对贫困的长效机制，让脱贫基础更加稳固、成效更可持续。

建立健全巩固拓展脱贫攻坚成果长效机制。过渡期内严格落实摘帽不摘责任、摘帽不摘政策、摘帽不摘帮扶、摘帽不摘监管的要求，确保政策连续性。健全防止返贫动态监测和帮扶机制，坚持预防性措施和事后帮扶相结合，采取有针对性的帮扶措施。巩固"两不愁三保障"成果，落实行业主管部门工作责任，健全控辍保学工作机制，落实分类资助参保政策。完善后续扶持政策体系，持续巩固易地搬迁脱贫成果。

做好脱贫地区巩固拓展脱贫攻坚成果同乡村振兴有效衔接工作。在财政投入、金融服务、土地支持、人才智力支持等政策上，加强脱贫攻坚同乡村振兴有效衔接。支持脱贫地区乡村特色产业发展壮大，提高产业市场竞争力和抗风险能力。加大脱贫人口有组织劳务输出力度，统筹用好乡村公益岗位，促进脱贫人口稳定就业。加大对基础设施建设的支持力度，继续改善教育、医疗、住房等条件，进一步提升脱贫地区公共服务水平。

健全农村低收入人口常态化帮扶机制。加强农村低收入人口动态监测，分层分类实施社会救助。坚持基本标准，统筹发挥基本医疗保险、大病保险、医疗救助三重保障制度综合梯次减负功能。完善养老保障和儿童关爱服务，织密兜牢丧失劳动能力人口基本生活保障底线。

着力提升脱贫地区整体发展水平。在西部地区脱贫县中集中支持一批乡村振兴重点帮扶县，从财政、金融、土地、人才、基础设施建设、公共服务等方面给予集中支持，增强发展能力。坚持和完善东西部协作和对口支援、社会力量参与帮扶机制，在保持现有结对关系基本稳定和加强现有经济联系的基础上，适时调整优化结对帮扶关系。

四、扎实推动共同富裕

"国之称富者，在乎丰民。"财富的创造和分配是各国都面对的重大问题。一些发达国家工业化搞了几百年，但由于社会制度原因，到现在共同富裕问题仍未解决，贫富悬殊问题反而越来越严重。共同富裕是社会主义的本质要求。社会主义与资本主义的本质区别就在于，前者是"绝大多数人的，为绝大多数人谋利益"的制度。马克思主义认为，无产阶级及其政党的一个重要使命，就是"建立这样一种制度，使社会的每一成员不仅有可能参加社会财富的生产，而且有可能参加社会财富的分配和管理，并通过有计划地经营全部生产，使社会生产力及其成果不断增长，足以保证每个人的一切合理的需要在越来越大的程度上得到满足"[1]。毛泽东在我们党内最早倡导共同富裕，他指出，"现在我们实行这么一种制度，这么一种计划，是可以一年一年走向更富更强的，一年一年可以看到更富更强些。而这个富，是共同的富，这个强，是共同的强，大家都有份"[2]。邓小平是共同富裕的积极实践者，他指出："社会主义的目的就是要全国人民共同富裕，不是两极分化。"[3]在新时代坚持和发展中国特色社会主义的伟大实践中，习近平强调："实现共同富裕不仅是经济问题，而且是关系党的执政基础的重大政治问题。我们决不能允许贫富差距越来越大、穷者愈穷富者愈富，决不能在富的人和穷的人之间出现一道不可逾越的鸿沟。"[4]

党的十八大以来，以习近平同志为核心的党中央把握发展阶段新变化，把逐步实现全体人民共同富裕摆在更加重要的位置上，推动城乡区域协调发展，采取有力措施保障和改善民生，打赢脱贫攻坚战，全面

---

① 《马克思恩格斯选集》第三卷，人民出版社2012年版，第724页。

② 《毛泽东文集》第六卷，人民出版社1999年版，第495页。

③ 《邓小平文选》第三卷，人民出版社1993年版，第110—111页。

④ 《习近平著作选读》第二卷，人民出版社2023年版，第407页。

建成小康社会，为促进共同富裕创造了良好条件。现在，已经到了扎实推动共同富裕的历史阶段，党和国家把实现全体人民共同富裕作为全面建成社会主义现代化强国的基本目标，作出了明确的战略安排：一是到2035年，人的全面发展、全体人民共同富裕取得更为明显的实质性进展；二是到本世纪中叶，全体人民共同富裕基本实现。

实现全体人民共同富裕是一个长期的历史过程，要统筹考虑需要和可能，按照经济社会发展规律循序渐进。同时，共同富裕本身就是社会主义现代化的一个重要目标，要自觉主动解决地区差距、城乡差距、收入差距等问题，促进社会公平正义，让发展成果更多更公平惠及全体人民。

提高发展质量效益，为实现共同富裕奠定雄厚的物质基础。生产是分配的前提和基础，只有建立在生产力不断发展的基础上，共同富裕才能真正实现。我们必须紧紧抓住经济建设这个中心，推动经济高质量发展，进一步把"蛋糕"做大，为实现全体人民共同富裕奠定更加坚实的物质基础。

坚持和完善社会主义基本经济制度，为促进共同富裕提供制度保障。立足社会主义初级阶段，必须毫不动摇地巩固和发展公有制经济，发挥其在增强我国经济实力、维护社会公平正义、防止两极分化、逐步实现共同富裕、促进社会和谐等方面的基础性作用，必须毫不动摇地鼓励、支持、引导非公有制经济发展，发挥其在推动经济增长、扩大社会就业、增加财政收入、改善人民生活、推进共同富裕等方面的重要作用；分配制度是促进共同富裕的基础性制度，要构建初次分配、再分配、第三次分配协调配套的制度体系，把追求效率和实现公平有机统一起来；充分发挥市场在资源配置中的决定性作用，让一切创造社会财富的源泉充分涌流，同时更好发挥政府作用，利用再分配机制，使全体人民更多更公平分享改革发展成果。

统筹城乡区域发展，扎实推动全体人民共同富裕。城乡二元结构是造成贫富差距的重要历史原因，必须努力在推进城乡要素平等交换和公共资源均衡配置上取得重大突破，全面推进乡村振兴，给农村发展注入新的动力，让广大农民平等参与改革发展进程、共同享受改革发展成果。要深入实施区域协调发展战略，建立健全更加有效的区域协调发展新机制，促进各地区人民收入水平和生活质量在不断提高的过程中逐步实现共同富裕。

共同富裕是民生建设的价值规定和根本目的。抓好民生建设，关键是让人民群众真真切切感受到共同富裕不仅仅是一个口号，而是看得见、摸得着、真实可感的事实。要始终贯彻以人民为中心的发展理念，多谋民生之利，多解民生之忧，补齐民生短板，在全社会范围内努力实现幼有善育、学有优教、劳有厚得、病有良医、老有颐养、住有宜居、弱有众扶，把人民向往的美好生活变为现实。

第三节 加强和创新社会治理

加强和创新社会治理，是完善和发展中国特色社会主义制度、推进国家治理体系和治理能力现代化的重要内容。要坚持问题导向、需求导向、发展导向有机结合，围绕切实影响人民安居和社会安定的重点难点问题，不断完善社会治理体系，在共建共治共享中推进社会治理现代化。

一、推进社会治理现代化

社会治理是在中国共产党的领导下，以社会多元主体参与为基础，以维护和改善人民群众根本利益为核心，针对社会发展中的各种问题，协调社会利益、化解社会矛盾、维护社会秩序、促进社会公平、保持社会稳定、推动社会有序发展的过程。

社会治理具有以下几个主要特征。一是社会治理主体的一主多元性。加强党委领导，发挥政府主导作用，鼓励和支持社会组织和个体等参与社会治理，实现政府治理和社会自我调节、居民自治良性互动。二是社会治理的过程性。社会治理是动态的、发展的，是随着社会经济政治的发展而不断发展的。三是社会治理的协调性。社会作为一个有自组织能力的有机体，自身就存在自我生存、自我发展、自我纠错、自我修复的功能，社会治理不是用强力去破坏社会自身发展的功能，而是通过协调多方利益使其功能得到更好的发挥。四是社会治理的互动性。社会治理的目的是协调社会利益，引导社会达成利益共识。因此，社会治理必然表现出多元主体参与、表达利益诉求、平等协商、相互配合的互动性。

我们党始终高度重视社会建设，特别是面对改革开放以来我国社会经济成分、组织形式、就业方式、利益关系和分配方式日益多样化发展，不断推进社会管理改革创新。从党的十四届三中全会提出加强政府社会管理职能，到党的十六届四中全会提出加强社会建设和管理，到党的十六届六中全会强调创新社会管理体制、整合社会管理资源、提高社会管理水平，再到党的十七大强调健全社会管理格局和基层社会管理体制，我们党对社会管理的认识不断深化。党的十八大以来，以习近平同志为核心的党中央深入研究社会管理面临的新形势新任务新特点，着力推进社会管理理念创新、实践创新、制度创新，明确提出"社会治理"这一重大命题。从"社会管理"到"社会治理"，虽然是一字之差，却是党的执政理念和政策思路在社会领域的一次全面提升，体现的是系统治理、依法治理、综合治理、源头治理，反映的是党对社会运行规律和治理规律认识的深化，是推进国家治理现代化的重要体现。

在社会治理实践中，我们党牢牢把握推进国家治理体系和治理能力现代化的总要求，坚持一手抓保安全、护稳定，一手抓打基础、谋长远，不断创新理念思路、体制机制、方法手段，以良好的政治生态优化社会治理环境，特别是推动扫黑除恶常态化，加强社会治安综合治理，使一些社会治理难题得到有效破解，平安中国建设取得重大进展。总体上看，我国社会治理体系不断完善，社会安全稳定形势持续向好，人民生命财产安全得到有效维护，广大人民群众的安全感和满意度不断增强。但也要清醒地看到，在社会大局总体稳定的同时，社会利益关系日趋复杂，社会阶层结构分化，社会矛盾和问题交织叠加，人民群众对社会事务参与意愿更加强烈，社会治理面临的形势环境更为复杂。随着互联网特别是移动互联网的发展，社会治理模式正在从单向管理转向双向互动，从线下转向线上线下融合，从单纯的政府监管向更加注重社会协同治理转变。新形势下，需要进一步加强和创新社会治理，积极化解社会矛盾，更好维护社会稳定，开创社会治理现代化的崭新局面。

推进社会治理的理念创新。理念是行动的先导，创新社会治理首要的是创新理念。社会治理是一门科学，管得太死，一潭死水不行；管得太松，波涛汹涌也不行。新时代进一步加强和创新社会治理，要求推陈出新、有所突破，坚持问题导向，坚持把专项治理与系统治理、依法治理、综合治理、源头治理结合起来，坚定不移走中国特色社会主义社会治理之路，善于把党的领导和我国社会主义制度优势转化为社会治理优势，建设人人有责、人人尽责、人人享有的社会治理共同体。

制度是理念的保障，创新社会治理必须加强社会治理制度建设。要完善党委领导、政府负责、社会协同、公众参与、法治保障、科技支撑的社会治理体系，不断提高社会治理社会化、法治化、智能化、专业化水平。全面落实各级党委和政府社会治理主体责任，规范党政各部门社会治理职能，形成权责明晰、奖惩分明、分工负责、齐抓共管的社会治理责任链条。坚持群众观点和群众路线，完善政府治理和社会调节、居民自治良性互动的体制机制，鼓励和引导企事业单位、社会组织、人民群众积极参与社会治理。充分发挥法治对社会治理的引领、规范和保障作用，运用法治思维和法治方式化解矛盾，引导群众依法行使权利、表达诉求、解决纠纷，更好引导和规范社会生活。加强社会治理基础制度建设，完善社会信用体系，更多运用互联网、大数据等信息技术手段，持续推进社会治理的科学化、精细化。建设高素质专业化干部队伍和社会治理各类人才队伍，善于运用先进的理念和专业的方法提升社会治理效能，增强社会治理整体性和协同性，提高预测预警预防各类风险能力，增强社会治理预见性、精准性、高效性。

二、打造共建共治共享的社会治理格局

当前，我国社会结构正在发生深刻变化，社会矛盾多元多样多发，打造共建共治共享的社会治理格局，实现社会治理现代化，是建设社会文明、促进社会和谐的必然要求。其中，共建是基础，突出制度和体系建设在社会治理格局中的基础性、战略性地位；共治是关键，要求树立大社会观、大治理观，将党总揽全局、协调各方的政治优势同政府资源整合优势、企业市场竞争优势、社会组织群众动员优势有机结合起来，打造全民参与的开放治理体系；共享是目标，要使社会治理的成效更多、更公平地惠及全体人民，不断增加人民的获得感、幸福感、安全感。

社会治理有不同层级，中央一级主要负责社会治理的顶层设计和整体推动；城乡基层是社会治理的基础，负责社会治理事项的具体落实；市域是连接上下两个层级的中间位置和枢纽环节，是扩大的城乡基层。打造共建共治共享的社会治理格局，必须优化中央、市域、基层等不同层级功能，充分发挥各层级重要作用，形成高效联动、上下贯通的社会治理局面，推动社会治理现代化行稳致远。

坚持党中央集中统一领导，加强社会治理现代化顶层设计。紧密结合社会治理的发展状况和面临的新形势，加强对社会治理现代化的整体谋划和系统推进，制定执行社会治理现代化大政方针、部署推进重大战

略、研究确定工作措施，确保社会治理始终在党的领导下进行。党既要做好领导和主导社会治理工作，还要做好引导工作，起到"领头雁"作用。领导不等于直接指挥，也不等于包办一切，要在"统"和"分"有机结合上下功夫，充分发挥我们的政治优势和制度优势。

加快推进市域社会治理现代化，把重大矛盾隐患防范化解在市域。市域是社会治理宏观和微观的转承点，治理半径较优，资源统筹余地较大，法治手段较多，要成为撬动国家治理的战略支点、重大风险的终结地、治理方式现代化的集成体。要在充分运用全国市域社会治理现代化试点工作成果的基础上，依托现有市域社会治理机制平台，整合各方资源，形成权责明晰、高效联动、上下贯通的市域风险防控链条，不断提升共防风险、共筑平安的能力水平。

推进基层社会治理创新，把小矛盾小问题化解在基层、化解在萌芽状态。基层社会治理直接面对群众，事务琐碎复杂甚至艰巨繁重，是打造共建共治共享社会治理格局的基础和重心。要坚持和发展新时代"枫桥经验""浦江经验"，完善社会矛盾纠纷多元预防调处化解综合机制，更加重视基层基础工作，充分发挥共建共治共享在基层的作用。当前，在广大基层，新情况、新问题、新现象层出不穷，即使是老问题，也常常会有"新变种"。面对新形势，基层治理不能"以不变应万变"，而是要在坚持全心全意为人民服务宗旨基础上，在创新方法上下功夫，在提升水平上求实效，实现自下而上与自上而下的双向互动。加强和创新社会治理要实现为了群众的目标，就必须依靠群众、发动群众、组织群众，使广大人民群众成为推进社会治理格局创新的主体力量，把蕴含在广大人民群众之中的无穷活力和创新力激发出来，动员组织群众依法理性有序参与公共服务和公共管理，推动形成社会治理人人参与、和谐社会人人共享的良好局面。

纵观各国治理实践，如果社会治理跟不上经济发展步伐，各种社会矛盾和问题得不到有效解决，不仅经济发展难以为继，整个社会也可能陷入动荡。我们要加快推进社会治理现代化，努力建设更高水平的平安中国。

——习近平

三、建设更高水平的平安中国

建设更高水平的平安中国，是以习近平同志为核心的党中央作出的战略擘画。作为加强和创新社会治理的重要任务和目标，平安中国建设要经历一个动态发展和不断升级的过程。在全面建设社会主义现代化国家新征程上，我们面临的国内国际环境十分复杂，建设更高水平的平安中国具有更加重大而深远的战略意义。

建设更高水平的平安中国，是把新时代中国特色社会主义制度优势转化为强大治理效能的重要体现。党的十八大以来，在以习近平同志为核心的党中央坚强领导下，我国成为世界上最有安全感的国家之一，"平安中国"成为一张亮丽的国家名片，"中国之治"优势更加凸显。"天下之势不盛则衰，天下之治不进则退。"我们只有主动适应"中国之治"的新要求，打造平安中国建设的升级版，才能不断增添"中国之治"成色，进一步彰显"中国之制"优势。

建设更高水平的平安中国，是顺应我国社会主要矛盾新变化的客观趋势。平安是老百姓解决温饱后的第一需求，是极重要的民生，也是最基本的发展环境。随着我国社会主要矛盾发生历史性变化，人民群众对平安的需要越来越多样化多层次多方面。平安已经从传统意义上的生命财产安全，上升到安业、安居、安康、安心等各方面，内涵外延不断拓展，标准要求更新更高。我们只有主动适应这种新变化，聚焦人民群众新需要，从更宽领域、以更高标准推进平安中国建设，才能让人民群众获得感、幸福感、安全感更加充实、更有保障、更可持续。

建设更高水平的平安中国，是防范应对各类风险和挑战的必然要求。当前，世界百年未有之大变局加速演进，世界进入新的动荡变革期。我国面临的外部环境不稳定性不确定性更加凸显，传统安全和非传统安全挑战不断增多，各类风险的跨界性、关联性、穿透性、放大性显著增强，处理不好容易形成系统性风险。同时，我国改革发展稳定面临不少深层次矛盾躲不开、绕不过，不确定难预料因素增多。我们只有准确把握国内外环境深刻变化带来的新挑战，不断增强平安中国建设效能，构建从源头、传导、转化各环节进行防控的完整链条，才能从整体上提升风险防范化解能力水平。

建设更高水平的平安中国，是实现全面建成社会主义现代化强国新目标的重要保障。我国在全面建成小康社会、实现第一个百年奋斗目标的基础上，开启全面建设社会主义现代化国家新征程、向第二个百年奋斗目标进军。在这一进程中，平安中国建设既是重要内容也是重要保障。这要求我们不断提升平安中国建设的层次质效，以新安全格局保障新发展格局，推动发展和安全深度融合，实现更高质量、更有效率、更加公平、更可持续、更为安全的发展。我们只有立足中华民族伟大复兴战略全局，努力建设更高水平的平安中国，才能为实现全面建成社会主义现代化强国的目标提供更加有力的保障。

建设更高水平的平安中国，既要立足党和国家发展的战略需求，又要紧扣人民群众对平安中国建设的关切和感受，推进维护和塑造安全的手段方式变革，创新理论引领，完善力量布局，推进科技赋能，完善应对安全风险综合体，实现从被动维稳向主动维稳、从静态平安向动态平安、从一时平安向长治久安的转变。

一是树立科学理念，增强平安中国建设引领性。建设更高水平的平安中国，最根本的是以习近平新时代中国特色社会主义思想为指引。坚持党的领导，把党的领导贯穿到平安中国建设的各方面和全过程，真正把党的领导优势转化为平安建设效能。坚持人民至上，始终把人民放在心中最高位置，全方位提升守护群众平安、保障群众权益的层次和水平。坚持安全发展，形成发展和安全协调共进、互促双赢的良好局面。坚持主动塑造，把党的领导和我国社会主义制度的政治优势充分彰显出来，把社会各方面力量充分调动起来，不断激发平安中国建设的内生动力和活力。坚持系统治理、依法治理、综合治理、源头治理和专项治理相结合，发挥好自治、法治、德治和科技作用，处理好维稳与维权、打击与保护、从严与从宽、公正与效率、管理与服务的关系，使社会既生机勃勃又井然有序。

二是完善工作格局，增强平安中国建设协同性。充分发挥体制优势，推动经济、政治、文化、社会、生态一体建设，促进政府、社会、市场良性互动，实现力量资源有效整合和科学配置，激发平安建设的"联动效应""共生效应"。发挥党委领导作用，健全平安中国建设协调机制，有效整合资源力量，协调解决平安中国建设中遇到的重大问题，形成问题联治、工作联动、平安联创的良好局面。发挥政府职能作用，健全完善信息互通、资源共享、工作联动机制，实现平安建设资源整合、力量融合、功能聚合、手段综合。发挥社会协同作用，创新完善鼓励社会多方参与平安建设的政策体系，发挥市场机制作用，加大社会组织培育力度，畅通和规范市场主体、新社会阶层、社会工作者和志愿者等参与社会治理的途径，以开放性架构吸纳各方力量参与平安建设。

三是健全群防机制，增强平安中国建设共享性。建设更高水平的平安中国，目的是要让人民群众更加充分享受平安建设成果，关键在于坚持专群结合、群防群治方针，不断完善共建共治共享的工作机制，建设人人有责、人人尽责的平安建设共同体。拓展人民群众参与新渠道，充分保障群众知情权、参与权、表达权、监督权，更好地广纳民智、广聚民力。拓展人民群众协商新载体，统筹兼顾不同阶层群体的多样性、差异化诉求，改进政府听证决策机制，丰富有事好商量、众人的事情由众人商量的制度化实践。拓展人民群众共享新机制，聚焦人民群众需要的增长点，更好满足人民群众多层次、差异化、个性化需要，让平安建设成果更多更公平地惠及全体人民。拓展人民群众评价新体系，坚持以人民满意为根本标尺，健全科学合理、操作性强的平安建设绩效考评指标体系，加大群众意见在绩效考评中的权重，真正把评判的"表决器"交到群众手中。

四是创新方法路径，增强平安中国建设实效性。既要坚持行之有效的好方法，又要探索实践所需的新手段，打好解决突出问题的组合拳，不断提升平安建设的实效。以推进市域社会治理现代化试点为抓手，完善社会治理体系，提升社会治理水平。创新加强基层基础工作，健全党组织领导的自治、法治、德治相结合的城乡基层治理体系。以基层平安创建活动为载体，深入开展平安地区、平安行业、平安单位等多种形式的平安创建活动，构建以平安市域为抓手、以平安行业为支撑、以平安社区为根基的平安中国建设新格局。

思考题

1. 如何理解增进民生福祉是发展的根本目的？
2. 如何推动共同富裕取得实质性进展？
3. 如何在共建共治共享中推进社会治理现代化？
4. 为什么要建设更高水平的平安中国？

第七章　新时代中国特色社会主义生态文明建设

教学要点

1. 新时代中国特色社会主义生态文明理论与制度的基本内容
2. 建设人与自然和谐共生的现代化的重大意义
3. 新时代推进美丽中国建设的主要任务
4. 共建地球生命共同体的中国立场和中国理念

第一节　新时代中国特色社会主义生态文明理论与制度

　　生态文明建设是中国特色社会主义事业总体布局的重要组成部分。党的十八大以来，以习近平同志为核心的党中央把生态文明建设摆在全局工作的突出位置，大力推进生态文明理论创新、实践创新、制度创新，提出一系列新理念新思想新战略，形成了习近平生态文明思想，构建起系统完整的生态文明制度体系，为新时代生态文明建设提供了根本遵循和制度保障。

一、新时代中国特色社会主义生态文明理论

生态文明建设是关系中华民族永续发展的根本大计。新中国成立以来特别是改革开放以来，我们党高度重视生态文明建设，把节约资源和保护环境确立为基本国策，把可持续发展确立为国家战略，提出了建设资源节约型、环境友好型社会等重要理论，着力推动整个社会走上生产发展、生活富裕、生态良好的文明发展道路。党的十八大以来，在几代中国共产党人不懈探索的基础上，以习近平同志为核心的党中央全面加强生态文明建设，以新的视野、新的认识、新的理念，系统回答了为什么建设生态文明、建设什么样的生态文明、怎样建设生态文明等重大理论和实践问题，形成了体系严密的习近平生态文明思想，赋予生态文明建设理论新的时代内涵，把我们党对生态文明建设规律性的认识提升到新的高度。就其主要内容来讲，集中体现为"十个坚持"。

一是坚持党对生态文明建设的全面领导。生态环境是关系党的使命宗旨的重大政治问题。中国共产党带领人民建设我们的国家，创造更加幸福美好的生活，秉持的一个理念就是搞好生态文明建设。新时代生态文明建设从理论到实践都发生了历史性、转折性、全局性变化，根本在于以习近平同志为核心的党中央坚强领导。全面推进美丽中国建设，必须要坚持党的领导这一最大政治优势，保持加强生态文明建设的政治定力和战略定力不动摇，确保党中央关于生态文明建设的决策部署落地见效。

二是坚持生态兴则文明兴。生态环境是人类生存和发展的根基，生态环境变化直接影响文明兴衰演替。古今中外的许多深刻教训表明，只有尊重自然规律，才能有效防止在开发利用自然上走弯路。要以对人民群众、对子孙后代高度负责的态度和责任，加强生态文明建设，把人类活动限制在生态环境能够承受的限度内，给自然生态留下休养生息的时间和空间，筑牢中华民族永续发展的生态根基。

　　三是坚持人与自然和谐共生。自然是生命之母，人与自然是生命共同体，必须敬畏自然、尊重自然、顺应自然、保护自然，无止境地向自然索取甚至破坏自然必然会遭到大自然的报复。促进人与自然和谐共生是中国式现代化的本质要求之一，必须坚持节约资源和保护环境的基本国策，坚持节约优先、保护优先、自然恢复为主的方针，像保护眼睛一样保护自然和生态环境，坚定不移走生产发展、生活富裕、生态良好的文明发展道路。

　　四是坚持绿水青山就是金山银山。绿水青山既是自然财富、生态财富，又是社会财富、经济财富。实践证明，经济发展不能以破坏生态为代价，保护生态环境就是保护生产力，改善生态环境就是发展生产力。必须处理好绿水青山和金山银山的关系，坚定不移保护绿水青山，努力把绿水青山蕴含的生态产品价值转化为金山银山，让良好生态环境成为经济社会持续健康发展的支撑点，实现经济发展和生态环境保护双赢。

　　五是坚持良好生态环境是最普惠的民生福祉。良好的生态环境是最公平的公共产品，是最普惠的民生福祉。进入新时代，伴随我国社会主要矛盾的转化，人民群众对优美生态环境的需要已经成为这一矛盾的重要方面。"民之所好好之，民之所恶恶之"，要坚持以人民为中心的发展思想，坚持生态惠民、生态利民、生态为民，解决好人民群众反映强烈的突出环境问题，提供更多优质生态产品，让人民过上高品质生活。

　　六是坚持绿色发展是发展观的深刻革命。生态环境问题归根到底是经济发展方式问题，绿色发展是生态文明建设的必然要求。坚持绿色发展是对生产方式、生活方式、思维方式和价值观念的全方位、革命性变革，是对自然规律和经济社会可持续发展一般规律的深刻把握。必须把实现减污降碳协同增效作为促进经济社会发展全面绿色转型的总抓手，加快建立健全绿色低碳循环发展经济体系，加快形成绿色发展方式和生活方式。

　　七是坚持统筹山水林田湖草沙系统治理。生态是统一的自然系统，是相互依存、紧密联系的有机链条。山水林田湖草沙是生命共同体，必须从系统工程和全局角度寻求新的治理之道，更加注重综合治理、系统治理、源头治理，实施好生态保护修复工程，加大生态系统保护力度，提升生态系统稳定性和可持续性。统筹山水林田湖草沙系统治理，深刻揭示了生态系统的整体性、系统性及其内在发展规律，为全方位、全地域、全过程开展生态文明建设提供了方法论指导。

八是坚持用最严格制度最严密法治保护生态环境。建设生态文明，重在建章立制。把生态文明建设纳入法治化、制度化的轨道，要求加快制度创新，健全源头预防、过程控制、损害赔偿、责任追究的生态环境保护体系，构建产权清晰、多元参与、激励约束并重、系统完整的生态文明制度体系，强化制度供给和执行，让制度成为刚性约束和不可触碰的高压线。

九是坚持把建设美丽中国转化为全体人民自觉行动。生态文明是人民群众共同参与共同建设共同享有的事业，每个人都是生态环境的保护者、建设者、受益者，没有哪个人是旁观者、局外人、批评家，谁也不能只说不做、置身事外。必须建立健全以生态价值观念为准则的生态文化体系，牢固树立社会主义生态文明观，增强全民节约意识、环保意识、生态意识，推动形成简约适度、绿色低碳、文明健康的生活方式和消费模式，形成全社会共同参与的良好风尚。

十是坚持共谋全球生态文明建设之路。人类只有一个地球，建设美丽家园是人类的共同梦想。面对生态环境挑战，人类是一荣俱荣、一损俱损的命运共同体，没有哪个国家能独善其身。必须秉持人类命运共同体理念，同舟共济、共同努力，构筑尊崇自然、绿色发展的生态体系，积极应对气候变化，保护生物多样性，为实现全球可持续发展、建设清洁美丽世界贡献力量。

习近平生态文明思想既继承和创新了马克思主义自然观、生态观，运用和深化了马克思主义关于人与自然、生产和生态的辩证统一关系的认识，实现了马克思主义关于人与自然关系思想的与时俱进，又根植于中华优秀传统生态文化，传承了"天人合一""道法自然""取之有度"等生态智慧和文化传统，并对其进行创造性转化、创新性发展。习近平生态文明思想是当代中国马克思主义、二十一世纪马克思主义在生态文明建设领域的集中体现，为中华文明永续发展提供了根本遵循，也为人类可持续发展贡献了中国智慧和中国方案。

二、新时代中国特色社会主义生态文明制度

党的十八大以来，我们党加快生态文明顶层设计和制度体系建设，相继出台《中共中央 国务院关于加快推进生态文明建设的意见》《生态文明体制改革总体方案》等纲领性文件，制定数十项涉及生态文明建设的改革方案，从制度建设层面对推进生态文明建设作出全面系统部署，同时制定和修改环境保护法、环境保护税法，以及大气污染防治法、水污染防治法、土壤污染防治法、核安全法等一系列法律法规，初步形成了覆盖全面、务实管用、严格严厉的中国特色社会主义生态环境保护法律体系，生态环境立法实现从量到质的全面提升，生态文明"四梁八柱"性质的制度体系逐步形成。党的十九届四中全会进一步对"坚持和完善生态文明制度体系，促进人与自然和谐共生"作出系统安排，提出了坚持和完善生态文明制度体系的努力方向和重点任务，推动生态文明制度更加成熟更加定型。具体来看，主要是着力加强以下方面的制度建设。

实行最严格的生态环境保护制度。主要包括健全源头预防、过程控制、损害赔偿、责任追究的生态环境保护体系，加快建立健全国土空间规划和用途统筹协调管控制度，构建以排污许可制为核心的固定污染源监管制度体系，完善生态环境保护法律体系和执法司法制度等。

全面建立资源高效利用制度。主要包括健全自然资源产权制度，落实资源有偿使用制度，实行资源总量管理和全面节约制度；健全资源节

约集约循环利用政策体系；推进能源革命，构建清洁低碳、安全高效的能源体系；加快建立自然资源统一调查、评价、监测制度，健全自然资源监管体制等。

健全生态保护和修复制度。主要包括构建以国家公园为主体的自然保护地体系，健全国家公园保护制度；加强长江、黄河等大江大河生态保护和系统治理；开展大规模国土绿化行动，加快水土流失和荒漠化、石漠化综合治理，保护生物多样性，筑牢生态安全屏障等。

严明生态环境保护责任制度。主要包括建立生态文明建设目标评价考核制度，开展领导干部自然资源资产离任审计，落实中央生态环境保护督察制度，健全生态环境监测和评价制度，完善生态环境公益诉讼制度，落实生态补偿和生态环境损害赔偿制度，实行生态环境损害责任终身追究制等。

新时代中国特色社会主义生态文明制度体系建设，涵盖了生态文明从源头、过程到后果的全过程，为推进生态文明建设和生态环境保护提供了重要制度保障。在全面建设社会主义现代化国家的新征程上，更好地将生态文明制度优势转化为生态环境治理效能，要求继续统筹推进生态环境、资源能源等领域相关法律修订，实施最严格的地上地下、陆海统筹、区域联动的生态环境治理制度，不断提升生态环境治理体系和治理能力现代化水平。

第二节　坚持人与自然和谐共生

生态环境是人类生存最为基础的条件，人与自然是生命共同体。生态兴则文明兴，生态衰则文明衰。尊重自然、顺应自然、保护自然，树立和践行绿水青山就是金山银山的理念，实现经济发展和环境保护的双赢，让人民群众在绿水青山中共享自然之美、生命之美、生活之美。

一、人与自然是生命共同体

人与自然的关系是人类生存与发展的基本关系。在人类社会早期，自然界作为一种完全异己的、有无限威力的和不可制服的力量与人类对立，人类和大自然中的动物一样服从于自然的权力，消极地顺从自然和敬畏自然。随着生产工具的改进，人类开发自然、改造自然的能力不断提高。尤其是工业革命的到来，使人类获得了大规模改造自然的能力，"人是万物的尺度""人类主宰自然"的观念日益增强。人类社会在改造自然、征服自然中获得了快速发展，但同时也引发了严重后果，大气污染、物种减少、土壤沙化、水旱灾害、能源危机等一系列生态环境问题给人类生存造成全面威胁。从根本上扭转生态环境恶化的趋势，还自然以宁静、和谐、美丽，要求树立人与自然是生命共同体的理念，像保护眼睛一样保护自然和生态环境，像对待生命一样对待生态环境。

自然是生命之母，人因自然而生。自然界先于人类而存在，人是自然界长期发展的产物，是自然界的组成部分。自然界在漫长的进化中产生了原生生物，又渐次分化为最初的植物和动物，进而又发展出一种脊椎动物，在它身上自然界获得了自我意识，这就是人。显而易见，人本身是自然界的产物，是在自己所处的环境中并且和这个环境一起发展起来的。"整个所谓世界历史不外是人通过人的劳动而诞生的过程，是自然界对人来说的生成过程，所以关于他通过自身而诞生、关于他的形成过程，他有直观的、无可辩驳的证明。"①

自然不依赖于人而存在，而人却要依靠自然而生活。自然界既为人类提供生产资料，又为人类提供生活资料；既是人类物质生活的基础，又是人类精神生活的基础。从实践领域来看，植物、动物、石头、空气、光等，是人的生活和人的活动的一部分。人在肉体上只有靠这些自然产

---

① 《马克思恩格斯文集》第一卷，人民出版社 2009 年版，第 196 页。

品才能生活，而不管这些产品是以食物、燃料、衣着还是以住房等形式表现出来。从理论上来看，这些东西一方面作为自然科学的对象，一方面作为艺术的对象，都是人的意识的一部分，是人的精神的无机界，是人必须事先进行加工以便享用和消化的精神食粮。显然，没有自然界，没有感性的外部世界，人什么也不能创造。离开了自然界，人类就无法生存。正是在这样的意义上，马克思主义认为，自然界就它不是人的身体而言，是人的无机的身体，是人为了不致死亡而必须与之处于持续不断的交互作用过程的、人的身体。

人来源于自然、依赖于自然，但在自然面前并不是无能为力的。作为自然存在物，一方面，人和动植物一样是受动的、受制约的和受限制的存在物；另一方面，人又具有自然力、生命力，是能动的自然存在物。人的能动性使人不是像动物那样消极地适应自然来维持自己的生存和发展，而是可以通过认识和利用自然规律、改造自然，使自然界为自己服务。"蜘蛛的活动与织工的活动相似，蜜蜂建筑蜂房的本领使人间的许多建筑师感到惭愧。但是，最蹩脚的建筑师从一开始就比最灵巧的蜜蜂高明的地方，是他在用蜂蜡建筑蜂房以前，已经在自己的头脑中把它建成了。劳动过程结束时得到的结果，在这个过程开始时就已经在劳动者的表象中存在着，即已经观念地存在着。"[1] 人使自己的生命活动本身变成自己意志的和自己意识的对象，而这种有意识的生命活动把人同动物的生命活动直接区别开来。

人类通过自己有意识的实践活动作用于自然界，不仅改变了自然的物质形态，而且把人的目的性因素注入其中，使自在自然日益转化为体现了人的目的并能满足人的需要的人化自然。自然界打上了人类意志的印记，成为属人的存在，不再完全是异己的、控制着人的盲目的物质力量。与此同时，"为了在对自身生活有用的形式上占有自然物质，人

---

[1]　《马克思恩格斯选集》第二卷，人民出版社 2012 年版，第 169—170 页。

就使他身上的自然力——臂和腿、头和手运动起来。当他通过这种运动作用于他身外的自然并改变自然时，也就同时改变他自身的自然。他使自身的自然中蕴藏着的潜力发挥出来，并且使这种力的活动受他自己控制。"①

人类虽然可以能动地支配自然、改造自然，但绝不能凌驾于自然之上。只有尊重自然规律，学会更加正确地理解自然规律，学会认识我们对自然界的惯常行程的干涉所引起的比较近或比较远的影响，才能与自然和谐相处，否则就要受到自然界的报复。恩格斯告诫人们："我们不要过分陶醉于我们人类对自然界的胜利。对于每一次这样的胜利，自然界都对我们进行报复。每一次胜利，起初确实取得了我们预期的结果，但是往后和再往后却发生完全不同的、出乎预料的影响，常常把最初的结果又消除了。……因此我们每走一步都要记住：我们决不像征服者统治异族人那样支配自然界，决不像站在自然界之外的人似的去支配自然界——相反，我们连同我们的肉、血和头脑都是属于自然界和存在于自然界之中的；我们对自然界的整个支配作用，就在于我们比其他一切生物强，能够认识和正确运用自然规律。"②

> 人因自然而生，人与自然是一种共生关系，对自然的伤害最终会伤及人类自身。只有尊重自然规律，才能有效防止在开发利用自然上走弯路。
>
> ——习近平

"天地与我并生，而万物与我为一。"人与自然休戚与共的关系表明，唯有树立尊重自然、顺应自然、保护自然的理念，合理利用、友好保护，

---

① 《马克思恩格斯选集》第二卷，人民出版社 2012 年版，第 169 页。
② 《马克思恩格斯选集》第三卷，人民出版社 2012 年版，第 998 页。

才能获得大自然的慷慨回报，让蓝天常在、青山常在、绿水常在，为自身以及子孙后代赢得宝贵的生存空间。

二、生态文明是人类文明发展的历史趋势

生态环境是人类生存和发展的根基，生态环境变化直接影响着文明兴衰演替。马克思、恩格斯在《德意志意识形态》中指出："我们仅仅知道一门唯一的科学，即历史科学。历史可以从两方面来考察，可以把它划分为自然史和人类史。但这两方面是不可分割的；只要有人存在，自然史和人类史就彼此相互制约。"① 一部人类社会的发展史、文明史，也就是一部人与自然的关系史。

追溯历史，人类文明的形成发展无不与良好的生态环境紧密相关。充足的水源、湿润的气候、茂密的森林、肥沃的土壤，为农业发展提供了有利条件，促进了城市出现和商业流通，孕育出四大文明。人类逐渐走出了对自然界单纯依赖和崇拜的原始文明，进入到顺天时、量地利、制天命而用之的农业文明阶段。从整体上来说，由于生产力发展水平的限制，农业文明阶段人类和自然的关系大体处于平衡状态，但随着人口增加和对生活资料需求的扩大，人类对自然资源的索取也逐渐增加。植被减少、土地沙化、环境污染给人类带来了严重后果，一些古代文明相继衰落和覆灭。

进入工业文明时代，伴随文艺复兴、启蒙运动的兴起，科技进步和资本主义生产方式的确立，自然褪去了神秘的光环，被视为一台没有生命和灵魂的机器，一个可以任意索取、征服的物质世界。"资产阶级在它的不到一百年的阶级统治中所创造的生产力，比过去一切世代创造的全

---

① 《马克思恩格斯选集》第一卷，人民出版社2012年版，第146页。

部生产力还要多，还要大。"①但在同时，机器大工业也进一步加深了人类与自然的矛盾。20 世纪发生在西方国家的"世界八大公害事件"，以及近些年来气候变化、生物多样性丧失、荒漠化加剧等问题的出现，给人类生存和发展带来严峻挑战。面对人与自然关系的紧张乃至对立，人们提出了各种观点主张、政策措施，力图实现人与自然矛盾的真正和解。

尊重自然、热爱自然是中华民族数千年来生生不息、繁衍不绝的重要原因。"人法地，地法天，天法道，道法自然""子钓而不纲，弋不射宿""万物各得其和以生，各得其养以成"等论述无不强调天地人的统一，强调自然生态与人类文明的紧密联系。新中国成立以来特别是改革开放以来，我国经济发展取得了举世瞩目的成就，但也导致了大量生态环境问题的产生，特别是各类环境污染、生态破坏呈高发态势，成为国土之伤、民生之痛。

以史为鉴，可以知兴替。纵观人类文明发展史，生态兴则文明兴，生态衰则文明衰。生态文明是工业文明发展到一定阶段的产物，是人类文明发展的历史趋势，是实现人与自然和谐发展的新要求。要以生态文明建设为引领，协调人与自然关系，解决好工业文明带来的矛盾，实现人与自然和谐共生。

三、绿水青山就是金山银山

绿水青山就是金山银山，是重要的发展理念，是可持续发展的内在要求，也是推进现代化建设的重要原则。绿水青山就是金山银山，阐明了生态环境保护和经济发展的辩证统一关系，指明了实现发展和保护协同共生的新路径。

发展是人类永恒的主题。在不同发展阶段上，人们关于生态环境和

---

① 《马克思恩格斯选集》第一卷，人民出版社 2012 年版，第 405 页。

经济发展关系的认识不尽相同。第一个阶段是用绿水青山去换金山银山，不考虑或者很少考虑环境的承载能力，一味索取资源。第二个阶段是既要金山银山，也要保住绿水青山，这个阶段经济发展和资源匮乏、环境恶化之间的矛盾开始凸显出来，人们意识到环境是生存发展的根本，要留得青山在，才能有柴烧。第三个阶段是认识到绿水青山可以源源不断地带来金山银山，绿水青山本身就是金山银山，就是人的全面发展的重要内容。这三个阶段，是经济增长方式转变的过程，是发展观念不断进步的过程，也是人与自然关系不断调整、趋向和谐的过程。

绿水青山与金山银山相辅相成、不可分割。劳动是财富之父，土地是财富之母。自然界为人类生产活动提供了土地、森林、水、矿物、石油等资源，离开了自然界，人类社会的一切财富、一切发展都是无源之水、无本之木；肆意地征服、掠夺自然，破坏了人和自然之间的物质变换，经济发展必然难以持续。持续加大对环境保护投入力度，加大环境基础设施建设力度，有效改善生态环境质量，才能将生态环境优势转化为生态农业、生态工业、生态旅游业等生态经济的优势，将绿水青山更有效地转化为金山银山。

绿水青山就是生产力。生产力体现着生产过程中人与自然的关系，自然既是人类进行生产活动的对象，也是影响、制约人类生产活动的重要因素。马克思在《资本论》中指出："劳动生产率是同自然条件相联系的。这些自然条件都可以归结为人本身的自然（如人种等等）和人的周围的自然。外界自然条件在经济上可以分为两大类：生活资料的自然富源，例如土壤的肥力，鱼产丰富的水域等等；劳动资料的自然富源，如奔腾的瀑布、可以航行的河流、森林、金属、煤炭等等。在文化初期，第一类自然富源具有决定性的意义；在较高的发展阶段，第二类自然富源具有决定性的意义。"[1] 保护生态环境就是保护生产力，改善生态环境

---

[1] 《马克思恩格斯选集》第二卷，人民出版社2012年版，第239页。

就是发展生产力，只有更加重视生态环境这一生产力的要素，更加尊重自然生态的发展规律，保护和利用好生态环境，才能更好地发展生产力，在更高层次上实现人与自然的和谐共生。

> 发展经济不能对资源和生态环境竭泽而渔，生态环境保护也不是舍弃经济发展而缘木求鱼，要坚持在发展中保护、在保护中发展，实现经济社会发展与人口、资源、环境相协调，使绿水青山产生巨大生态效益、经济效益、社会效益。
>
> ——习近平

　　绿水青山不仅蕴含着无穷的经济价值，还能够源源不断创造综合效益，实现经济社会可持续发展。鱼逐水草而居，鸟择良木而栖。如果其他各方面条件都具备，谁都愿意到绿水青山的地方来投资、来发展、来工作、来生活、来旅游。从这一意义上说，绿水青山既是自然财富、生态财富，又是社会财富、经济财富。保护生态环境就是保护自然价值和增值自然资本，就是保护经济社会发展的潜力和后劲，使绿水青山得以持续转化为金山银山，让良好生态环境成为经济社会持续健康发展的支撑点、成为展现中国良好形象的发力点。

　　绿水青山就是金山银山的理念符合人类社会发展规律，顺应人民群众对美好生活的期盼，已成为全党全社会的共识和行动。党的十八大以来，我们坚持绿水青山就是金山银山的理念，全方位、全地域、全过程加强生态环境保护，实现了由重点整治到系统治理、由被动应对到主动作为、由全球环境治理参与者到引领者、由实践探索到科学理论指导的重大转变，创造了举世瞩目的生态奇迹和绿色发展奇迹。绿色成为新时代中国的鲜明底色，绿色发展成为中国式现代化的显著特征，广袤中华大地天更蓝、山更绿、水更清，人民群众对优美生态环境的获得感、幸福感、安全感显著提升。中国的绿色发展也为地球增添了更多"中国绿"，扩大了全球绿色版图，为构建地球生命共同体贡献了中国智慧、中国力量。

第三节　全面推进美丽中国建设

建设美丽中国是全面建设社会主义现代化国家的重要目标，是以高品质生态环境支撑高质量发展的必然要求。我国经济社会发展已进入加快绿色化、低碳化的高质量发展阶段，生态文明建设仍处于压力叠加、负重前行的关键期。要站在人与自然和谐共生的高度谋划发展，牢固树立和践行绿水青山就是金山银山的理念，统筹产业结构调整、污染治理、生态保护、应对气候变化，坚持做到全领域转型、全地域建设、全社会行动，协同推进降碳、减污、扩绿、增长，推进生态优先、节约集约、绿色低碳发展，推进美丽中国建设，谱写新时代生态文明建设新篇章。

一、加快推动发展方式绿色低碳转型

推动绿色低碳发展是国际潮流所向、大势所趋，绿色经济已成为全球产业竞争制高点。"竭泽而渔，岂不获得？而明年无鱼；焚薮而田，岂不获得？而明年无兽。"实践证明，杀鸡取卵、竭泽而渔的发展方式走到了尽头，顺应自然、保护生态的绿色发展昭示着未来。

加快推动发展方式绿色低碳转型是贯彻落实新发展理念的战略要求。绿色发展是新发展理念的重要组成部分，绿色决定着发展的成色。加快推动发展方式绿色低碳转型，就是要坚持和贯彻新发展理念，正确处理经济发展和生态环境保护的关系，改变传统的"大量生产、大量消耗、大量排放"的生产模式和消费模式，把经济活动、人的行为限制在自然资源和生态环境能够承受的限度内，使资源、生产、消费等要素相匹配相适应，实现经济社会发展和生态环境保护协调统一、人与自然和谐共生。

加快推动发展方式绿色低碳转型是实现高质量发展的应有之义。高质量发展是绿色成为普遍形态的发展。面对我国生态环境保护结构性、根源性、趋势性压力尚未根本缓解的现实，厚植高质量发展的绿色底色，要求通过高水平环境保护，不断塑造发展的新动能、新优势，着力构建绿色低碳循环经济体系，有效降低发展的资源环境代价，持续增强发展的潜力和后劲，形成资源高效、排放较少、环境清洁、生态安全的高质量发展格局。

加快推动发展方式绿色低碳转型是全面建设社会主义现代化国家的重大举措。人与自然和谐共生是中国式现代化的重要特征。几百年来工业化进程创造了前所未有的物质财富，但也造成了难以弥补的生态创伤。建设人与自然和谐共生的现代化，同步推进物质文明和生态文明建设，要求深刻把握自然规律和经济社会可持续发展一般规律，加快形成节约资源和保护环境的产业结构、生产方式、生活方式、空间格局。

加快推动发展方式绿色低碳转型，要求着力推进以下方面的重点任务。一是加快推动产业结构、能源结构、交通运输结构等调整优化，从源头推动发展方式绿色低碳转型。二是通过全面实施节约战略、实行最严格的耕地保护和水资源管理制度等措施，推进各类资源节约集约利用。三是通过推动互联网、大数据、人工智能、第五代移动通信（5G）等新兴技术与绿色低碳产业深度融合，建设绿色制造体系和服务体系等措施，发展绿色低碳产业。四是通过大力弘扬勤俭节约的中华民族优秀传统、完善有利于促进绿色消费的制度政策体系和体制机制等措施，推动生活方式和消费模式向简约适度、绿色低碳、文明健康的方向转变。五是打好法治、市场、科技、政策"组合拳"，健全绿色发展的保障体系。

二、深入推进环境污染治理

良好生态环境是实现中华民族永续发展的内在要求，是增进民生福祉的优先领域，是建设美丽中国的重要基础。党的十八大以来，我国环境治理力度不断加强，生态环境"颜值"普遍提升，人民群众生态环境获得感显著增强。在蓝天保卫战方面，空气质量指标 $PM_{2.5}$ 全国的平均浓度已经从 2015 年的 46 微克 / 立方米降到了 2022 年的 29 微克 / 立方米，空气质量城市平均优良天数比率从 2015 年的 76.7% 上升到 2022 年的 86.5%。在碧水保卫战方面，通过制定实施长江保护法、水污染防治法等政策法规，截至 2022 年，全国 I — III 类水质优良断面占 87.9%，全国累计完成 19633 个乡镇级集中式饮用水水源保护区划定。在净土保卫战方面，通过实施土壤污染防治法等政策法规，截至 2022 年，全国土壤环境风险得到基本管控。土壤污染加重趋势得到初步遏制，全国农用地安全利用率保持在 90% 以上，重点建设用地安全利用得到有效保障。同时应该看到，我国重点区域、重点行业污染问题仍然突出，生态环境保护任重道远。立足新发展阶段，实现 2035 年美丽中国建设目标，要求以实现减污降碳协同增效为总抓手，以改善生态环境质量为核心，以精准治污、科学治污、依法治污为工作方针，保持力度、延伸深度、拓展广度，以更高标准持续深入打好蓝天、碧水、净土保卫战，以高水平保护推动高质量发展、创造高品质生活。

> 发展经济是为了民生，保护生态环境同样也是为了民生。既要创造更多的物质财富和精神财富以满足人民日益增长的美好生活需要，也要提供更多优质生态产品以满足人民日益增长的优美生态环境需要。
>
> ——习近平

深入打好蓝天保卫战。蓝天白云是人们对美丽中国最朴素的理解，治理大气污染，进一步明显降低 $PM_{2.5}$ 浓度，明显改善大气环境质量，要求聚焦秋冬季细颗粒物污染，加大重点区域、重点行业结构调整和污染治理力度，着力打好重污染天气消除攻坚战；聚焦夏秋季臭氧污染，通过完善挥发性有机物产品标准体系、推进钢铁等行业企业的超低排放改造等途径，大力推进挥发性有机物和氮氧化物协同减排，着力打好臭氧污染防治攻坚战；通过进一步推进大中城市公共交通、公务用车电动化进程等途径，持续打好柴油货车污染治理攻坚战；加强大气面源和噪声污染治理，实施噪声污染防治行动，加快解决群众关心的突出噪声问题。

深入打好碧水保卫战。水是生存之本、文明之源、生态之要。推进水污染治理，保护水环境，要求统筹好上下游、左右岸、干支流、城市和乡村，系统推进城市黑臭水体治理，持续打好城市黑臭水体治理攻坚战；长江、黄河是中华民族的母亲河，也是中华民族发展的重要支撑，要持续打好长江保护修复攻坚战，着力打好黄河生态保护治理攻坚战；通过加快推进城市水源地规范化建设、保障南水北调等重大输水工程水质安全等途径，巩固提升饮用水安全保障水平，确保所有城乡居民喝上清洁安全的水；着力打好重点海域综合治理攻坚战，强化陆域海域污染协同治理，建成一批具有全国示范价值的美丽河湖、美丽海湾，让人民群众享受到碧海蓝天、洁净沙滩。

深入打好净土保卫战。土壤是一切生物繁衍生息的根基，是人类社会可持续发展的基础性资源。解决严峻的土壤环境问题，改善土壤质量，要求通过实施农用地土壤镉等重金属污染源头防治行动、依法推行农用地分类管理制度等途径，深入推进农用地土壤污染防治和安全利用；通过严格建设用地土壤污染风险管控和修复名录内地块的准入管理，从严管控农药、化工等行业的重度污染地块规划用途等途径，有效管控建设用地土壤污染风险；稳步推进"无废城市"建设，健全相关制度、技术、市场、监管体系，推进城市固体废物精细化管理；全面禁止"洋垃圾"入境，切实维护国家生态安全和人民群众身体健康。

三、提升生态系统多样性、稳定性、持续性

生态系统由生物与环境组成，通过能量流动、物质循环、信息传递构成统一整体。推进生态文明建设不能头痛医头、脚痛医脚，必须坚持系统观念，抓住主要矛盾和矛盾的主要方面，在对突出生态环境问题采取有力措施的同时，强化目标协同、多污染物控制协同、部门协同、区域协同、政策协同，不断增强各项工作的系统性、整体性、协同性。

我国是世界上生态脆弱区分布面积最大、脆弱生态类型最多、生态脆弱性表现最明显的国家之一。党的十八大以来，我国坚持绿色发展，全面加大生态保护力度。伴随生态保护红线、耕地草原河湖休养生息、天然林保护、以国家公园为主体的自然保护地体系等一系列制度建立健全，青海三江源、祁连山等重点区域综合治理等一系列重点生态工程持续推进，我国森林资源总量持续快速增长，草原生态系统恶化趋势得到遏制，水土流失及荒漠化防治、河湖湿地保护、生物多样性保护等领域工作也取得了明显成效，生态系统质量稳步提升。但同时，由于受资源禀赋、历史原因和发展阶段等限制，自然生态系统总体较为脆弱、生态承载力和环境容量较低、优质生态产品供给能力不足现象尚未得到根本扭转，生态系统保护任重道远。

进入新发展阶段，人民对优美环境的诉求更加迫切，我国进入提供更多优质生态产品以满足人民日益增长的优美生态环境需要的攻坚期，也进入有条件有能力解决生态环境突出问题的窗口期。顺应新时代要求，提升生态系统多样性、稳定性、持续性，要求着力推进以下方面的任务和举措。

加快实施重要生态系统保护和修复重大工程。实施这一重大工程是保障国家生态安全的重要基础，是满足人民群众对良好生态环境的殷切期盼的重要途径，也是践行绿水青山就是金山银山理念、实现人与自然和谐共生的重要举措。统筹谋划、大力推进这一重大工程，要求正确处

理自然恢复和人工修复的关系，综合运用自然恢复和人工修复两种手段，因地因时制宜、分区分类施策，努力找到生态保护修复的最佳解决方案。要求着眼于提升国家生态安全屏障体系质量，聚焦国家重点生态功能区、生态保护红线、自然保护地等，突出问题导向、目标导向，坚持陆海统筹，妥善处理保护和发展、整体和重点、当前和长远的关系，推进形成生态保护和修复新格局。

全面推进以国家公园为主体的自然保护地体系建设。自然保护地是生态建设的核心载体、中华民族的宝贵财富、美丽中国的重要象征，在维护国家生态安全中居于首要地位。解决自然保护地体系建设中存在的重叠设置、多头管理、边界不清、权责不明、保护与发展矛盾突出等问题，要求通过明确自然保护地功能定位、科学划定自然保护地类型、确立国家公园主体地位、分级行使自然保护地管理职责等措施，推动各类自然保护地科学设置，建立起自然生态系统保护的新体制新机制新模式，确保重要自然生态系统、自然遗迹、自然景观和生物多样性得到系统性保护，提升生态产品供给能力，维护国家生态安全。

实施生物多样性保护重大工程。生物多样性是人类赖以生存和发展的基础，是地球生命共同体的血脉和根基，为人类提供了丰富多样的生产生活必需品、健康安全的生态环境和独特别致的景观文化。进入新时代，我国生物多样性保护已取得长足成效，但仍面临着生物栖息地破坏、生物资源过度消耗等诸多挑战。全面提升生物多样性保护水平，扎实推进生物多样性保护重大工程，要求通过持续优化保护空间格局、构建完备的保护监测体系、加快完善保护政策法规、积极参与全球治理等各方面工作，不断提高保护能力和管理水平，确保重要生态系统、生物物种和生物遗传资源得到全面保护，逐步形成生物多样性保护推动绿色发展和人与自然和谐共生的良好局面。

科学开展大规模国土绿化行动。国土绿化是改善生态环境、应对气候变化、维护生态安全的重要举措。推动国土绿化高质量发展，要坚持科学绿化、规划引领、因地制宜，开展造林绿化和种草改良空间适宜性调查评估，确定造林种草空间并纳入国土空间规划统筹安排，实行造林绿化任务带位置上报、带图斑下达。要充分考虑区域水资源承载能力，坚持以水而定、量水而行，宜绿则绿、宜荒则荒，科学恢复林草植被，实施沙化土地封禁保护等。实施巩固提升生态系统碳汇能力专项行动，有效发挥森林、草原、湿地、海洋、土壤、冻土的固碳作用。

推行草原森林河流湖泊湿地休养生息。草原、森林、河流、湖泊、湿地等生态子系统的健康，是地球生态系统健康、生态服务功能正常的前提。任何要素出了问题，都会导致地球生态系统生态服务功能的下降。实现自然要素的休养生息，要以保障草原生态安全为目标，落实禁牧、休牧和草畜平衡制度，促进草原永续利用；实施天然林保护，全面禁止天然林商业采伐，加强森林抚育；统筹水资源、水环境、水生态、水安全，加强河流和湿地生态流量管理，实施好长江十年禁渔，推动河湖和湿地生态保护修复；针对农田过度利用、土壤污染、肥力下降等问题，坚持用养结合，健全耕地休耕轮作制度，实施污染管控治理，提高耕地生产能力。

完善生态产品价值实现机制和生态保护补偿制度。生态产品多数属于公共产品，不能直接通过市场方式交换，需要政府积极引导和规制，建立保护者受益、使用者付费、破坏者赔偿的利益导向机制。要完善横向补偿、纵向补偿等补偿机制，探索建立自然资源开发利用生态补偿机制，健全生态环境损害赔偿制度。推动生态产品价值评估机制，健全生态产品经营开发机制，促进生态产品价值转化。深化集体林权制度改革，统筹生态保护和林业发展，推动适度规模经营，发展生态产业，促进林权增值、林农增收。

四、积极稳妥推进碳达峰碳中和

二氧化碳排放力争于 2030 年前达到峰值，努力争取 2060 年前实现碳中和，是贯彻新发展理念、构建新发展格局、推动高质量发展的内在要求，是一场广泛而深刻的经济社会系统性变革。实现碳达峰碳中和，不是别人让我们做，而是中国的主动选择。积极稳妥推进碳达峰碳中和，不仅有利于破解资源环境约束突出问题，推动经济结构转型升级，满足人民群众日益增长的优美生态环境需求，为构建人与自然和谐共生的现代化提供有力支撑保障，而且展现了负责任大国的担当，为进一步推动构建人类命运共同体、共建清洁美丽世界作出巨大贡献。

党的十八大以来，我国绿色低碳发展迈出坚实步伐，产业结构持续升级，能源结构不断优化，能效水平稳步提升，二氧化碳排放控制成效明显，生态系统碳汇能力不断提升。同时，我国能源结构偏煤、产业结构偏重、资源利用效率偏低的矛盾仍然突出，能源结构和产业结构转型压力仍然巨大，深刻演变的国际局势给我国经济社会发展全面绿色转型带来新的挑战。

实现碳达峰碳中和是一项多维、立体、系统的工程，国家先后印发了《中共中央 国务院关于完整准确全面贯彻新发展理念做好碳达峰碳中和工作的意见》《2030 年前碳达峰行动方案》等文件，明确了我国实现碳达峰碳中和的时间表、路线图，围绕"十四五"时期以及 2030 年、2060 年两个重要时间节点，提出了构建绿色低碳循环经济体系、提升能源利用效率、提高非化石能源消费比重、降低二氧化碳排放水平、提升生态系统碳汇能力等主要目标。党的二十大提出，要立足我国能源资源禀赋，坚持先立后破，有计划分步骤实施碳达峰行动。2023 年的全国生态环境保护大会进一步提出要正确处理"双碳"承诺和自主行动的关系，强调我们承诺的"双碳"目标是确定不移的，但达到这一目标的路径和方式、节奏和力度则应该而且必须由我们自己作主，决不受他人左右。具体来看，积极稳妥推进碳达峰碳中和的重点任务主要包括以下方面。

加强统筹协调。把系统观念贯彻到"双碳"工作全过程，注重处理好发展和减排、整体和局部、长远目标和短期目标、政府和市场的关系，正确认识和把握"双碳"工作，既坚定不移走绿色低碳发展的新路子，又不急于求成、偏激冒进。要从我国现阶段国情实际出发，立足我国能源资源禀赋，有计划分步骤贯彻落实好碳达峰碳中和的政策部署。要持续深化对"双碳"工作的认识和理解，跟踪国内外新情况、新动向。要及时发现并纠正跑偏倾向，坚决制止"碳冲锋"和运动式"减碳"。

深入推进能源革命。立足富煤贫油少气的基本国情，坚持先立后破、通盘谋划，深入推进能源革命，加强煤炭清洁高效利用，加大油气资源勘探开发和增储上产力度。把促进新能源和可再生能源发展放在更加突出的位置，大力发展风能、太阳能、生物质能、海洋能、地热能等，不断提高非化石能源消费比重。统筹水电开发和生态保护，积极安全有序发展核电。坚决落实能源保供责任，夯实国内能源生产基础，加快油气、煤炭储备能力建设，加强能源产供储销体系，确保能源安全。

推进工业、建筑、交通等领域清洁低碳转型。积极做大增量，紧紧抓住新一轮科技革命和产业变革机遇，大力发展战略性新兴产业，推动大数据、第五代移动通信（5G）等新兴技术与绿色低碳产业深度融合，不断提高绿色低碳产业在经济总量中的比重。积极构建绿色低碳交通运输体系，推广节能低碳型交通工具，推进交通基础设施绿色化提升改造。着力提升城乡建设绿色低碳发展质量，大力发展绿色建筑，加快优化建筑用能结构。

提升生态系统碳汇能力。构建有利于"双碳"工作的国土空间开发保护格局，严守生态保护红线，加强土地节约集约利用，巩固生态系统固碳作用。持续实施生态系统保护修复重大工程，科学开展大规模国土绿化行动，强化森林资源保护，加强草原、湿地生态保护修复，扩大林草资源总量，提升生态系统碳汇增量。建立生态系统碳汇监测核算体系，实施生态保护修复碳汇成效监测评估，建立健全能够体现碳汇价值的生态保护补偿机制。

完善"双碳"基础制度。完善碳排放统计核算制度，加强基础能力建设，开展全国及省级地区碳排放统计核算，建立健全行业企业和重点产品碳排放核算方法，统筹编制国家温室气体清单，建立碳达峰碳中和标准、计量、检测、认证体系。完善能源消费总量和强度调控，重点控制化石能源消费，逐步转向碳排放总量和强度"双控"制度，统筹建立科学合理的碳达峰碳中和综合评价考核制度。健全碳排放权市场交易制度，完善相关交易规则和核算标准，加强从业机构和重点排放企业监督管理，严厉打击数据造假行为。完善温室气体自愿减排交易规则，规范市场主体行为。

积极稳妥推进碳达峰碳中和，还要狠抓关键核心技术攻关，加快先进适用技术研发和推广应用，构建有利于碳达峰碳中和的科技创新体制机制，加强创新能力建设，强化"双碳"专业人才培养；要积极参与应对气候变化全球治理，推动构建公平合理、合作共赢的全球环境治理体系，积极开展绿色低碳领域务实合作和技术交流。

第四节 共建地球生命共同体

生态文明建设关乎人类未来，建设绿色家园是人类的共同梦想。面对全球生态危机，作为全球生态文明建设的重要参与者、贡献者、引领者，中国坚持环境治理的多边主义，努力推动全球环境治理体系向更加公平合理、合作共赢的方向迈进，为建设清洁美丽世界作出了巨大贡献。

一、坚持全球环境治理的多边主义

人类只有一个地球，地球是全人类赖以生存的唯一家园。生态环境问题不受国界、民族、文化和社会制度的制约，是世界各国共同面临的重大课题，任何一个国家都没有足够的力量独自应对整个生态系统受到的威胁。为了自己的切身利益，也为了给子孙后代留下一个天蓝地绿水清的家园，世界各国在应对生态危机时不能独善其身、以邻为壑，而是要同舟共济、守望相助，共同推进人与自然和谐共生，共建地球生命共同体，共建清洁美丽世界。

在国际社会共同努力下，全球环境治理取得了诸多积极进展。1972年，联合国第一次人类环境会议在斯德哥尔摩召开，大会提出保护和改善环境的国际问题应当由所有国家在平等的基础上本着合作精神加以处理的主张。1992年在里约热内卢召开的联合国环境与发展大会、2002年在约翰内斯堡举行的可持续发展问题世界首脑会议等都重申了斯德哥尔摩会议精神，并根据全球生态环境的新挑战提出了相应主张。与此同时，联合国环境规划署等组织机构也相继建立，《生物多样性公约》《联合国气候变化框架公约》等国际公约先后签署，越来越多的国家和地区汇聚到全球环境治理多边主义的旗帜下。

同时，也有一些国家却以保护生态环境为借口，或者干涉别国内政，或者设立新的贸易壁垒，或者通过退出多边环境条约、签署但不批准多边环境条约、阻挠国际环境合作等途径，妨碍多边环境进程，实行全球环境治理领域的单边主义。尤其是在全球气候治理领域，一些发达国家不仅推卸、弱化自身的责任和义务，而且挥舞碳排放的大棒来钳制、打压、遏制发展中国家，极大地损害了全球环境治理的公平、效率和成效，损害了世界人民和子孙后代的共同利益。

作为国际社会负责任的发展中大国，中国始终是全球环境治理多边主义的坚定捍卫者、积极践行者。20世纪七八十年代以来，中国积极务实地开展国际环境领域的合作，先后签署加入了《濒危野生动植物种国际贸易公约》《防止倾倒废物和其他物质污染海洋公约》《联合国气候变化框架公约》《京都议定书》《关于持久性有机污染物的斯德哥尔摩公约》

《乏燃料管理安全和放射性废物管理安全联合公约》等一系列国际环境公约和协定，不断深化拓展生态环境领域的国际合作。

党的十八大以来，中国共产党从人类共同利益着眼，本着多边主义的理念，鲜明提出了共建清洁美丽的世界和地球生命共同体的主张。在"气候变化巴黎大会""气候雄心峰会""联合国生物多样性峰会""领导人气候峰会"等会议上，习近平反复强调，面对全球环境风险挑战，各国是同舟共济的命运共同体，单边主义不得人心，携手合作方为正道。他指出，应对气候变化必须坚持多边主义，要携手合作、不要相互指责，要持之以恒、不要朝令夕改，要重信守诺、不要言而无信。他强调，世界各国要坚定捍卫以联合国为核心的国际体系，维护国际规则尊严和权威，同心协力探索人与自然和谐共生之路，促进经济发展与生态保护协调统一，共建繁荣、清洁、美丽的世界。共同携手走绿色发展之路逐渐成为世界各国共识。

二、完善全球环境治理体系

在国际社会携手应对生态危机的进程中，全球环境治理体系逐步形成，并在协调各国力量、共同推动全球可持续发展中发挥着日益重要的作用。但是，责任缺失、监督缺位、协调不畅等问题的存在，也在一定程度上削弱了全球环境治理效能。加强合作，凝聚合力，守护好地球这颗蓝色星球，迫切要求完善现有的全球环境治理体系。

面对全球生态危机和全球环境治理的困境，我国提出了必须从全球视野加快推进生态文明建设，坚持人与自然和谐共生、坚持绿色发展、坚持系统治理、坚持以人为本、坚持多边主义、坚持共同但有区别的责任原则等主张，以中国立场、世界眼光、人类胸怀积极探索合作共赢、公平合理的全球环境治理体系。

以共同体理念凝聚全球环境治理体系共识。共同体理念反映了各国利益的共同点或"最大公约数"。"人类命运共同体"要求超越狭隘的民族国家视角，主张世界各国坚持相互尊重、彼此借鉴、和谐共存，坚持以对话解决争端、以协商化解分歧，共建清洁美丽的世界。"人与自然是生命共同体""地球生命共同体"摒弃了"人类中心主义"，揭示了人与自然唇齿相依的关系，为全球环境治理、国际合作指明了新的方向。

维护公平合理的国际治理体系。践行真正的多边主义，有效遵守和实施国际规则，要坚持以国际法为基础、以公平正义为要旨、以有效行动为导向，维护以联合国为核心的国际体系，遵循《联合国气候变化框架公约》及其《巴黎协定》的目标和原则，努力落实 2030 年可持续发展议程；强化自身行动，深化伙伴关系，提升合作水平，在实现全球碳中和新征程中互学互鉴、互利共赢。

坚持共同但有区别的责任原则。共同但有区别的责任原则是全球气候治理的基石。责任的共同性，意味着国家不论大小、贫富，都必须承担保护和改善生态环境的义务，都对保护全球生态环境负有责任。共同责任并不意味着"平均主义"，发达国家和发展中国家对造成生态环境问题的历史责任不同，发展需求和能力也存在差异。发达国家在应对气候变化方面多作表率，符合《联合国气候变化框架公约》所确立的共同但有区别的责任、公平、各自能力等重要原则，也是广大发展中国家的共同心愿。对于发展中国家来说，有区别的责任也并不是免去发展中国家保护生态环境的义务，而是要承担与其能力相适应的责任。世界上所有国家都享有公平、平等的发展权利，任何人都无权阻挡发展中国家人民对美好生活的追求。

三、守护好人类共同的绿色家园

地球是人类共同的、唯一的家园。空气、水、土壤、蓝天等自然资源没有替代品，用之不觉，失之难存。鉴往知来，人类不能再忽视大自然一次又一次的警告，沿着只讲索取不讲投入、只讲发展不讲保护、只讲利用不讲修复的老路走下去，而是应该遵循天人合一、道法自然的理念，寻求永续发展之路。

"众力并，则万钧不足举也。"当前，绿色已经成为世界发展的潮流和趋势，各国都在积极追求绿色、智能、可持续的发展，绿色经济、循环经济、低碳经济等概念被纷纷提出并付诸实践。作为最大的发展中国家，我国努力推进美丽中国建设，积极参与全球环境治理，为推动全球可持续发展作出了重要贡献，展现了我国负责任大国形象。

我国积极参与全球气候治理，坚定落实《联合国气候变化框架公约》，建设性参与气候变化国际谈判，向发展中国家提供力所能及的支持和帮助，始终是全球气候治理的行动派和实干家。通过积极推动建立共建"一带一路"绿色低碳发展合作机制，与联合国环境规划署签署《关于建设绿色"一带一路"的谅解备忘录》，建设"一带一路"生态环保大数据服务平台等，让绿色切实成为共建"一带一路"的底色。广泛开展双多边国际合作，通过成功举办《生物多样性公约》第十五次缔约方大会第一阶段会议，推动建立全球清洁能源合作伙伴关系等，与国际社会一道，同筑生态文明之基，同走绿色发展之路。

一代人有一代人的使命。建设生态文明和美丽地球，要求人类进行一场自我革命，秉持人类命运共同体理念，树立创新、协调、绿色、开放、共享的新发展理念，抓住新一轮科技革命和产业变革的历史性机遇，推动新冠疫情后世界经济"绿色复苏"，汇聚起可持续发展的强大合力。只要心往一处想、劲往一处使，同舟共济、守望相助，人类必将能够应对好全球气候环境挑战，把一个清洁美丽的世界留给子孙后代。

思考题

1. 如何认识习近平生态文明思想对马克思主义生态观的继承和发展？

2. 如何理解人与自然是生命共同体？

3. 如何理解绿水青山就是金山银山？

4. 为什么说实现碳达峰碳中和是一场广泛而深刻的经济社会系统性变革？

第八章　新时代坚持和发展中国特色社会主义的重要保障

教学要点

1. 贯彻总体国家安全观的重大意义和实践要求
2. 中国特色国家安全道路的重要特征
3. 党在新时代的强军目标的基本内涵
4. 坚持和完善"一国两制"、推进祖国完全统一的任务要求

第一节　坚定维护国家安全

"安而不忘危，存而不忘亡，治而不忘乱。"进入新时代，我国发展进入战略机遇和风险挑战并存、不确定难预料因素增多的时期，国家安全形势发生了深刻复杂变化，维护国家安全和社会稳定任务繁重艰巨，国家安全在党和国家工作全局中的重要性日益凸显。以习近平同志为核心的党中央加强对国家安全工作的集中统一领导，把坚持总体国家安全观纳入新时代坚持和发展中国特色社会主义的基本方略，以坚定的意志品质维护国家主权、安全、发展利益，国家安全得到全面加强。

一、全面贯彻落实总体国家安全观

国家安全是民族复兴的根基，社会稳定是国家强盛的前提。2016 年 4 月 10 日，习近平在首个全民国家安全教育日来临之际提出："实现中华民族伟大复兴的中国梦，保证人民安居乐业，国家安全是头等大事。"[①] 在新时代，国家安全内涵和外延比历史上任何时候都要丰富，时空领域比历史上任何时候都要宽广，内外因素比历史上任何时候都要复杂，国家安全在党和国家工作全局中的重要性日益凸显。在准确把握国家安全形势变化新特点新趋势的基础上，以习近平同志为核心的党中央统揽国家安全全局，创造性提出并发展了总体国家安全观。

总体国家安全观的关键是"总体"，强调的是做好国家安全工作的系统思维和方法，突出的是"大安全"理念，涵盖政治、军事、国土、经济、金融、文化、社会、科技、网络、粮食、生态、资源、核、海外利益、太空、深海、极地、生物、人工智能、数据等诸多领域，而且将随着社会发展不断动态调整。这一安全观坚持以人民安全为宗旨、以政治安全为根本、以经济安全为基础、以军事科技文化社会安全为保障、以促进国际安全为依托，统筹外部安全和内部安全、国土安全和国民安全、传统安全和非传统安全、自身安全和共同安全，统筹维护和塑造国家安全，夯实国家安全和社会稳定基层基础，完善参与全球安全治理机制，建设更高水平的平安中国，以新安全格局保障新发展格局。总体国家安全观的提出，科学回答了在中国这样一个发展中的社会主义大国如何维护和塑造国家安全的一系列基本问题，标志着我们党对国家安全基本规律的认识达到了新高度，具有重大的理论意义和现实意义。

坚持总体国家安全观，适应了进行具有许多新的历史特点的伟大斗争的新要求。当前，我们比历史上任何时期都更接近实现中华民族伟大

---

① 《习近平关于总体国家安全观论述摘编》，中央文献出版社 2018 年版，第 10 页。

复兴的目标，处在大有可为的历史机遇期，前景十分光明，但风险挑战也十分严峻。由大向强、将强未强之际往往是国家安全的高风险期，社会主义中国越发展壮大，中国式现代化越前进拓展，一些敌视中国的势力就会越加处心积虑地破坏，我们面临的压力和阻力就会越大，面临的内外风险就越多。坚持总体国家安全观，归根到底是为了更好维护我国发展的战略性有利条件，确保中华民族伟大复兴进程不被迟滞或打断。

坚持总体国家安全观，回应了人民对国家安全的新期待。随着我国经济社会发展和对外开放不断扩大，人民希望国家更加强大，更有力地维护国家统一和民族团结；希望党和政府更加主动作为，更有效地保护他们的生命财产安全；希望抓紧解决空气、水、土壤污染以及农产品、食品药品安全等突出问题。进入新时代，我国社会主要矛盾发生变化，安全成为人民美好生活需要的重要内容。有了安全感，获得感才有保障，幸福感才会持久。国家安全工作，从根本上是要保障人民利益，为群众安居乐业提供坚强保障。

坚持总体国家安全观，顺应了世界发展变化的新形势。当前，国际力量对比深刻调整，世界进入新的动荡变革期。世界经济复苏动力不足，气候变化、粮食安全、能源安全等全球性问题日趋尖锐复杂，地区热点和局部冲突此起彼伏，这些都让本来就充满不确定性的国际局势变得更加复杂动荡，和平与发展的时代主题面临严峻挑战。个别国家固守冷战对抗的陈旧思维，对我国的遏制打压不断加码。面对新的挑战，只有坚持共同、综合、合作、可持续的安全观，同心协力应对各种问题，才能实现共享正义尊严、共享发展成果、共享安全保障。

面对当前和今后相当长时期错综复杂的国内国际形势，习近平就深入贯彻总体国家安全观提出了"十个坚持"的明确要求。一是坚持党对国家安全工作的绝对领导，坚持党中央对国家安全工作的集中统一领导，加强统筹协调，把党的领导贯穿到国家安全工作各方面全过程，推动各级党委（党组）把国家安全责任制落到实处。二是坚持中国特色国家安全道路，坚持政治安全、人民安全、国家利益至上有机统一，捍卫国家主权和领土完整，为实现中华民族伟大复兴提供坚强安全保障。三是坚持以人民安全为宗旨，国家安全一切为了人民、一切依靠人民，充分发挥广大人民群众积极性、主动性、创造性，切实维护广大人民群众安全权益，始终把人民作为国家安全的基础性力量，汇聚起维护国家安全的强大力量。四是坚持统筹发展和安全，实现高质量发展和高水平安全的良性互动，既通过发展提升国家安全实力，又深入推进国家安全思路、体制、手段创新，营造有利于经济社会发展的安全环境，在发展中更多考虑安全因素，努力实现发展和安全的动态平衡，全面提高国家安全工作能力和水平。五是坚持把政治安全放在首要位置，维护政权安全和制度安全，更加积极主动做好各方面工作。六是坚持统筹推进各领域安全，统筹应对传统安全和非传统安全，发挥国家安全工作协调机制作用，用好国家安全政策工具箱。七是坚持把防范化解国家安全风险摆在突出位置，提高风险预见、预判能力，力争把可能带来重大风险的隐患发现和处置于萌芽状态。八是坚持推进国际共同安全，高举合作、创新、法治、共赢的旗帜，推动树立共同、综合、合作、可持续的全球安全观，加强国际安全合作，完善全球安全治理体系，共同构建普遍安全的人类命运共同体。九是坚持推进国家安全体系和能力现代化，坚持以改革创新为动力，加强法治思维，构建系统完备、科学规范、运行有效的国家安全制度体系，提高运用科学技术维护国家安全的能力，不断增强塑造国家安全态势的能力。十是坚持加强国家安全干部队伍建设，加强国家安全战线党的建设，打造坚不可摧的国家安全干部队伍。

二、中国特色国家安全道路的重要特征

坚持总体国家安全观，必须走中国特色国家安全道路。中国特色国家安全道路本质上是中国特色社会主义道路在国家安全领域的具体体现。

这条道路具有许多重要特征，主要表现在五个方面。

第一，坚持党的绝对领导，完善集中统一、高效权威的国家安全工作领导体制，实现政治安全、人民安全、国家利益至上有机统一。坚持党对国家安全工作的绝对领导，是做好国家安全工作的根本原则，是维护国家安全和社会安定的根本保证。党的十八届三中全会决定成立中央国家安全委员会，目的就是更好适应我国国家安全面临的新形势新任务，建立集中统一、高效权威的国家安全体制。中央国家安全委员会坚持并不断发展总体国家安全观，推动国家安全领导体制和法治体系、战略体系、政策体系不断完善，实现国家安全工作协调机制有效运转、地方党委国家安全系统全国基本覆盖。政治安全是国家安全的根本，人民安全是国家安全的宗旨，国家利益至上是国家安全的准则，三者是有机统一的。国家利益至上是实现政治安全和人民安全的要求和原则。每个国家都有发展权利，同时都应该在更加广阔的层面考虑自身利益，不能以损害其他国家利益为代价，各国应该尊重彼此核心利益和重大关切。要把国家利益作为制定国家安全战略的出发点，更坚决更有效地维护好捍卫好国家利益尤其是核心利益。

第二，坚持捍卫国家主权和领土完整，维护边疆、边境、周边安定有序。主权是国家独立的根本标志，也是国家利益的根本体现和可靠保证。必须坚持独立自主，坚持把国家主权和安全放在第一位。国家不分大小、强弱、贫富，都是国际社会平等成员，要尊重各国自主选择的社会制度和发展道路，反对出于一己之利或一己之见，采用非法手段颠覆别国合法政权。维护国家主权和领土完整，实现祖国完全统一，是全体中华儿女共同愿望，是中华民族根本利益所在。中国人民有坚定的意志、充分的信心、足够的能力挫败一切分裂国家的活动。要周密组织边境管控和海上维权行动，坚决维护领土主权和海洋权益，筑牢边海防铜墙铁壁。加快边疆发展，推进兴边富民、稳边固边，确保边疆巩固、边境安全。继续妥善处理同有关国家的分歧和摩擦，在坚定捍卫国家主权、安全、领土完整的基础上，努力维护同周边国家关系和地区和平稳定大局。

第三，坚持安全发展，推动高质量发展和高水平安全动态平衡。安全是发展的前提，发展是安全的保障。要牢牢守住安全发展这条底线，自觉把促进安全发展放在维护最广大人民根本利益中来认识，在谋划和推进发展的时候，善于预见和预判各种风险挑战，做好应对各种"黑天鹅""灰犀牛"事件的预案，不断增强发展的安全性。坚持问题导向，从人民群众反映最强烈的问题入手，高度重视并切实解决安全发展面临的一些突出矛盾和问题，着力抓重点、抓关键、抓薄弱环节，不断提高安全发展水平。

第四，坚持总体战，统筹传统安全和非传统安全。维护国家安全不只是国家安全机关的职责，而是全方位的工作，是总体战。各领域工作都要为维护和塑造国家安全提供支持，形成全面动员、全面部署、全面加强国家安全工作的局面。当前，安全问题的联动性更加突出。安全问题同政治、经济、文化、民族、宗教等问题紧密相关，非传统安全威胁和传统安全威胁相互交织。一个看似单纯的安全问题，往往并不能简单对待，否则就可能陷入头痛医头、脚痛医脚的困境。要统筹传统安全和非传统安全，坚持统筹推进各领域安全，构建集政治安全、军事安全、国土安全、经济安全、金融安全、文化安全、社会安全等诸多领域安全于一体的国家安全体系。

第五，坚持走和平发展道路，促进自身安全和共同安全相协调。没有和平，中国和世界都不可能顺利发展；没有发展，中国和世界也不可能有持久和平。和平发展道路来之不易，是新中国成立以来特别是改革开放以来，我们党经过艰辛探索和不断实践逐步形成的。在经济全球化时代，各国安全相互关联、彼此影响，各国人民命运与共、唇齿相依。没有一个国家能实现脱离世界安全的自身安全，也没有建立在其他国家不安全基础上的安全。面对错综复杂的国际安全威胁，单打独斗不行，迷信武力更不行，合作安全、集体安全、共同安全才是解决问题的正确选择。

三、统筹发展和安全

发展和安全是两件大事。发展具有基础性、根本性，是解决安全问题的总钥匙。发展就是最大的安全。安全是发展的条件和保障，没有安全和稳定，一切都无从谈起。发展和安全是一体之两翼、驱动之双轮，必须同步推进。要把国家安全同经济社会发展一起谋划、一起部署，既善于运用发展成果夯实国家安全的实力基础，又善于塑造有利于经济社会发展的安全环境，以发展促安全、以安全保发展，努力建久安之势、成长治之业。

统筹发展和安全，增强忧患意识，做到居安思危，是我们党治国理政的一个重大原则。新中国成立以来，我们党对发展和安全高度重视，始终把维护国家安全工作紧紧抓在手上。在社会主义革命和建设时期，党团结带领人民确立社会主义基本制度，抵御了帝国主义侵略扩张，捍卫了新中国安全，保卫了中国人民和平生活，拼来了山河无恙、家国安宁。进入改革开放和社会主义现代化建设新时期，党始终把维护国家安全和社会安定作为党和国家的一项基础性工作，成功应对一系列重大风险挑战、克服无数艰难险阻，保持了我国社会大局稳定，为改革开放和社会主义现代化建设营造了良好环境。党的十八大以来，我们党牢牢把握发展和安全的关系，把安全发展贯穿国家发展各领域全过程，国家安全得到全面加强，经受住了来自政治、经济、意识形态、自然界等方面的风险挑战考验，为党和国家兴旺发达、长治久安提供了有力保证。

当前我们所面临的国家安全问题的复杂程度、艰巨程度明显加大，要统筹发展和安全，必须坚持底线思维和极限思维，准备经受风高浪急甚至惊涛骇浪的重大考验。习近平强调："前进道路不可能一帆风顺，越是取得成绩的时候，越是要有如履薄冰的谨慎，越是要有居安思危的忧患，绝不能犯战略性、颠覆性错误。"① 新征程上，立足新发展阶段、贯彻新发展理念、构建新发展格局、推动高质量发展，我们面临的风险和考验一点也不会比过去少。我国已进入各类矛盾和风险易发期，各种风险挑战不断积累甚至集中显露。我们面临的重大风险，既包括国内的经济、政治、意识形态、社会风险以及来自自然界的风险，也包括国际经济、政治、军事风险等。如果发生重大风险又扛不住，国家安全就可能面临重大威胁，以中国式现代化全面推进中华民族伟大复兴的进程就可能被迫中断。在重大风险、强大对手面前，总想过太平日子、不想斗争是不切实际的，得"软骨病"、患"恐惧症"是无济于事的。我们必须把防风险摆在突出位置，"图之于未萌，虑之于未有"，力争不出现重大风险或在出现重大风险时扛得住、过得去。

> 各种风险我们都要防控，但重点要防控那些可能迟滞或中断中华民族伟大复兴进程的全局性风险，这是我一直强调底线思维的根本含义。
>
> ——习近平

坚持统筹发展和安全，既要提高防范化解重大风险能力，更要加快推进国家安全体系和能力现代化，努力开创国家安全工作新局面。要推进维护和塑造国家安全手段方式变革，突出实战实用鲜明导向，更加注重协同高效、法治思维、科技赋能、基层基础，推动各方面建设有机衔接、联动集成。完善国家安全法治体系、战略体系、政策体系、风险监测预警体系、国家应急管理体系，完善重点领域安全保障体系和重要专项协调指挥体系。完善国家安全力量布局，构建全域联动、立体高效的国家安全防护体系。加强重点领域安全能力和海外安全保障能力建设，

---

① 《习近平谈治国理政》第三卷，外文出版社 2020 年版，第 73 页。

严密防范系统性安全风险。全面加强国家安全教育，提高各级领导干部统筹发展和安全能力，增强全民国家安全意识和素养，筑牢国家安全人民防线。以新安全格局保障新发展格局，主动塑造于我有利的外部安全环境，更好维护开放安全，推动发展和安全深度融合。

第二节　加强新时代国防和军队建设

国防和军队建设是捍卫国家主权、安全、发展利益的坚强后盾。党的十八大以来，以习近平同志为核心的党中央，把握强国强军时代要求，紧紧围绕新时代建设一支什么样的强大人民军队、怎样建设强大人民军队，与时俱进创新党的军事指导理论，形成了习近平强军思想。习近平强军思想的主要内容集中体现为"十一个明确"：明确党对人民军队的绝对领导是人民军队建军之本、强军之魂；明确强国必须强军；明确党在新时代的强军目标是建设一支听党指挥、能打胜仗、作风优良的人民军队；明确军队是要准备打仗的；明确推进强军事业必须坚持政治建军、改革强军、科技强军、人才强军、依法治军；明确改革是强军的必由之路；明确科技是核心战斗力；明确强军之道要在得人；明确依法治军是我们党建军治军基本方式；明确军民融合发展是兴国之举、强军之策；明确作风优良是我军鲜明特色和政治优势。这一思想是党的军事指导理论最新成果，是全面推进国防和军队现代化的行动纲领。新时代新征程，面对国家安全环境的深刻变化，必须深入贯彻习近平强军思想，坚定不移走中国特色强军之路，把新时代强军事业不断推向前进。

一、坚持党对人民军队的绝对领导

党对人民军队的绝对领导是人民军队建军之本、强军之魂。90 多年来，我军之所以能够战胜各种艰难困苦、不断从胜利走向胜利，最根本的就是坚定不移听党话、跟党走。党对人民军队的绝对领导是党和国家的重要政治优势，是人民军队永远不能变的军魂、永远不能丢的命根子。

> 坚持党指挥枪、建设自己的人民军队，是党在血与火的斗争中得出的颠扑不破的真理。
>
> ——习近平

坚持党对人民军队的绝对领导，是马克思主义建党建军的一条基本原则。马克思主义认为，军队作为执行政治任务的武装集团，是一定阶级及其政党的工具，无论是哪个阶级，谁想夺取国家政权并想保持它，谁就应有强大的军队。十月革命胜利后，为巩固新生的无产阶级政权，列宁强调："红军比什么都重要。苏维埃俄国的每个组织都要始终把军队问题放在第一位。"[1] 我们党在领导中国革命、建设、改革的实践中，把马克思主义国家学说和建党建军原则与中国具体实际相结合，创造性提出并坚持党对人民军队的绝对领导。新民主主义革命时期，我军一直在党的直接领导下进行武装斗争；新中国成立后，我们党在全国执政，我军成为国家的武装力量，党指挥枪的建军原则上升为国家意志，实现了党的军队、人民的军队、社会主义国家的军队的有机统一和高度一致。党的十九大明确指出，坚持党对人民军队的绝对领导，是新时代坚持和发展中国特色社会主义的一条基本方略。党的十九届四中全会深刻总结党指挥枪的显著优势，全面部署坚持和完善党对人民军队的绝对领导制度，进一步丰富和升华了我们党建军治军的根本原则。党的二十大强调，全面加强人民军队党的建设，确保枪杆子永远听党指挥。

坚持党对人民军队的绝对领导，是我们党长期以来建军治军经验教

---

[1] 《列宁全集》第三十五卷，人民出版社 2017 年版，第 127 页。

训的深刻总结。人民军队是党缔造的，一诞生便与党紧紧地联系在一起，始终在党的绝对领导下行动和战斗。1927 年，南昌城头一声枪响，拉开了我们党武装反抗国民党反动派的大幕，随后党又陆续领导和发动了多次武装起义。当时的起义部队大多建有党组织、设立党代表，但由于党的组织主要建在团级以上单位，组织不健全，无法切实掌握部队，出现了思想混乱、军心不固等严重情况，部队越打越小。毛泽东带领秋收起义部队转移途中，在江西省永新县三湾村对部队进行改编，创造性确立"支部建在连上"的新制度，从组织上解决了党直接掌握士兵群众的重大问题，这实际上是我军的新生。1929 年，红四军在福建省上杭县古田村召开第九次党代会，纠正和肃清各种非无产阶级思想，形成了我党我军历史上著名的古田会议决议，确立了党对人民军队绝对领导的根本原则和制度。长征途中，红一、红四方面军会师后，张国焘自恃枪多人多，公然向党争权，走上了分裂党和红军的道路。毛泽东在总结这段历史教训时指出："我们的原则是党指挥枪，而决不容许枪指挥党。"① 百余年来，无论是革命事业，还是我党我军的发展，都面临着来自内部和外部的严峻考验，我们党始终坚持同各种错误思想和行为进行坚决斗争，不争个人的兵权，争党的兵权、争人民的兵权。

建设强大人民军队，必须毫不动摇坚持党对人民军队绝对领导的根本原则和制度，坚持人民军队最高领导权和指挥权属于党中央、中央军委，全面深入贯彻军委主席负责制。在风雨如磐的漫长革命道路上，我军将士讲得最多的一句话是：只要跟党走，一定能胜利。党的领导，是人民军队始终保持强大凝聚力、向心力、创造力、战斗力的根本保证。我军只有在党的绝对领导下，才能永葆人民军队的性质，始终坚持以党的宗旨为宗旨，做人民利益的忠实捍卫者，做社会主义国家的忠实捍卫者。当前，军队建设内外环境发生深刻变化，意识形态领域斗争十分尖

---

① 《毛泽东选集》第二卷，人民出版社 1991 年版，第 547 页。

锐复杂，要不要坚持党对人民军队的绝对领导，始终是我们同各种敌对势力斗争的一个焦点。一些人缺乏对马克思主义理论的系统学习，缺乏对党的优良传统的深入了解，缺乏艰苦环境和复杂斗争的锻炼，对于党指挥枪的极端重要性往往认识不足、认识不透。这些都要求我们把凝心聚气、铸魂固根的工作摆在突出位置，着力提高坚持党对人民军队绝对领导的政治自觉和实际能力。抓军队建设首先要从政治上看。在坚持党对人民军队的绝对领导这个根本政治原则问题上，头脑要特别清醒，态度要特别鲜明，行动要特别坚决。无论时代条件如何发展，战争形态如何演变，我军都必须始终以党的旗帜为旗帜、以党的方向为方向、以党的意志为意志，始终做党和人民完全可以信赖的英雄军队。

二、把人民军队全面建成世界一流军队

建设强大的人民军队是我们党的不懈追求。在各个历史时期，我们党都根据形势任务的变化，明确提出人民军队建设发展的目标要求，引领我军建设不断向前发展。党的十九大明确党在新时代的强军目标是建设一支听党指挥、能打胜仗、作风优良的人民军队，把人民军队建设成为世界一流军队。这是总结我们党建军治军成功经验、适应国际战略形势和国家安全环境发展变化、着眼于解决军队建设所面临的突出矛盾和问题提出来的。强军目标是新时代我们党建军治军的总方略，为在新的起点上推进国防和军队建设提供了根本指引。听党指挥、能打胜仗、作风优良，决定着军队发展方向，也决定着军队生死存亡。建军治军抓住这三条，就抓住了要害，就能起到纲举目张的作用。三者相互联系、密不可分，体现了我们党一以贯之的建军治军指导思想和方针原则，体现了革命化现代化正规化建设相统一的全面建设思想，明确了加强军队建设的聚焦点和着力点，统一于建设强大人民军队的实践。

新时代人民军队的使命任务。强国必须强军，军强才能国安。这是

由近代中国落后挨打的惨痛历史教训得来的，也是我们党领导中国人民在从站起来、富起来到强起来的历史进程中得出的重要历史经验。新时代我国国家安全的内涵外延、时空领域、内外因素都在发生深刻变化。这是我国由大向强发展进程中无法回避的挑战，是实现中华民族伟大复兴绕不过的门槛。国防和军队建设是国家安全的坚强后盾，军事手段是实现伟大梦想的保底手段，军事斗争是进行伟大斗争的重要方面，打赢能力是维护国家安全的战略能力。巩固国防和强大军队是新时代坚持和发展中国特色社会主义、实现中华民族伟大复兴的战略支撑。我军必须为巩固中国共产党领导和我国社会主义制度提供战略支撑，为捍卫国家主权、统一、领土完整提供战略支撑，为维护我国海外利益提供战略支撑，为促进世界和平与发展提供战略支撑。这是党和人民赋予新时代人民军队的使命任务，是支撑中华民族伟大复兴的战略要求，也是人民军队全部价值之所在。

全面推进国防和军队现代化的战略安排。把人民军队全面建成世界一流军队，是习近平着眼实现中华民族伟大复兴中国梦，敏锐洞察世界新军事革命发展趋势、科学把握国际战略格局演变规律，对新时代国防和军队建设发展提出的战略目标。实现强军目标，必须同国家现代化进程相一致，按照国防和军队现代化战略安排，把人民军队全面建成世界一流军队。党的十九大着眼于国家安全和发展战略全局，对新时代国防和军队现代化作出"三步走"的战略安排：到 2020 年基本实现机械化，信息化建设取得重大进展，战略能力有大的提升；全面推进军事理论现代化、军队组织形态现代化、军事人员现代化、武器装备现代化，力争到 2035 年基本实现国防和军队现代化；到本世纪中叶把人民军队全面建成世界一流军队。这一战略安排，体现了与国家现代化进程相一致的时代要求，体现了新时代中国特色社会主义建设对强军的战略要求，彰显了中国共产党加快强军建设步伐的决心和气魄。党的十九届五中全会明确提出，确保 2027 年实现建军一百年奋斗目标。建军一百年奋斗目标着眼的是我国发展战略、安全战略、军事战略要求，实现路径是机械化信息化智能化融合发展，根本指向是提高捍卫国家主权、安全、发展利益的战略能力。这就形成了到 2027 年、2035 年、本世纪中叶，近、中、远目标梯次衔接的新"三步走"战略安排，让实现强军、建成一流的图景更加清晰，确保了我军现代化进程的有序衔接，体现了党的历史使命、国家战略需求和军队使命任务的有机统一。

国防和军队现代化建设的战略重点。国防和军队现代化建设是一个系统工程，千头万绪，必须找准战略重点，以重点突破带动整体提升。一是构建联合作战指挥体系，打造坚强高效的战区联合作战指挥机构，打通联合作战全系统全流程指挥链路，带动全军联合作战能力提升。二是构建新型军事管理体系，完善"需求—规划—预算—执行—评估"的战略管理链路，提高军事系统运行效率和我军建设质量效益。三是构建现代军事力量体系，统筹各方向各领域建设，统筹作战力量、支援保障力量建设，推动我军力量体系整体提升。四是构建新型军事训练体系，坚持实战实训、联战联训，坚持以训促建、训用结合，提高实战化训练水平。五是构建新型军事人才体系，大力实施人才战略工程，加强军队院校教育、部队训练实践、军事职业教育"三位一体"新型军事人才培养体系建设，推动人才建设水平整体跃升。六是构建国防科技创新体系，加快发展高新技术武器装备，提高武器装备质量和体系结构科学化水平。七是构建现代军事政策制度体系，对政策制度进行系统谋划、前瞻设计、整体重塑，营造约束有力、激励有效的制度环境。八是巩固提高一体化国家战略体系和能力，加强军地战略规划统筹、政策制度衔接、资源要素共享。

三、加快国防和军队现代化

实现党在新时代的强军目标、把人民军队全面建成世界一流军队，是一项开拓性的事业，是一场广泛而深刻的军事变革。党的二十大进一步强调，必须贯彻新时代党的强军思想，贯彻新时代军事战略方针，坚持党对人民军队的绝对领导，坚持政治建军、改革强军、科技强军、人才强军、依法治军，坚持边斗争、边备战、边建设，坚持机械化信息化智能化融合发展，加快军事理论现代化、军队组织形态现代化、军事人员现代化、武器装备现代化，提高捍卫国家主权、安全、发展利益战略能力，有效履行新时代人民军队使命任务。

深入推进政治建军。政治建军是我军的立军之本，政治工作是人民军队的生命线。2014 年，习近平在全军政治工作会议上对新时代政治建军作出部署，要求把理想信念、党性原则、战斗力标准、政治工作威信在全军牢固立起来。近年来，全军坚持以整风精神推动政治整训，着力整顿思想、整顿用人、整顿组织、整顿纪律，重振我军政治纲纪，纯正我军政治生态，实现了新征程上的新整队新出发。实践昭示我们，政治建军这一原则在任何时候任何情况下都不能有丝毫松懈，政治工作只能加强不能削弱。要坚持从思想上政治上建设和掌握部队，全面加强我军党的领导和党的建设工作，持续深化党的科学理论武装，培养有灵魂、有本事、有血性、有品德的新一代革命军人，锻造具有铁一般信仰、铁一般信念、铁一般纪律、铁一般担当的过硬部队，确保我军始终成为党绝对领导下的人民军队。

深入推进改革强军。人民军队靠改革创新走到现在，也要依靠改革创新赢得未来。深化国防和军队改革，是为了设计和塑造军队未来，是决定人民军队发展壮大、制胜未来的关键一招。2015 年，习近平在中央军委改革工作会议上发出深化国防和军队改革的行动号令，按照军委管总、战区主战、军种主建的总原则推进领导指挥体制改革，构建起中央军委—战区—部队的作战指挥体系、中央军委—军种—部队的领导管理体系，实现军队组织架构历史性变革。推进规模结构和力量编成改革，建设强大的现代化陆军、海军、空军、火箭军、战略支援部队、联勤保障部队和武装警察部队，构建起中国特色现代军事力量体系。对军事政策制度进行系统、深入改革，深化军队党的建设制度改革、创新军事力量运用政策制度、重塑军事力量建设政策制度、改革军事管理政策制度，建立健全中国特色社会主义军事政策制度体系。人民军队相继展开的领导指挥体制改革、规模结构和力量编成改革、军事政策制度改革"三大战役"，打破了长期实行的总部体制、大军区体制、大陆军体制，改变了长期以来陆战型、国土防御型的力量结构和兵力布势，构建起中国特色社会主义军事政策制度体系基本框架，人民军队体制一新、结构一新、格局一新、面貌一新。推进军事管理革命，加快军兵种和武警部队转型建设，壮大战略力量和新域新质作战力量，打造高水平战略威慑和联合作战体系。

深入推进科技强军。科学技术是核心战斗力，是军事发展中最活跃、最具革命性的因素。近年来，我军全面实施科技强军战略，构建国防科技创新体系，聚力突破关键核心技术。航母、核潜艇等大国重器捷报频传，海军主力战舰加速更新换代；空军主力战机迈进以"运-20""歼-20"为代表的"20"时代；东风系列战略导弹惊艳全球。科技从来没有像今天这样深刻影响国家安全和军事战略全局，从来没有像今天这样深刻影响人民军队的建设发展。必须全面实施科技兴军战略，坚持向科技创新要战斗力，依靠科技进步和创新把人民军队建设模式和战斗力生成模式转到创新驱动发展的轨道上来，努力把人民军队建设成为创新型人民军队。要紧跟世界新军事革命发展的趋势，聚力国防科技自主创新、原始创新，加速战略性、前沿性、颠覆性技术发展，加速武器装备升级换代和智能化武器装备发展，大幅提高训练科技含量，增强官兵科技素养。

深入推进人才强军。强军之道，要在得人。加强高素质干部队伍建设，大规模培养高素质新型军事人才，是实现强军目标的战略性要求。要把培养干部、培养人才摆在更加突出的位置，构建具有我军特色的素质培养体系、知事识人体系、选拔任用体系、从严管理体系、正向激励体系，着力锻造忠诚干净担当的高素质干部队伍，着力集聚矢志强军打赢的各方面优秀人才。牢固树立人才是第一资源的理念，深入实施人才强军战略，按照能打仗、打胜仗的要求，切实在人才培养上投入更大精力，集中更多资源，构建新型军事人才体系，建强联合作战指挥人才、新型作战力量人才、高层次科技创新人才、高水平战略管理人才等各方面人才队伍，推动人才建设水平整体跃升。贯彻新时代军事教育方针，健全新型军事人才培养体系，锻造高素质专业化军事人才方阵，为全面建成世界一流军队提供坚强人才支撑。

深入推进依法治军。军队越是现代化，越是信息化，越是要法治化。一支现代化军队必然是法治军队。厉行法治、严肃军纪，是治军带兵的铁律，也是建设强大军队的基本规律。党的十八大以来，以习近平同志为核心的党中央深刻把握军事发展规律，鲜明提出构建完善的中国特色军事法治体系，形成系统完备、严密高效的军事法规制度体系、军事法治实施体系、军事法治监督体系、军事法治保障体系，立起了军队法治建设的"四梁八柱"。要强化全军法治信仰和法治思维，推动治军方式根本性转变，着力推进全面从严治军，切实提高国防和军队建设法治化水平。

全面加强练兵备战，提高人民军队打赢能力。军队是要准备打仗的，一切工作都必须坚持战斗力标准，向能打仗、打胜仗聚焦。要研究掌握信息化智能化战争特点规律，创新军事战略指导，发展人民战争战略战术。打造强大战略威慑力量体系，增加新域新质作战力量比重，加快无人智能作战力量发展，统筹网络信息体系建设运用。优化联合作战指挥体系，推进侦察预警、联合打击、战场支撑、综合保障体系和能力建设。深入推进实战化军事训练，深化联合训练、对抗训练、科技练兵。加强军事力量常态化多样化运用，坚定灵活开展军事斗争，塑造安全态势，遏控危机冲突，打赢局部战争。

全面加强军事治理，以高水平治理推动我军高质量发展。全面加强军事治理是我们党治军理念和方式的一场深刻变革，是加快国防和军队现代化的战略要求，必须着力构建现代军事治理体系，提高现代军事治理能力，以军事治理新加强助推强军事业新发展。要强化系统观念，坚持问题导向，加强军事治理顶层设计和战略谋划，加强各领域治理、全链路治理、各层级治理，有计划、有重点加以推进。加强全局统筹，加强跨部门跨领域协调，提高军事治理系统性、整体性、协同性。加强军费管理和监督，深化重点领域治理，以重点突破带动整体推进。深入推进战略管理创新，健全完善需求科学生成、快速响应、有效落实机制，走开全过程专业化评估路子，确保链路顺畅高效，发挥军事系统运行整体效能。创新工作方式，以治理的理念推进各项工作，增强系统治理、依法治理、综合治理、源头治理本领。高度重视基层治理，尊重官兵主体地位和首创精神，推动基层建设全面进步、全面过硬。把军事治理同改革和法治有机结合起来，巩固拓展国防和军队改革成果，深化军事立法工作，强化法规制度实施和执行监督，发挥好改革的推动作用，用好法治这个基本方式，更好推进军事治理各项工作。

巩固提高一体化国家战略体系和能力。关键是要在一体化上下功夫，实现国家战略能力最大化。要坚持党中央集中统一领导，加强各领域战略布局一体融合、战略资源一体整合、战略力量一体运用，系统提升我国应对战略风险、维护战略利益、实现战略目的的整体实力。深化科技协同创新，建设好、管理好、运用好国家实验室，聚力加强自主创新、原始创新，加快推进高水平科技自立自强。加快提升新兴领域战略能力，谋取国家发展和国际竞争新优势。强化国防科技工业服务强军胜战导向，优化体系布局，创新发展模式，增强产业链供应链韧性。加强重大基础设施统筹建设，善于算大账、综合账、长远账，提高共建共用共享水平。加快构建大国储备体系，提升国家储备维护国家安全的能力。我们的军队是人民军队，我们的国防是全民国防。深化全民国防教育，加强国防动员和后备力量建设，推进现代边海空防建设，增强打赢未来战争的国防潜力。弘扬拥政爱民、拥军优属光荣传统，巩固发展新时代军政军民团结，在全社会营造关心国防、热爱国防、建设国防、保卫国防的浓厚氛围，为巩固提高一体化国家战略体系和能力、为推进强国强军汇聚强大力量。

第三节　坚持和完善"一国两制"　推进祖国完全统一

"一国两制"是中国特色社会主义的伟大创举。中国共产党创造性提出"一个国家、两种制度"的方针，成功实现了香港、澳门和平回归，为国际社会解决类似问题提供了新选择，为世界和平与发展作出了新贡献。党的十八大以来，以习近平同志为核心的党中央立足党和国家事业的长远发展，结合"一国两制"的实践进展，对坚持"一国两制"、推进祖国统一作出了一系列新的重要论述，为在新的时代条件下坚持和完善"一国两制"制度体系、推进"一国两制"实践行稳致远提供了基本遵循。

一、"一国两制"是保持香港、澳门长期繁荣稳定的最佳制度安排

改革开放之初，我们党以超凡的勇气和胆略提出"一国两制"伟大构想。"一国两制"是指在统一的国家之内，国家主体实行社会主义制度，个别地区依法实行资本主义制度。邓小平指出："我们的社会主义制度是有中国特色的社会主义制度，这个特色，很重要的一个内容就是对香港、澳门、台湾问题的处理，就是'一国两制'。"[①]"一国两制"作为

---

① 《邓小平文选》第三卷，人民出版社 1993 年版，第 218 页。

一项前无古人的伟大事业，从科学构想变成生动现实，从全面付诸实施到不断丰富完善，历经风雨砥砺前行，战胜各种艰难险阻，取得举世公认的成功。近年来，香港局势实现重大转折，正处在从由乱到治走向由治及兴的新阶段，港澳工作取得一系列突破性进展、标志性成果，香港、澳门保持繁荣稳定良好态势，"一国两制"事业越走越稳、越走越好。

港澳回归以来的实践证明，"一国两制"是维护国家主权、安全、发展利益的好制度。港澳回归祖国，重新纳入国家治理体系，走上同祖国内地优势互补、共同发展的宽广道路。港澳发挥连接祖国内地同世界各地的重要桥梁和窗口作用，为祖国创造经济长期快速发展的奇迹作出了不可替代的贡献，在我国构建对外开放新格局中发挥着重要功能。"一国两制"的丰富实践给我们留下很多宝贵经验，也留下不少深刻启示。一个时期，受各种内外复杂因素影响，反中乱港活动猖獗，"修例风波"导致香港局势一度出现极为严峻局面。党中央审时度势、果断决策，全面准确、坚定不移贯彻"一国两制"方针，支持香港特别行政区依法止暴制乱、恢复秩序，制定实施香港国安法，修改完善香港选举制度，强化澳门特别行政区维护国家安全制度机制，落实"爱国者治港""爱国者治澳"原则等。这一系列标本兼治的重大举措，有力打击了反中乱港乱澳势力，终结了香港维护国家安全"不设防"的历史，粉碎了港版"颜色革命"，确保特别行政区管治权牢牢掌握在爱国者手中，中央全面管治权得到有效落实，国家安全得到有力捍卫。

港澳回归以来的实践证明，"一国两制"是保持港澳长期繁荣稳定的好制度。有祖国作坚强后盾，港澳无论是经受亚洲金融危机、国际金融危机的冲击，还是面对非典疫情、新冠疫情的侵袭，抑或是遭遇严重自然灾害、剧烈社会动荡的影响，都一次次战胜风险、浴火重生，独特地位和优势不断巩固，始终保持蓬勃发展的生机活力。粤港澳大湾区建设等一系列重大战略部署的深入推进，为港澳发展提供了难得机遇、广阔空间和强劲动能，港澳以前所未有的广度、深度积极融入国家发展大局。

香港经济蓬勃发展，国际金融、航运、贸易中心地位稳固，创新科技产业迅速兴起；澳门经济实现跨越发展，世界旅游休闲中心、中国与葡语国家商贸合作服务平台建设成效显著，经济适度多元发展稳步推进。

港澳回归以来的实践证明，"一国两制"是保障港澳居民根本利益和福祉的好制度。港澳同胞当家作主，实行"港人治港"、"澳人治澳"、高度自治，香港、澳门真正的民主由此开启，港澳居民享有比历史上任何时期都广泛的权利和自由。特别是香港新选举制度的实施，充分体现广泛代表性、政治包容性、均衡参与性、公平竞争性，符合"一国两制"方针、符合香港实际的民主道路越走越宽广。港澳居民习惯的资本主义制度和生活方式保持不变，"马照跑、股照炒、舞照跳"，国际大都会魅力更胜往昔。港澳各项社会事业取得显著进步，教育事业快速发展，社会保障和福利服务体系不断健全，跻身全球最宜居的发达城市之列。

港澳回归以来的实践证明，"一国两制"是解决类似历史遗留问题、促进世界和平与发展的好制度。按照"一国两制"方针，通过外交谈判和平解决历史遗留的领土问题，这在人类政治实践中是一个创举，改变了历史上但凡收复失地都要兵戎相见、大动干戈的所谓"定式"。香港、澳门保持长期繁荣稳定的事实雄辩证明，我们党既能把实行社会主义制度的内地建设好，也能把实行资本主义制度的香港、澳门建设好。"一国两制"体现了海纳百川、有容乃大的中国智慧，体现了求同存异、共谋发展的中国气派，是中国共产党和中国政府为国际社会解决类似问题提供的中国思路、中国方案，是对人类政治文明作出的一大贡献。

二、推进"一国两制"实践行稳致远

当前，"一国两制"事业站在新的起点上。只有深刻理解和准确把握"一国两制"的实践经验和规律性认识，从有利于港澳长治久安的战略和全局高度进一步加强顶层设计，健全中央依照宪法和基本法对特别行政区行使全面管治权的制度，落实特别行政区维护国家安全的法律制度和执行机制，在实践中不断完善治港治澳制度体系，才能确保"一国两制"事业始终朝着正确的方向行稳致远。

必须全面准确、坚定不移贯彻"一国两制"方针。这是"一国两制"实践的总要求，是管根本的。全面准确，就是要确保不走样、不变形；坚定不移，就是要确保不会变、不动摇。"一国两制"的根本宗旨是维护国家主权、安全、发展利益，保持香港、澳门长期繁荣稳定。近年来，中央采取一系列重大举措，目的就是维护"一国两制"的根本宗旨，确保"一国两制"得到全面准确贯彻落实。全面准确贯彻"一国两制"方针，关键是把握好"一国"与"两制"的关系。"一国"是"两制"的前提和基础，"两制"从属和派生于"一国"。没有"一国"这个前提，"两制"就无从谈起。"一国"就是中华人民共和国，社会主义制度是中华人民共和国的根本制度，中国共产党领导是中国特色社会主义最本质的特征，特别行政区所有居民应该自觉尊重和维护国家的根本制度。在牢牢守护"一国"原则的前提下，香港、澳门保持原有的资本主义制度和生活方式长期不变，享有高度自治权。"一国"原则愈坚固，"两制"优势愈彰显。只有维护好国家主权、安全、发展利益，港澳的繁荣稳定才能得到更好保障，港澳的优势特色才能得到更好发挥，港澳居民的切身权益才能得到更好维护。

必须坚持落实中央全面管治权和保障特别行政区高度自治权相统一。这是近年来"一国两制"成功实践得出的一条极为宝贵的经验。中央对特别行政区的全面管治权是特别行政区高度自治权的源头，两者是"源"与"流"的关系。只有维护和落实好中央全面管治权，特别行政区的高度自治权才能正确和有效行使。在"一国两制"下，要确保宪法和基本法规定的特别行政区制度有效运行，把特别行政区治理好，必须做到中央全面管治权与特别行政区高度自治权的统一衔接。香港之所以实现由乱到治、重回正轨，很重要的一条就是用好中央全面管治权。抓住事关港澳长治久安的重大问题，把该管的坚决管起来，把该纠正的坚决纠正过来，把该立的规矩坚决立起来，确保"一国两制"实践始终沿着正确方向前行。中央全面管治权在很大程度上是通过特别行政区依法行使高度自治权来实现的。中央充分尊重和坚定维护特别行政区依法享有的高度自治权，明确行政长官和特别行政区政府是香港、澳门当家人，也是治理香港、澳门第一责任人，全力支持其履行好职责，把特别行政区治理好。

必须坚定落实"爱国者治港""爱国者治澳"原则。政权必须掌握在爱国者手中，这是世界通行的政治法则，古今中外概莫能外。把香港、澳门特别行政区管治权牢牢掌握在爱国者手中，这是确保"一国两制"行稳致远，保证港澳长治久安、繁荣稳定的必然要求，任何时候都不能动摇。这是从"一国两制"在港澳20多年的实践，特别是香港近年来实现历史性转折得出的深刻启示。落实"爱国者治港""爱国者治澳"原则，每位港澳居民都是参与者、实践者、受益者，而不是旁观者。越来越多爱国爱港爱澳立场坚定、管治能力突出的人士进入特别行政区管治架构中，展现出"爱国者治港""爱国者治澳"新气象。越来越多的港澳居民更加认识到，守护好管治权，就是守护和谐稳定，就是守护切身福祉。

必须发挥香港、澳门的优势和特点。这是实行"一国两制"方针的重要战略考量，是港澳融入国家发展大局、提升国际竞争力的重要条件。背靠祖国、联通世界是港澳得天独厚的显著优势。自由开放雄冠全球、营商环境世界一流、法治水准广受赞誉、国际资本人才汇聚、中西文化荟萃交融，以及香港继续保持普通法制度、澳门继续保持原有法律制度等，是港澳取得成功的重要因素。完善香港、澳门融入国家发展大局、同内地优势互补、协同发展机制，发挥好港澳的优势和特点，对于保持港澳长期繁荣稳定，对于实现第二个百年奋斗目标，对于共建"一带一路"、促进合作共赢，都具有十分重要的意义。只要有利于港澳长期保持独特地位和优势，有利于港澳同世界各地开展更加开放、更加密切的交往合作，有利于港澳更好融入国家发展大局，中央都不遗余力予以支持。在全面建设社会主义现代化国家、全面推进中华民族伟大复兴的历史进程中，香港、澳门必将大有可为、大有作为，必将绽放出更加绚丽夺目的光彩。

三、坚定实现祖国完全统一

民族复兴、国家统一是大势所趋、大义所在、民心所向。祖国必须统一，也必然统一。解决台湾问题、实现祖国完全统一，是中国共产党矢志不渝的历史任务，是全体中华儿女的共同愿望，是实现中华民族伟大复兴的必然要求。台湾问题因民族弱乱而产生，必将随着民族复兴而解决。必须全面贯彻新时代党解决台湾问题的总体方略，牢牢把握两岸关系主导权和主动权，坚定不移推进祖国统一大业。

第一，探索"两制"台湾方案，丰富和平统一实践。"和平统一、一国两制"方针是实现两岸统一的最佳方式，对两岸同胞和中华民族最有利。"一国两制"在台湾的具体实现形式会充分考虑台湾现实情况，会充分吸收两岸各界意见和建议，会充分照顾到台湾同胞利益和感情。在确保国家主权、安全、发展利益的前提下，和平统一后，台湾同胞的社会制度和生活方式等将得到充分尊重，台湾同胞的私人财产、宗教信仰、合法权益将得到充分保障。习近平指出："在一个中国原则基础上，台湾任何政党、团体同我们的交往都不存在障碍。以对话取代对抗、以合作取代争斗、以双赢取代零和，两岸关系才能行稳致远。我们愿意同台湾各党派、团体和人士就两岸政治问题和推进祖国和平统一进程的有关问题开展对话沟通，广泛交换意见，寻求社会共识，推进政治谈判。"[1] 两岸

---

① 《习近平著作选读》第二卷，人民出版社 2023 年版，第 236 页。

同胞是一家人，两岸的事是两岸同胞的家里事，当然也应该由家里人商量着办。和平统一，在于坚持平等协商、共议统一。两岸长期存在的政治分歧问题是影响两岸关系行稳致远的总根子，总不能一代一代传下去。两岸双方应该本着对民族、对后世负责的态度，在坚持"九二共识"、反对"台独"的共同政治基础上，凝聚智慧，发挥创意，聚同化异，争取早日解决政治对立，实现台海持久和平，达成国家统一愿景。

第二，坚持一个中国原则，维护和平统一前景。一个中国原则是两岸关系的政治基础。推动两岸关系和平发展，最根本的是坚持一个中国原则。虽然两岸迄今尚未统一，但中国的主权和领土从未分割。两岸同属一个国家、两岸同胞同属一个民族，这一历史事实和法理基础从未改变，也不可能改变。体现一个中国原则的"九二共识"明确界定了两岸关系的根本性质，是确保两岸关系和平发展的关键。它表明大陆与台湾同属一个中国，两岸关系不是国与国关系，也不是"一中一台"。我们坚持以最大诚意、尽最大努力争取和平统一的前景，但决不承诺放弃使用武力，保留采取一切必要措施的选项，这针对的是外部势力干涉和极少数"台独"分裂分子及其分裂活动，绝非针对广大台湾同胞。两岸关系和平发展要两岸同胞共同推动，靠两岸同胞共同维护，由两岸同胞共同分享。

第三，深化两岸融合发展，夯实和平统一基础。"两岸同胞血脉相连。亲望亲好，中国人要帮中国人。我们对台湾同胞一视同仁，将继续率先同台湾同胞分享大陆发展机遇，为台湾同胞台湾企业提供同等待遇，让大家有更多获得感。"① 党的十八大以来，我们秉持"两岸一家亲"理念，出台一系列惠及广大台胞的政策，加强两岸经济文化交流合作。和平统一之后，有强大祖国做依靠，台湾同胞的民生福祉会更好，发展空间会更大，在国际上腰杆会更硬、底气会更足，会更加安全、更有尊严。

---

① 《习近平著作选读》第二卷，人民出版社2023年版，第237页。

要坚持推进两岸经济合作制度化，打造两岸共同市场，为发展增动力，为合作添活力，壮大中华民族经济。两岸要应通尽通，提升经贸合作畅通、基础设施联通、能源资源互通、行业标准共通，可以率先实现金门、马祖同福建沿海地区通水、通电、通气、通桥。要推动两岸文化教育、医疗卫生合作，社会保障和公共资源共享，支持两岸邻近或条件相当地区基本公共服务均等化、普惠化、便捷化。

第四，实现同胞心灵契合，增进和平统一认同。两岸同胞同根同源、同文同种，是血浓于水的一家人。中华优秀传统文化植根在两岸同胞内心深处，是两岸同胞的根和魂。两岸同胞是中华文化的传人，血脉里流淌的是中华民族的血，精神上坚守的是中华民族的魂。前进道路上，不管遭遇多少干扰阻碍，支持和追求国家统一是民族大义，应该得到全民族共同肯定。所有台湾同胞应像珍视自己的眼睛一样珍视和平，像追求人生的幸福一样追求统一，积极参与到推进祖国和平统一的正义事业中来，携手同心书写中华民族伟大复兴新篇章。

统一是历史大势，是正道。"台独"是历史逆流，是绝路。对两岸关系和平发展的最大现实威胁是"台独"势力及其分裂活动。"台独"煽动两岸同胞敌意和对立，损害国家主权和领土完整，破坏台海和平稳定，阻挠两岸关系发展，只会给两岸同胞带来深重祸害。"台独"分裂是祖国统一的最大障碍，是民族复兴的严重隐患。我们坚决维护国家主权和领土完整，愿意为和平统一创造广阔空间，但绝不为各种形式的"台独"分裂活动留下任何空间。台湾是中国的台湾。解决台湾问题是中国人自己的事，要由中国人来决定。我们有坚定的意志、充分的信心、足够的能力挫败任何形式的"台独"分裂图谋。绝不允许任何人、任何组织、任何政党、在任何时候、以任何形式、把任何一块中国领土从中国分裂出去！国家统一、民族复兴的历史车轮滚滚向前，祖国完全统一一定要实现，也一定能够实现！

思考题

1. 如何认识总体国家安全观的实践要求？

2. 为什么要坚持统筹发展和安全？

3. 如何理解必须坚持党对人民军队的绝对领导？

4. 新时代如何推进"一国两制"实践行稳致远？

5. 如何理解实现祖国完全统一是大势所趋、大义所在、民心所向？

第九章　新时代中国特色大国外交与构建人类命运共同体

1. 世界百年未有之大变局加速演进的原因及影响
2. 中国特色大国外交的指导思想和基本原则
3. 推动构建新型国际关系的原则与举措
4. 构建人类命运共同体的内涵和意义

第一节　新时代中国特色大国外交的根本遵循

党的十八大以来，面对国际形势新动向新特征，以习近平同志为核心的党中央立足中国实际，顺应时代潮流，提出一系列富有中国特色、体现时代精神、引领人类发展进步的新理念新主张新倡议，形成了习近平外交思想，为新时代中国特色大国外交提供了根本遵循。

一、世界百年未有之大变局加速演进

当前，世界之变、时代之变、历史之变正以前所未有的方式展开。一方面，世界多极化、经济全球化、社会信息化、文化多样化深入发展，

国际力量对比深刻调整，和平、发展、合作、共赢的历史潮流不可阻挡。具体而言，世界经济版图正在发生深刻变化，发达国家和发展中国家在国际分工体系中的地位角色发生重大转变，新兴经济体和发展中国家占据世界经济的份额越来越大，世界经济重心加快"自西向东"位移；新一轮科技革命和产业变革正处在实现重大突破的历史关口，人工智能、大数据、量子技术、基因工程等前沿科技不断取得突破，在催生大量新产业、新业态、新模式的同时，也正在重构全球创新版图、重塑全球经济结构，并深刻改变着人类社会的生产生活方式和思维方式；全球治理体系和国际秩序变革加速推进，新兴市场国家和发展中国家要求扩大国际话语权和国际制度性权力、推动国际秩序朝着更加公正合理方向发展的呼声越来越高。

另一方面，和平赤字、发展赤字、安全赤字、治理赤字不断加重，世界面临的不稳定性不确定性突出。地缘政治风险激化增多，乌克兰危机、巴以冲突深刻影响世界局势；全球发展深层次矛盾日益尖锐，经济全球化遭遇逆流，世界经济增长乏力，数字鸿沟和贫富差距不断拉大；恃强凌弱、巧取豪夺、零和博弈等霸权霸道霸凌行径危害深重，冷战思维和集团政治沉渣泛起，两股潮流、两种道路的较量更加激烈；极端主义和恐怖主义蔓延，气候变化、网络安全、人工智能安全等非传统安全问题更趋突出；全球治理困难重重，传统大国参与治理的意愿和能力不断下降，个别西方国家将全球治理平台"工具化""武器化"，不断强化对全球治理体系的集团化、集权化和等级化的塑造，治理赤字不断加剧。

世界怎么了？人类往何处去？这是整个世界都在思考的问题，也是当代中国共产党人必须回答的世界之问、时代之问。习近平深刻指出："当今世界正经历百年未有之大变局，这样的大变局不是一时一事、一域一国之变，是世界之变、时代之变、历史之变。"① 这是中国共产党人立

①《十九大以来重要文献选编》中，中央文献出版社 2021 年版，第 831 页。

足中华民族伟大复兴战略全局，科学认识全球发展大势、深刻洞察世界变化作出的重大判断。当前，世界百年未有之大变局正在加速演进，这意味着从事实上"一家独大的单极"世界向协同共治的多极世界的转变，意味着现代化模式从一元向多元的转变，也意味着世界范围内社会主义和资本主义两种意识形态、两种社会制度的历史演进及其较量发生了有利于社会主义的重大转变。

大变局带来大挑战，也带来大机遇。如何在变局中抓住机遇、在乱局中保持定力，是新时代中国外交面临的重大历史课题。面对国际形势和外部环境的深刻变化，我们必须在党中央集中统一领导下，统筹国内国际两个大局，心怀"国之大者"，以正确的历史观、大局观把握大势、掌握主动，始终高举和平、发展、合作、共赢的旗帜，坚定不移走和平发展道路。必须坚持守正创新，坚守中国外交的优良传统和根本方向，同时开拓进取，不断推动理论和实践创新。必须发扬斗争精神，绝不屈服于任何外部压力，坚决反对一切强权政治和霸凌行径，有力捍卫国家利益和民族尊严。必须沉着应对，准确识变、科学应变、主动求变，善于在危机中育新机、于变局中开新局，从而更好引领世界大变局朝着有利于中华民族伟大复兴、有利于世界和平与进步的方向发展。在深刻认识世界百年未有之大变局加速演进的同时，也要看到大变局中的"不变"，即人类发展进步的大方向不会改变，世界历史曲折前进的大逻辑不会改变，国际社会命运与共的大趋势不会改变。对此我们要有充分的历史自信。

二、新时代中国特色大国外交的指导思想

时代大势和国际局势的深刻变化，既给人类社会发展进步提出全新课题，也对新时代我国外交工作提出重大挑战。习近平外交思想正是以习近平同志为核心的党中央面对百年未有之大变局，深刻回答中国应推

动建设什么样的世界、构建什么样的国际关系，新形势下中国需要什么样的外交、怎样办外交等一系列重大理论和实践问题取得的思想结晶。其主要内容概括起来有以下方面。

一是坚持以维护党中央权威为统领加强党对对外工作的集中统一领导。这是做好对外工作的根本保证。党的集中统一领导是中国外交根本政治属性的体现，也是中国外交的最大政治优势。要在错综复杂的国际形势中始终掌握主动，必须坚持外交大权在党中央，必须坚定不移贯彻党中央关于对外工作的路线方针政策和决策部署。加强党对对外工作的集中统一领导和统筹协调，不断改革完善对外工作体制机制，调动各方面力量共同参与和推动国家总体外交，形成党总揽全局、协调各方的对外工作大协同局面。

二是坚持以实现中华民族伟大复兴为使命推进中国特色大国外交。这是新时代赋予对外工作的历史使命。做好新时代对外工作，要为全面深化改革和对外开放提供全方位、全覆盖、高质量的服务，为实现中华民族伟大复兴的中国梦营造良好外部环境、争取更多理解支持。要坚持贯彻以人民为中心的外交理念，将中国发展同世界发展更好结合起来，将中国梦和世界人民的梦想更好联通起来，为实现中国人民和世界人民对美好生活的向往而奋斗。

三是坚持以维护世界和平、促进共同发展为宗旨推动构建人类命运共同体。这是新时代对外工作的总目标。构建人类命运共同体，需要各国齐心协力，共同坚守和平、发展、公平、正义、民主、自由的全人类共同价值，建设持久和平、普遍安全、共同繁荣、开放包容、清洁美丽的世界，同时推动建设相互尊重、公平正义、合作共赢的新型国际关系，走出一条国与国交往的新路。

四是坚持以中国特色社会主义为根本增强战略自信。这是新时代对外工作必须遵循的根本要求。"四个自信"是我们的力量之源和信念之基，体现了新时代中国的国家意志、民族精神和国际形象。中国特色社会主义道路、理论、制度、文化不断发展，为解决人类问题贡献了中国智慧和中国方案。要始终高举中国特色社会主义伟大旗帜，坚定战略自信，这样对外工作就有了根和魂，中国特色大国外交之路就会越走越宽广。

五是坚持以共商共建共享为原则推动"一带一路"建设。这是我国今后相当长时期对外开放和对外合作的管总规划，也是构建人类命运共同体的重要实践平台。共建"一带一路"倡议源于中国，机遇和成果属于世界。要通过高质量共建"一带一路"，加强同有关国家的政策沟通、设施联通、贸易畅通、资金融通、民心相通，使共商共建共享原则进一步转化为多赢共赢的合作成果。要弘扬丝路精神，同共建国家分享共同发展的机遇，开辟共同发展的前景。

六是坚持以相互尊重、合作共赢为基础走和平发展道路。这是新时代中国外交的基本原则。坚持独立自主的和平外交政策，始终不渝走和平发展道路，始终不渝奉行互利共赢的开放战略，这是我们根据自身国情和根本利益作出的战略抉择。和平需要相互尊重，发展需要合作共赢。和平发展道路要在中国与世界各国良性互动、互利共赢中开拓前进。中国将始终做世界和平的建设者、全球发展的贡献者、国际秩序的维护者。

七是坚持以深化外交布局为依托打造全球伙伴关系。这是新时代中国外交的重要内涵。要促进大国协调和良性互动，推动构建和平共处、总体稳定、均衡发展的大国关系格局，坚持亲诚惠容和与邻为善、以邻为伴周边外交方针，增进同周边国家友好互信和利益融合，秉持真实亲诚理念和正确义利观，加强同发展中国家团结合作，同时积极做好多边外交工作，不断深化和完善外交布局。

八是坚持以公平正义为理念引领全球治理体系改革。这既是新时代中国外交的重要努力方向，也是新时代中国外交的大国担当所在。全球治理体系正处在深刻演变的重要阶段，全球治理日益成为我国对外工作的前沿和关键问题。要抓住契机，勇担重任，积极参与全球治理体系改革和建设，倡导国际关系民主化和法治化，支持联合国发挥积极作用，不断提高发展中国家在国际事务中的代表性和发言权，坚定维护多边主义，推动构建更加平衡、反映大多数国家意愿和利益的全球治理体系。

九是坚持以国家核心利益为底线维护国家主权、安全、发展利益。这是对外工作的出发点和落脚点，是中国外交的神圣使命。必须坚决维护中国共产党领导和中国特色社会主义制度，坚决捍卫国家主权、安全、领土完整，坚决遏制和打击一切形式的分裂行径，积极保障经济金融安全，有效维护海外利益。要敢于斗争、善于斗争，不断丰富和发展维护国家利益的方式手段，有效防范和化解各种风险挑战，为改革发展和民族复兴保驾护航。

十是坚持以对外工作优良传统和时代特征相结合为方向塑造中国外交独特风范。这是新时代中国外交的精神标识。中华民族是爱好和平的民族，具有坚韧不拔的精神品质和天下为公的世界情怀。新中国成立以来，我们形成了以独立自主、和平发展、合作共赢为鲜明特色的外交传统。进入新时代，对外工作展现出与时俱进、担当有为、开放包容的中国特色、中国风格、中国气派，形成了一整套行之有效的战略思想和策略方法。要在继续弘扬优良传统的基础上守正创新，把中国特色大国外交推向更高境界。

> 对外工作要坚持统筹国内国际两个大局，坚持战略自信和保持战略定力，坚持推进外交理论和实践创新，坚持战略谋划和全球布局，坚持捍卫国家核心和重大利益，坚持合作共赢和义利相兼，坚持底线思维和风险意识。
>
> ——习近平

习近平外交思想明确了新时代中国外交的使命宗旨、根本原则、战略部署和主要任务，深刻揭示了新时代中国特色大国外交的本质要求、内在规律和前进方向，是马克思主义基本原理同新时代中国特色大国外交实践相结合的重大理论成果，是新中国外交优良传统的继承发展和理论创新的重大飞跃，成功开辟了中国外交理论和实践的新境界，为推进中国特色大国外交提供了根本遵循。在习近平外交思想科学指引下，我国外交在世界大变局中开创新局、在世界乱局中化危为机，取得开创性、历史性成就。这些成就主要表现在：倡导构建人类命运共同体，为人类社会共同发展、长治久安、文明互鉴指明了正确方向；以元首外交为战略引领，在国际事务中日益发挥重要和建设性作用；全面运筹同各方关系，推动构建和平共处、总体稳定、均衡发展的大国关系格局；拓展全方位战略布局，形成了范围广、质量高的全球伙伴关系网络；推动高质量共建"一带一路"，搭建了世界上范围最广、规模最大的国际合作平台；统筹发展和安全，以坚定意志和顽强斗争有效维护国家主权、安全、发展利益；积极参与全球治理，引领国际体系和秩序变革方向；加强党中央集中统一领导，巩固了对外工作大协同格局。经过持续努力，我国外交的战略自主性和主动性显著增强，中国特色大国外交全面推进，构建人类命运共同体成为引领时代潮流和人类前进方向的鲜明旗帜，我国已成为更具国际影响力、创新引领力、道义感召力的负责任大国。

三、始终不渝走和平发展道路

坚持走和平发展道路是新时代中国外交的基本原则。我们的和平发展道路来之不易，是新中国成立以来特别是改革开放以来，我们党经过艰辛探索和不断实践才逐步形成的。党的十八大以来，以习近平同志为核心的党中央对和平发展道路理念展开新探索、新思考，赋予这一理念新的时代意义和思想内涵，深化了我们党对于走和平发展道路的规律性认识。

和平发展道路内涵丰富，归结起来就是：既通过维护世界和平发展自己，又通过自身发展维护世界和平；在强调依靠自身力量和改革创新实现发展的同时，坚持对外开放，学习借鉴别国长处；顺应经济全球化发展潮流，寻求与各国互利共赢和共同发展；同国际社会一道努力，推动建设持久和平、共同繁荣的和谐世界。走和平发展道路绝非权宜之计，更不是外交辞令，而是中国共产党根据时代发展潮流和中国根本利益作出的战略决策，是从历史、现实、未来的客观判断中得出的结论，是思想自信和实践自觉的有机统一。

坚持走和平发展道路，必须奉行独立自主的和平外交政策。中国奉行独立自主的和平外交政策的基本目标是维护中国的独立、主权和领土完整，为我国改革开放和现代化建设创造一个良好国际环境，维护世界和平，促进共同发展。其主要内容包括：始终奉行独立自主的原则；反对霸权主义，维护世界和平；主张顺应世界多极化和经济全球化的历史潮流，积极推动建立公正合理的国际政治经济秩序；愿在互相尊重主权和领土完整、互不侵犯、互不干涉内政、平等互利、和平共处五项原则的基础上，同所有国家建立和发展友好合作关系；实行全方位的对外开放政策，愿在平等互利原则的基础上，同世界各国和地区广泛开展贸易往来、经济技术合作和科学文化交流，促进共同繁荣；积极参与多边外交活动，做维护世界和平和地区稳定的坚定力量；同各国携手共进，不断壮大维护世界和平发展的力量；集中力量办好自己的事，长期保持稳定发展，同时让世界更好分享中国的机遇，不断为促进世界和平与发展事业作出新的贡献。

坚持走和平发展道路，必须坚决捍卫国家核心利益。国家核心利益是一个国家最根本、最重要的利益。不同国家不同历史时期的国家核心利益包含不同内容。中国的核心利益包括国家主权、国家安全、领土完整、国家统一、中国宪法确立的国家政治制度和社会大局稳定、经济社会可持续发展的基本保障等内容。在涉及国家核心利益的问题上，在维护国家独立和主权、捍卫民族尊严的问题上，中国始终敢于划出红线、亮明底线。任何国家不要指望中国会拿自己的核心利益做交易，任何人不要幻想让中国吞下损害自身利益的苦果。台湾问题是中国的内政，要坚定维护一个中国原则，坚决遏制和打击一切形式的分裂行径。在涉藏、涉疆、涉港等问题上坚决驳斥反华势力的歪曲抹黑，绝不允许外部势力干涉中国内政。要坚决遏制国内外敌对势力的分裂破坏活动，防范国际暴力恐怖活动向境内渗透。要稳妥应对涉及我国领土主权和海洋权益的争端，坚决维护国家的领土主权和海洋权益。妥善应对科技打压和经贸摩擦，有力维护我国发展空间和长远利益。

> 中国人民从来没有欺负、压迫、奴役过其他国家人民，过去没有，现在没有，将来也不会有。同时，中国人民也绝不允许任何外来势力欺负、压迫、奴役我们，谁妄想这样干，必将在 14 亿多中国人民用血肉筑成的钢铁长城面前碰得头破血流！
>
> ——习近平

中国永远不称霸、永远不搞扩张，这是新中国成立后向全世界作出的庄严承诺。中国既不"输入"外国模式，也不"输出"中国模式，不会要求别国"复制"中国做法，更不会以牺牲别国利益为代价发展自己。面对国际和地区热点问题，中国坚持发挥弥合分歧、劝和促谈的建设性作用，倡导并致力于同世界各国一道推动建设持久和平、共同繁荣的世界秩序。一些人把中国维护合理合法的国家权益说成是"咄咄逼人""傲慢""强硬"，渲染鼓吹"中国威胁"等论调，这是别有用心的诬蔑，根本站不住脚。

习近平指出："什么是当今世界的潮流？答案只有一个，那就是和平、发展、合作、共赢。中国不认同'国强必霸'的陈旧逻辑。"[①] 中国不

---

① 《习近平谈治国理政》第一卷，外文出版社 2018 年版，第 266 页。

走"国强必霸"的发展道路，有着多方面依据。一是中华文明具有突出的包容性、和平性。和平、和睦、和谐是中华民族 5000 多年来一直追求和传承的理念，中华民族的血液中非但没有侵略他人、称王称霸的基因，反倒是对于交往交流交融有着不懈的追求。中国传统文化强调以和为贵、和而不同、兼收并蓄、协和万邦、行王道而非霸道等思想，这些思想深深镌刻在中国人的精神基因中，影响着中国对外政策的价值和实践取向。二是对于近代以来遭受的深重苦难有自觉反思。近代以来，中国曾遭受西方列强的侵略欺凌，经历过霸权主义给落后国家带来的深重灾难和痛苦，中国人民对此有着刻骨铭心的记忆，对和平有着孜孜不倦的追求，十分珍惜和平安定的生活。三是中国的发展离不开和平的国际环境。我国要实现第二个百年奋斗目标，全面建成社会主义现代化强国、实现中华民族伟大复兴，需要和平安宁的国际环境。只有坚持走和平发展道路，中国才能实现自己的目标，同时为世界作出更大贡献。四是深刻洞察到霸权必败这一历史规律。霸权主义的老路非但走不通，还一定会碰得头破血流。"国强必霸"必然导致"霸极必衰"，过度扩张必然导致走向衰落。

坚持走和平发展道路，反映了世界人民的共同要求，符合中华民族的根本利益。无论国际风云如何变幻，无论我国发展到什么程度，我们都要始终坚持走和平发展道路，努力为世界和平发展贡献自己的力量。

第二节　推动构建新型国际关系

当今世界进入新的动荡变革期。面对国际形势的最新变化，中国坚持在和平共处五项原则基础上同各国发展友好合作，始终高举和平、发展、合作、共赢的旗帜，不断完善全方位、多层次、立体化的外交布局，深化拓展平等、开放、合作的全球伙伴关系，积极参与全球治理体系改革和建设，积极推动构建以合作共赢为核心的新型国际关系。迈向复兴的中国正与世界携手同行，为推进人类和平与发展事业不断作出新的贡献。

一、深化拓展平等开放合作的全球伙伴关系

中国以周边和大国为重点，以发展中国家为基础，以多边为舞台，以深化务实合作、加强政治互信、夯实社会基础、完善机制建设为渠道，全面发展同各国友好合作，打造覆盖全球的"朋友圈"。

一是积极运筹大国关系，推动构建和平共处、总体稳定、均衡发展的大国关系格局。大国是影响世界的决定性力量。与大国和平共处、保持关系总体稳定，对于我国深化全方位对外合作、维护良好外部环境至关重要。党的十八大以来，我国着力运筹同主要大国的关系。首先，深入发展中俄新时代全面战略协作伙伴关系，保持中俄战略协作高水平运行。中俄互为彼此最大邻国，两国交往具有深厚民意基础，同俄罗斯巩固和发展长期睦邻友好关系，符合历史逻辑和两国人民根本利益，是中国的战略抉择，不会因一时一事而改变。中俄关系远远超出双边范畴，对世界格局和人类前途命运至关重要。面对甚嚣尘上的单边主义和霸权主义，中俄巩固和加强战略协作弥足珍贵。中俄全面战略协作伙伴关系成熟、稳定、牢固，是互信程度最高、协作水平最高、战略价值最高的大国关系。要始终坚定支持对方维护核心利益，深入开展各领域合作交流，共同引领全球治理变革，推进世界多极化和国际关系民主化，维护世界和平、安全、稳定。其次，推动美国与中国相向而行，共同致力于构建不冲突不对抗、相互尊重、合作共赢的中美关系。中美关系是当今世界最重要的双边关系之一。中美合作可以办成许多有利于两国和世界的大事，中美对抗对两国和世界肯定是一场灾难。面对中美关系的全新局面，中国牢牢把握两国关系发展大方向，呼吁两国应该正确看待对方

内外政策和战略意图，确立对话而非对抗、双赢而非零和的交往基调，双方应该坚持相互尊重、和平共处、合作共赢，共同确保中美关系沿着正确航向前行，不偏航、不失速，更不能相撞。同时，面对美国针对中国的贸易制裁、高科技封锁、产业链"去中国化"、插手台湾问题、军事挑衅等一系列霸权霸道霸凌行径，中国在继续倡导对话的同时，也始终有理有利有节展开斗争，坚定捍卫国家主权、安全、发展利益。最后，共同打造中欧和平、增长、改革、文明四大伙伴关系。欧洲是多极化世界的重要一极，与我国经济互补性强，拥有广泛的共同利益。中国始终从战略高度和长远角度看待和发展中欧关系，牢牢把握中欧全面战略伙伴关系正确方向，积极推动中欧两大力量、两大市场、两大改革进程、两大文明相互连接，不断深化应对气候变化、数字经济治理等具体领域合作。

二是坚持亲诚惠容和与邻为善、以邻为伴周边外交方针，深化同周边国家友好互信和利益融合。中国是世界上邻国最多的国家之一。中国周边国家的差异性和多样性较为突出，经济发展不平衡，历史、文化、民族和宗教信仰各异，存在一些历史遗留问题和地区热点问题。与此同时，我国周边充满生机活力，有着明显发展优势和潜力。中国视周边为安身立命之所、发展繁荣之基，始终将周边置于外交全局的首要位置，视促进周边和平、稳定、发展为己任。做好新形势下周边外交工作，要深化同周边国家的互利合作和互联互通，共同打造周边命运共同体；努力使周边国家同我国政治关系更加友好、经济纽带更加牢固、安全合作更加深化、人文联系更加紧密；坚持睦邻、安邻、富邻，维护周边和平稳定大局，决不允许在自己家门口生乱生事，决不接受中国的发展进程受到干扰和打断；着力深化互利共赢格局，编织更加紧密的共同利益网络，找准同周边国家深化互利合作的战略契合点；着力推进同周边国家的安全合作，主动参与区域和次区域安全合作，深化有关合作机制，增进战略互信；不断巩固和扩大我国同周边国家关系长远发展的社会和民意基础，推动周边环境更加友好、更加有利。

三是秉持真实亲诚理念和正确义利观，加强同发展中国家团结合作，维护发展中国家共同利益。广大发展中国家是反对霸权主义、维护世界和平、推动国际政治经济秩序变革的中坚力量，是我国在国际事务中的天然同盟军和走和平发展道路的同路人。中国始终高度重视同发展中国家的友好合作关系，同广大发展中国家在争取民族独立、推动国家发展的事业中相互支持和帮助。在与发展中国家团结合作过程中，我们始终秉持真实亲诚理念和正确义利观。所谓"真"，就是在涉及对方核心利益和重大关切的问题上真诚予以支持；所谓"实"，就是开展务实合作，把相关支持与援助落到实处；所谓"亲"，就是通过深入对话和实际行动增进双方的亲近感；所谓"诚"，就是要坦诚面对交往合作中遇到的新情况新问题，并本着相互尊重、合作共赢的精神加以妥善解决。秉持正确义利观，做好同发展中国家团结合作的大文章。政治上，要秉持公道正义，坚持平等相待；经济上，要坚持互利共赢、共同发展；国际事务中，要讲信义、重情义、扬正义、树道义，做到义利兼顾、义利平衡。

长期以来，中国始终坚持与广大发展中国家加强合作，坚决维护发展中国家的正当要求和共同利益，致力于提高发展中国家在国际治理体系中的代表性和发言权，与发展中国家的关系持续深化。加强同非洲国家的团结合作是我国长期坚持的战略，中非双方同心同向、守望相助，走出了一条特色鲜明的合作共赢之路。中国同非洲各国在合作中坚持真诚友好、平等相待，坚持义利相兼、以义为先，坚持发展为民、务实高效，坚持开放包容、兼收并蓄，通过携手打造责任共担、合作共赢、幸福共享、文化共兴、安全共筑、和谐共生的中非命运共同体，为推动构建人类命运共同体树立了典范。中国与拉美和加勒比地区国家虽然相距遥远，但中国梦和拉美梦息息相通。中国主张双方共同致力于构建政治上真诚互信、经贸上合作共赢、人文上互学互鉴、国际事务中密切协作、整体合作和双边关系相互促进的中拉关系五位一体新格局，打造中拉携手共进的命运共同体。中国和阿拉伯国家友好交往源远流长，在丝绸古道中相知相交，在民族解放斗争中患难与共，在经济全球化浪潮中合作共赢，在国际风云变幻中坚守道义。中阿正并肩携手共同打造中阿命运共同体，双方在一系列重大问题上达成战略共识，成功签署一系列深化合作的宣言与文件，中阿合作展现出巨大潜力和广阔前景。中国同中亚国家关系有着深厚的历史渊源、广泛的现实需求、坚实的民意基础，在新时代焕发出勃勃生机和旺盛活力。近年来，中国和中亚各国一道对中国–中亚机制进行立柱架梁和全面布局，形成涵盖经贸、交通、能源、医卫、文化等方面的一系列重大合作倡议，为深化中国–中亚关系注入全新动力。

二、拓展多边多层次的国际交往领域

中国坚定维护多边主义，积极开展多边外交。现行国际体系和国际秩序的核心理念是多边主义。多边主义是适应经济全球化、世界多极化时代要求的产物，其要义是国际上的事由大家共同商量着办，世界前途命运由各国共同掌握。多边主义践行得好一点，人类面临的共同问题就会解决得好一点。中国坚持真正的多边主义，号召世界共同反对"以多边主义之名、行单边主义之实"①的各种行为，反对"有选择的多边主义"以及一切形式的霸权主义与强权政治，反对搞针对特定国家的阵营化和排他性小圈子。中国积极参与多边事务，承担相应国际义务，推动重大热点问题和全球性问题的解决，推动国际秩序和国际体系朝着更加公正合理的方向发展，为充满不确定性的世界注入稳定性和正能量。通过各种多边平台和机制，中国深入参与从应对气候变化到加强反恐、减贫、维护网络安全等领域的国际合作，为国际发展与安全汇聚广泛合力。

联合国是现有国际体系的核心，也是多边主义的旗帜。作为联合国

---

① 《习近平谈治国理政》第四卷，外文出版社 2022 年版，第 462 页。

安理会常任理事国，中国坚定维护以联合国为核心的国际体系和以国际法为基础的国际秩序，坚定维护以联合国宪章宗旨和原则为基础的国际法基本原则和国际关系基本准则，坚持以对话弥合分歧、以谈判化解争端，积极推动国际社会合作应对重大挑战。作为二十国集团重要成员，中国致力于推动二十国集团建立更加紧密的伙伴关系，加强宏观经济政策协调，共同采取负责任的宏观经济政策，共同应对世界经济金融领域重大风险和挑战，共同开创世界经济更加美好的未来。作为金砖国家重要成员，中国力求用伙伴关系把金砖各国紧密联系起来，下大气力推进经贸、金融、基础设施建设、人员往来等领域合作，朝着一体化大市场、多层次大流通、陆海空大联通、文化大交流的目标前进；同时不断增强政治互信和人民友谊，加强治国理政经验交流，共同推动工业化、信息化、城镇化、农业现代化进程，把握发展规律，创新发展理念，破解发展难题。作为亚太经济合作组织的重要成员，中国长期致力于推动亚太经济实现平衡、包容、可持续、创新、安全增长，推进贸易和投资自由化便利化，加强经济技术合作，加快区域经济一体化，倡导共同构建亚太命运共同体。积极推动南南合作，通过致力于探索多元发展道路、促进各国发展战略对接、实现务实发展成效、完善全球发展架构等方式，维护发展中国家利益、推进发展中国家发展。积极推进以相互尊重、平等相待为政治基础的南北合作，推动发达国家切实履行官方发展援助承诺，在不附带政治条件基础上，加大对发展中国家支持力度，增强发展中国家自主发展能力。

中国积极拓展多层次国际交往领域，突出元首外交的战略引领作用，发挥政党外交的独特作用，强化同各国其他政治组织交流合作的作用。

突出元首外交的战略引领作用。党的十八大以来，习近平开展了卓越的元首外交，将高频度出访与接待来访、电话视频、双边多边紧密结合，同各国领导人进行深入战略沟通，提出解决全球性问题的中国理念、中国方案，增进了国际社会对中国的理解支持，凝聚了各国对华合作的广泛共识，为新时代中国同各国关系的发展领航定向，为解决当今国际和地区热点问题提供思想指引和战略选择。主场外交是元首外交的重要形式。习近平主持的主场外交成果丰硕，在国际事务中留下了鲜明的中国印记。中国国家元首的领袖风范、人格魅力、天下情怀，为中国赢得了尊重、友谊与合作。

发挥政党外交的独特作用。政党外交是新时代中国特色大国外交的重要组成部分。中国共产党愿在独立自主、完全平等、互相尊重、互不干涉内部事务原则基础上加强同各国政党和政治组织交流合作。近年来，我国主办了中国共产党与世界政党高层对话会、中国共产党与世界政党领导人峰会等活动，推动世界政党对话交流，同时阐明中国共产党对于政党责任及政党合作的理念与主张。习近平指出："政党作为推动人类进步的重要力量，要锚定正确的前进方向，担起为人民谋幸福、为人类谋进步的历史责任。"[1]世界又一次站在历史的十字路口，各国政党应当担负起引领方向的责任，把握和塑造人类共同未来；应当担负起凝聚共识的责任，坚守和弘扬和平、发展、公平、正义、民主、自由的全人类共同价值；应当担负起促进发展的责任，让发展成果更多更公平地惠及各国人民；应当担负起加强合作的责任，携手应对全球性风险和挑战；应当担负起完善治理的责任，不断增强为人民谋幸福的能力；应当担负起积极引领和推动现代化进程的责任，确保现代化方向的人民性、道路的多样性、进程的持续性、成果的普惠性、领导的坚定性。新时代以来，中国共产党不断深化与外国政党和政治组织的交流，探索建立求同存异、相互尊重、互学互鉴的新型政党关系，搭建多种形式和层次的国际政党交流合作网络。目前，中国共产党同世界上600多个政党和政治组织保持着经常性联系。新征程上，中国共产党将继续同各国政党和政治组织深化交往，不断扩大理念契合点、利益汇合点，以建立新型政

---

① 《习近平著作选读》第二卷，人民出版社2023年版，第491页。

党关系助力构建新型国际关系，以夯实完善全球政党伙伴关系助力深化拓展全球伙伴关系，在推动构建人类命运共同体的大道上同各国政党携手阔步前进。

加强同各国其他政治组织的交流合作，推进人大、政协、军队、地方、人民团体等的对外交往。中国以开放的眼光、开阔的胸怀对待世界各国人民的文明创造，同世界各国人民开展对话交流合作，支持加强人文交流合作和民间友好交往。

三、积极参与引领全球治理体系改革与建设

当今世界，随着国际力量对比的此消彼长和深刻变化，以及全球性问题挑战的增多，加强全球治理、推动全球治理体系的变革已经是大势所趋。这不仅事关应对各种全球性挑战，而且事关给国际秩序和国际体系定规则、定方向；不仅事关对发展制高点的争夺，而且事关各国在国际秩序和国际体系长远制度性安排中的地位和作用。习近平以宽广的全球视野和世界胸怀，准确把握世界发展趋势，提出秉持共商共建共享的全球治理观，以中国智慧、中国主张、中国方案，引领和推动着全球治理理念和实践的创新发展。

坚持共商共建共享的全球治理观。共商，就是主张推动全球治理体系变革是国际社会大家的事，要坚持全球事务由各国人民商量着办，积极推进全球治理规则民主化。各国应该有以天下为己任的担当精神，坚持公正合理、互商互谅、同舟共济、互利共赢，携手破解和平赤字、发展赤字、安全赤字、治理赤字，通过充分协商形成全球治理体系变革方案的共识和一致行动。面对分歧，应当通过对话协商妥善化解，面对竞争，应该守住道德底线和国际规范。共建，就是主张在解决人类面临的新挑战、增进人类共同福祉的进程中，国家无论大小、贫富、强弱一律平等，全球治理中的国际规则应当由各国共同参与制定，全球治理的公

共事务应当由各国共同参与决策。共享，就是通过全球治理使各国共同分享发展成果。具体而言，要通过治理体系的变革，推动商品和服务的共享、科技成果的共享、信息的共享，努力消解发达国家和发展中国家的发展鸿沟，推动人类福祉的共同进步。

提出全球发展倡议、全球安全倡议、全球文明倡议。为了让全世界聚焦发展，共同推动全球发展迈向平衡协调包容新阶段，中国提出全球发展倡议：坚持发展优先，坚持以人民为中心，坚持普惠包容，坚持创新驱动，坚持人与自然和谐共生，坚持行动导向。为了促进世界安危与共，中国提出全球安全倡议：坚持共同、综合、合作、可持续的安全观；坚持尊重各国主权、领土完整；坚持遵守联合国宪章宗旨和原则；坚持重视各国合理安全关切；坚持通过对话协商以和平方式解决国家间的分歧和争端；坚持统筹维护传统领域和非传统领域安全。为了推动不同文明包容共存、交流互鉴，中国提出全球文明倡议：共同倡导尊重世界文明多样性，坚持文明平等、互鉴、对话、包容，以文明交流超越文明隔阂、文明互鉴超越文明冲突、文明包容超越文明优越；共同倡导弘扬全人类共同价值，和平、发展、公平、正义、民主、自由是各国人民的共同追求，要以宽广胸怀理解不同文明对价值内涵的认识，不将自己的价值观和模式强加于人，不搞意识形态对抗；共同倡导重视文明传承和创新，充分挖掘各国历史文化的时代价值，推动各国优秀传统文化在现代化进程中实现创造性转化、创新性发展；共同倡导加强国际人文交流合作，探讨构建全球文明对话合作网络，丰富交流内容，拓展合作渠道，促进各国人民相知相亲，共同推动人类文明发展进步。这三大全球倡议，是新时代中国为国际社会贡献的重要公共产品，对于推动世界现代化进程、推动构建人类命运共同体具有重大意义。

> 实践一再证明，任何以邻为壑的做法，任何单打独斗的思路，任何孤芳自赏的傲慢，最终都必然归于失败！让我们携起手来，让多边主义火炬照亮人类前行之路，向着构建人类命运共同体不断迈进！
>
> ——习近平

在经济、人权、国际规则制定等各领域各方面积极参与全球治理。在全球经济治理方面，倡导平等、开放、合作、共享的全球经济治理观，提出应该以平等为基础，更好反映世界经济格局新现实，增加新兴市场国家和发展中国家代表性和发言权，确保各国在国际经济合作中权利平等、机会平等、规则平等；以开放为导向，坚持理念、政策、机制开放，适应形势变化，充分听取社会各界建议和诉求，鼓励各方积极参与和融入；以合作为动力，加强沟通协调，照顾彼此利益关切，共商规则，共建机制，共迎挑战；以共享为目标，提倡所有人参与，所有人受益，不搞一家独大或者赢者通吃。在全球人权治理方面，强调坚持以合作促发展、以发展促人权的新人权观。在促进全球治理规则民主化、法治化方面，推动全球治理体制更加平衡地反映大多数国家的意愿和利益，积极参与制定海洋、极地、网络、外空、核安全、反腐败、气候变化等新兴领域治理规则。在应对重大国际热点问题和全球性挑战方面，强调建设性参与政治解决，扩大参与联合国框架下的维和行动，争取为维护世界和平、安全、稳定作出更大贡献。在参与全球治理能力方面，着力增强规则制定能力、议程设置能力、舆论宣传能力、统筹协调能力。整体而言，中国充分发挥负责任大国作用，积极参与引领全球治理体系改革和建设，倡导推动国际关系民主化，为变革完善全球治理贡献了中国智慧、中国力量。

第三节　推动构建人类命运共同体

理念引领行动，方向决定出路。以习近平同志为核心的党中央深刻洞悉国际格局演变的规律，准确把握世界潮流浩荡的脉动，提出构建人类命运共同体，弘扬全人类共同价值，推动共建"一带一路"高质量发展，为解决一系列世界重大问题提供了中国理念与方案。构建人类命运共同体是习近平外交思想的核心理念，体现了中国共产党人的世界观、秩序观、价值观，顺应了各国人民的普遍愿望，指明了世界文明进步的方向，是新时代中国特色大国外交追求的崇高目标。这一科学理念为人类社会实现共同发展、持续繁荣、长治久安指明了方向和途径，为各国超越冷战思维、探索对话合作新模式、共谋和平发展新未来擘画了美好蓝图。

一、构建人类命运共同体的提出

伴随着经济全球化的深入发展、科学技术的飞速进步，人类交往的世界性比过去任何时候都更深入、更广泛，各国相互联系和彼此依存比过去任何时候都更频繁、更紧密。与此同时，当前出现的全球性问题数量之多、规模之大、程度之深也是前所未有。面对世界范围内频繁出现的军事冲突、政治对抗等重大问题与挑战，任何人都无法独善其身，任何国家都无力独自应对，迫切需要人类共同谋求解决之道。构建人类命运共同体的提出，为推动动荡变革的当今世界走向光明未来贡献了中国智慧、中国方案。

2013 年，习近平在莫斯科国际关系学院发表演讲时，首次在国际场合阐明人类命运共同体理念，指出"这个世界，各国相互联系、相互依存的程度空前加深，人类生活在同一个地球村里，生活在历史和现实交汇的同一个时空里，越来越成为你中有我、我中有你的命运共同体"①。

---

① 《习近平著作选读》第一卷，人民出版社 2023 年版，第 104 页。

此后，习近平又在多个重要场合对人类命运共同体理念进行了阐发。习近平出席博鳌亚洲论坛 2015 年年会开幕式时，提出了"通过迈向亚洲命运共同体，推动建设人类命运共同体"的倡议。2018 年，习近平向第八届北京香山论坛致贺信指出，中国坚持共同、综合、合作、可持续的新安全观，愿以更加开放的姿态与各国同心协力，以合作促发展、以合作促安全，推动构建人类命运共同体。2023 年，习近平在中国共产党与世界政党高层对话会上发表主旨讲话，强调中国共产党愿继续同各国政党和政治组织一道，开展治党治国经验交流，携手同行现代化之路，在推动构建人类命运共同体的大道上阔步前进。

构建人类命运共同体理念的形成，有其深刻的思想渊源。首先，马克思主义关于世界历史以及共同体等方面的思想，是这一理念形成的思想根基。马克思、恩格斯指出，在西欧资本主义快速发展、人类历史日益转变为世界历史的过程中，工业文明不断发展，世界市场和世界性的交往不断扩大，与此同时阶级统治、民族压迫等现象也不断加深。面对这一全新的历史现象，马克思、恩格斯主张在顺应世界市场不可阻挡的发展大势的同时，打破资本主义生产方式主导下的"虚假的共同体"，在革命性的实践中走向自主个人以及民族自由联合的"真正的共同体"。其次，源远流长的中华文化是构建人类命运共同体理念形成的源头活水。中华优秀传统文化蕴含着的天人合一、立己达人、义利统一、亲仁善邻、讲信修睦、协和万邦、天下大同等思想智慧，为这一理念的创造性提出奠定了深厚的思想文化基础。最后，中国共产党的外交和国际战略思想，如和平共处五项原则、"和平和发展是当代世界的两大问题"重大论断、独立自主和平外交政策、推动建立公正合理的国际政治经济新秩序、倡导建设和谐世界等，为构建人类命运共同体理念的提出奠定了重要基础。整体而言，构建人类命运共同体理念，坚持和彰显了马克思主义共同体思想的世界历史视野、人类关怀精神、平等交往理念和社会实践指向，继承并创新发展了中华优秀传统文化以及历代中国共产党人的相关思想理论，是当代中国共产党人将马克思主义基本原理同中国具体实际相结合、同中华优秀传统文化相结合，并将其运用于研判世界大势、解决人类发展难题的理论产物。

构建人类命运共同体理念有着强烈的现实针对性，是推动国际治理体系变革的可行方案，也是世界各国人民前途所在。随着人类社会生产交往方式的不断进步以及世界形势的深刻变化，现行全球秩序跟不上时代发展、不适应现实需要的地方越来越多，特别是世界政治不平等、世界和平缺乏有效保障、南北差距难以弥合、文化差异得不到真正包容、全球环境治理陷入困境等一系列重大弊病，使得国际社会要求变革的呼声越来越高。构建人类命运共同体理念的提出，顺应了世界各国推动全球现行秩序和治理体系变革的普遍期待，有助于团结世界各国共同应对全球性挑战、推动全球秩序朝着更加公正合理有效的方向发展。正因如此，构建人类命运共同体理念的提出受到国际社会的高度赞赏和广泛认同，这一理念也多次被写入联合国以及其他国际组织的决议或文件，逐步从中国倡议扩大为国际共识，从美好愿景转化为丰富实践，从理念主张发展为科学体系，成为中国引领时代潮流和人类文明进步方向的鲜明旗帜。

二、构建人类命运共同体的丰富内涵

"万物并育而不相害，道并行而不相悖。"习近平指出："人类命运共同体，顾名思义，就是每个民族、每个国家的前途命运都紧紧联系在一起，应该风雨同舟，荣辱与共，努力把我们生于斯、长于斯的这个星球建成一个和睦的大家庭，把世界各国人民对美好生活的向往变成现实。"[1]构建人类命运共同体内涵极其丰富深刻，其核心就是：建设持久和平、

---

① 《习近平谈治国理政》第三卷，外文出版社 2020 年版，第 433 页。

普遍安全、共同繁荣、开放包容、清洁美丽的世界。这一创新理念的提出，无疑为身处十字路口的世界各国指明了共同发展、共同进步、共同安全、共同繁荣的前进方向和现实路径。

> 推动构建人类命运共同体，不是以一种制度代替另一种制度，不是以一种文明代替另一种文明，而是不同社会制度、不同意识形态、不同历史文化、不同发展水平的国家在国际事务中利益共生、权利共享、责任共担，形成共建美好世界的最大公约数。
>
> ——习近平

　　坚持对话协商，建设持久和平的世界。要相互尊重、平等协商，坚决摒弃冷战思维、集团对抗。坚持和平共处五项原则，尊重各国自主选择的社会制度和发展道路，尊重彼此核心利益和重大关切，走对话而不对抗、结伴而不结盟的国与国交往新路，不搞你输我赢的零和游戏。建设一个持久和平的世界，根本要义在于国家之间构建平等相待、互商互谅的伙伴关系。大国要尊重彼此核心利益和重大关切，管控矛盾分歧，努力构建不冲突不对抗、相互尊重、合作共赢的新型关系。大国对小国要平等相待，消除唯我独尊、恃强凌弱、强买强卖的霸道行径。任何国家都不能随意发动战争，不能任意破坏国际法治，要以实际行动维护和平。

　　坚持共建共享，建设普遍安全的世界。要坚持以对话解决争端、以协商化解分歧，反对以牺牲别国安全换取自身绝对安全的做法。各方应树立共同、综合、合作、可持续的安全观，统筹应对传统和非传统安全威胁，反对一切形式的恐怖主义。无论不同国家历史文化传统、社会制度存在多大差异，都要尊重其合理安全关切。恪守尊重主权、独立和领土完整，互不干涉内政等国际关系基本准则，深化双边和多边协作，促进不同安全机制间协调包容、互补合作。各国都有参与地区安全事务的权利，也都有维护地区安全的责任，应以对话协商、互利合作的方式解决安全难题。加强协调、共担责任，建立全球反恐统一战线，为各国人民撑起安全伞。

坚持合作共赢，建设共同繁荣的世界。要抓住新一轮科技革命和产业变革的历史性机遇，转变经济发展方式，坚持创新驱动，共同打造新技术、新产业、新业态、新模式，培育全球发展新动能。坚决反对逆全球化、泛安全化，反对各种形式的单边主义、保护主义，反对"筑墙设垒""脱钩断链"，坚定促进贸易和投资自由化便利化，破解阻碍世界经济健康发展的结构性难题，推动经济全球化朝着更加开放、包容、普惠、均衡的方向发展。顺应各国尤其是发展中国家的普遍要求，解决好资源全球配置造成的国家间和各国内部发展失衡问题，实现各国经济社会协同进步，促进共同繁荣。加强全球经济治理，各国特别是主要经济体需要加强宏观经济政策协调，兼顾当前和长远，着力解决深层次问题，为世界经济增长提供新动力，让发展成果更多更公平惠及世界各国人民。

坚持交流互鉴，建设开放包容的世界。文明的多样性与差异不应该成为世界冲突的根源，而应该成为人类文明进步的动力。要尊重世界文明多样性，以文明交流超越文明隔阂、以文明互鉴超越文明冲突、以文明共存超越文明优越，共同应对各种全球性挑战。坚决反对以意识形态划线，反对在国际关系中搞种族歧视、国家歧视、文明歧视。积极促进和而不同、兼收并蓄的文明交流对话，同各国探讨构建全球文明对话合作网络，努力开创世界各国人文交流、文化交融、民心相通新局面，让世界文明百花园姹紫嫣红、生机盎然，为各国现代化进程提供强大动力。

坚持绿色低碳，建设清洁美丽的世界。人与自然是生命共同体，要以人与自然的和谐相处为目标，牢固树立尊重自然、顺应自然、保护自然的意识，解决好工业文明带来的矛盾，实现世界的可持续发展和人的全面发展。倡导加快绿色低碳转型，实现绿色复苏发展，完善全球生态治理，积极应对气候变化，促进高水平的全球经济社会可持续发展，共同寻求人与自然共生共存的绿色之路，建设生态文明和美丽星球。加快落实联合国 2030 年可持续发展议程，不断开拓生产发展、生活富裕、生态良好的文明发展道路，构筑尊崇自然、绿色发展的生态体系。

这五个方面描绘了世界发展的美好前景，揭示了构建人类命运共同体的总体布局和实践路径。此外，习近平还在不同国际场合发出共同构建网络空间命运共同体、人类卫生健康共同体、地球生命共同体等一系列倡议。这些重要倡议是对构建人类命运共同体内涵的不断丰富和发展。

构建人类命运共同体，需要世界各国弘扬和平、发展、公平、正义、民主、自由的全人类共同价值。和平与发展是我们的共同事业，公平正义是我们的共同理想，民主自由是我们的共同追求。世界各国尽管历史、文化、国情不同，但人民心灵相通、命运休戚与共。弘扬全人类共同价值，就是主张文明没有高下、优劣之分，只有特色、地域之别，强调应当承认和尊重文明多样性，以平等和欣赏的眼光看待不同文明，不将自己的价值观和模式强加于人，不搞意识形态对抗。习近平深刻指出："我们要本着对人类前途命运高度负责的态度，做全人类共同价值的倡导者，以宽广胸怀理解不同文明对价值内涵的认识，尊重不同国家人民对价值实现路径的探索，把全人类共同价值具体地、现实地体现到实现本国人民利益的实践中去。"① 全人类共同价值反映了世界各国人民普遍认同的价值理念的最大公约数，超越了意识形态、社会制度和发展水平等差异，同时贯穿着中华文明与世界其他文明的相处之道，顺应历史潮流，契合时代需要，是人类思想史上一次深刻的价值理念创新，为构建人类命运共同体凝聚了广泛价值共识，也为人类进步事业提供了强大思想引领。

---

① 《习近平著作选读》第二卷，人民出版社 2023 年版，第 492 页。

三、打造推动构建人类命运共同体的国际合作新平台

在高水平、高起点上打造国际合作新平台，是推动构建人类命运共同体的重要任务。中国坚持以共商共建共享为原则推动"一带一路"建设，打造上海合作组织、金砖国家、中非"十大合作计划"、中国－东盟合作机制、中国－中亚机制、中阿合作论坛、中拉关系"1＋3＋6"合作新框架、中国与中东欧国家的"16＋1"合作等一系列国际合作平台。这些平台有些是新搭建的，有些虽是既有的，但在构建人类命运共同体理念指引下被赋予了新的内涵和功能。

在这些平台中，2013 年提出的共建"一带一路"重大倡议占据十分重要的特殊地位。共建"一带一路"是对中国与世界实现开放共赢路径的顶层设计，是推动构建人类命运共同体的实践平台。中国提出这一倡议是要继承和发扬丝绸之路精神，把我国发展同沿线和世界各国的发展结合起来，把中国梦同沿线和世界各国人民的梦想结合起来，赋予古代丝绸之路全新的时代内涵。

> 共建"一带一路"是经济合作倡议，不是搞地缘政治联盟或军事同盟；是开放包容进程，不是要关起门来搞小圈子或者"中国俱乐部"；是不以意识形态划界，不搞零和游戏，只要各国有意愿，我们都欢迎。
>
> ——习近平

"一带一路"是推动开放合作、促进和平发展的中国方案。自中国提出共建"一带一路"倡议以来，越来越多国家予以积极响应。经过多年建设，沿线各国政策沟通不断深化，资金融通不断扩大，设施联通不断加强，贸易畅通不断提升，民心相通不断发展。截至 2023 年 9 月底，"一带一路"倡议吸引了 150 多个国家和 30 多个国际组织积极参与，雅万高

铁、中老铁路等一大批标志性项目扎实推进，涵盖公共卫生、绿色发展、科技教育、文化艺术、卫生健康等领域的一系列"小而美"项目落地生根。"一带一路"已然成为深化中国与周边国家交流合作、探索和创新全球经济治理新模式的重要平台，成为各方合作共赢的全球公共产品和广受欢迎的国际合作平台，成为造福各国、惠及世界的"幸福路"。2023年10月，习近平在第三届"一带一路"国际合作高峰论坛开幕式上宣布中国支持高质量共建"一带一路"八项行动，即构建"一带一路"立体互联互通网络、支持建设开放型世界经济、开展务实合作、促进绿色发展、推动科技创新、支持民间交往、建设廉洁之路、完善"一带一路"国际合作机制。八项行动既有具体目标，也有重要合作倡议和制度性安排，为推动共建"一带一路"进入高质量发展新阶段注入强大信心和动能，必将更好造福沿线各国人民。

上海合作组织、亚洲基础设施投资银行、金砖国家新开发银行、中国国际进口博览会、中国国际服务贸易交易会等，也是构建人类命运共同体的重要国际平台。由中国、俄罗斯等国共同创建的上海合作组织，创造性地提出并践行了互信、互利、平等、协商、尊重多样文明、谋求共同发展的"上海精神"，掀开了国际关系史崭新的一页，得到国际社会日益广泛的认同，越来越多国家申请加入"上合大家庭"。亚洲基础设施投资银行按照多边开发银行模式和原则运作，坚持国际性、规范性、高标准，在国际上展示了专业、高效、廉洁的新型多边开发银行的崭新形象，成为聚焦共同发展的新型多边开发银行、勇于开拓创新的新型发展实践平台、创造最佳实践的高标准新型国际合作机构、坚持开放包容的国际多边合作新典范。金砖国家新开发银行是首次在没有发达国家参与的情况下建立起来的具有全球影响力的开发银行，为包括金砖国家在内的新兴市场国家和发展中国家基础设施建设和可持续发展提供了有力保障。中国从2018年起在上海举办了多届中国国际进口博览会，从2012年起在北京举办了多届中国国际服务贸易交易会。中国举办进博会、广交会、服贸会、消博会等重大展会，为各方进入中国市场、各国深化开放合作搭建了重要平台。

打造国际合作平台，符合中华民族历来秉持的天下大同理念，是推进经济全球化健康发展、完善全球发展模式和治理体系的重要途径。这些国际合作平台改写了全球经济版图和政治格局，为世界增添了共同发展的新动力。中国将继续依托这一系列平台与世界同行，积极发展全球伙伴关系，参与推动全球治理体系变革，为推动构建人类命运共同体作出更大、更重要的贡献。

思考题

1. 为什么中国不能也不会走"国强必霸"的发展道路？

2. 为什么必须始终高举多边主义旗帜？

3. 如何理解构建人类命运共同体提出的时代条件与思想渊源？

4. 全球发展倡议、全球安全倡议、全球文明倡议具有什么样的重要意义？

第十章　新时代坚持和加强党的全面领导与全面从严治党

教学要点

1. 党的领导是中国特色社会主义最本质的特征
2. 新时代党的建设总要求的内涵
3. 推动全面从严治党向纵深发展的实践要求
4. 党的自我革命是跳出历史周期率的第二个答案
5. 以伟大自我革命引领伟大社会革命的重大意义

第一节　党是最高政治领导力量

中国共产党是中国特色社会主义事业的领导核心，处在总揽全局、协调各方的地位。党是领导一切的，党是最高的政治领导力量。党的领导是做好党和国家各项工作的根本保证，是我国政治稳定、经济发展、民族团结、社会稳定的根本点。党的领导不是抽象的、空洞的，必须通过党的领导制度体系来实现。

一、党的领导是中国特色社会主义最本质的特征

中国共产党的领导地位不是自封的，是由党的性质决定的，是历史和人民的选择。中国共产党的领导，是中国革命、建设、改革不断取得胜利最根本的保证。没有中国共产党，就没有新中国，就没有中国特色社会主义。习近平指出："中国共产党领导是中国特色社会主义最本质的特征，是中国特色社会主义制度的最大优势，是党和国家的根本所在、命脉所在，是全国各族人民的利益所系、命运所系。"[1] 这一重要论断，深刻揭示了党的领导与中国特色社会主义的内在统一性，深化了对坚持和发展中国特色社会主义的规律性认识，是对马克思主义政党理论、科学社会主义理论的重大创新。

坚持无产阶级政党领导是科学社会主义的一条基本原则。人类社会必然走向社会主义和共产主义，这是一条不以人的意志为转移的客观规律，能够领导这一社会变革、完成这一历史使命的，只能是代表先进生产力的无产阶级。但无产阶级并不能仅仅依靠自身力量，直接地、自发地完成这一历史使命，而必须依靠它的先锋队即共产党的领导才能实现自身的历史使命。共产党了解人类历史发展的方向和进程，是建设社会主义、实现共产主义的领导者、组织者。社会主义事业是共产党的崇高事业，社会主义的建立、巩固和完善都离不开共产党的领导。马克思指出："为保证社会革命获得胜利和实现革命的最高目标——消灭阶级，无产阶级这样组织成为政党是必要的。"[2] 列宁认为，"革命无产阶级的独立的、毫不妥协的马克思主义政党，是社会主义胜利的唯一保证，是一条通向胜利的康庄大道"[3]。可见，共产党的领导与社会主义事业具有内在统一性。

中国共产党的领导直接关系着中国特色社会主义的性质、方向和命

---

[1] 《习近平著作选读》第二卷，人民出版社 2023 年版，第 482 页。

[2] 《马克思恩格斯选集》第三卷，人民出版社 2012 年版，第 173—174 页。

[3] 《列宁全集》第九卷，人民出版社 2017 年版，第 257 页。

运。中国共产党是中国特色社会主义伟大事业的开创者、引领者、推动者。中国特色社会主义道路来之不易，是中国共产党带领全国人民历经艰难险阻、付出各种代价，独立自主、上下求索的结果。这条光明大道，既坚持了科学社会主义基本原则，又具有鲜明的中国特色。中国特色社会主义是社会主义，不是别的什么主义，究其根本在于坚持科学社会主义的基本原则、在于坚持中国共产党的领导。习近平指出："中国最大的国情就是中国共产党的领导。什么是中国特色？这就是中国特色。"[1] 我们的全部事业都建立在这个基础之上，都根植于这个最本质特征和最大优势。如果没有了党的领导，就不成其为社会主义了，更谈不上搞中国特色社会主义了。

党的领导是中国特色社会主义制度的最大优势。党的领导制度是我国的根本领导制度，在中国特色社会主义制度体系中起着统领和决定性作用。中国特色社会主义制度之所以"行"，是因为党的领导在中国特色社会主义制度中是最具统领性决定性创造性的因素。我国国家制度和国家治理体系具有多方面的显著优势，第一位的是坚持党的集中统一领导，确保国家始终沿着社会主义方向前进。这一优势是带有统领性的根本优势，贯穿于其他方面的显著优势中，同时其他方面的显著优势都同党的领导制度密切相关，离不开党的领导这一优势的根本保证。党的领导保证了人民当家作主，保证了集中力量办大事，保证了社会长治久安。只有坚持党的领导，才能有效协调党和国家事业各领域重大关系，确保大政方针的稳定性和持续性，更好发挥我国国家制度和国家治理体系各方面的显著优势，更好推进中国特色社会主义事业不断向前发展。

党的领导是实现社会主义现代化和中华民族伟大复兴的根本保证。全面建成社会主义现代化强国，实现中华民族的伟大复兴，是中华民族的根本利益和最高利益。我们党领导中国人民进行的一切奋斗，归根结

---

[1] 《习近平著作选读》第一卷，人民出版社 2023 年版，第 190 页。

底就是为了实现这一伟大目标。现在，我们比历史上任何时期都更接近于实现这一伟大目标，但前进道路上我们始终面临着这样那样的风险挑战，面临着具有许多新的历史特点的伟大斗争。只有坚持和加强党的领导，发挥党最高政治领导力量的作用，才能有效防范和化解前进道路上的各种风险挑战，凝聚起实现民族复兴的磅礴力量，确保中国特色社会主义事业行稳致远。

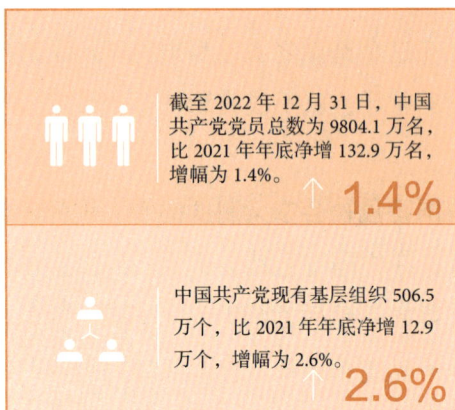

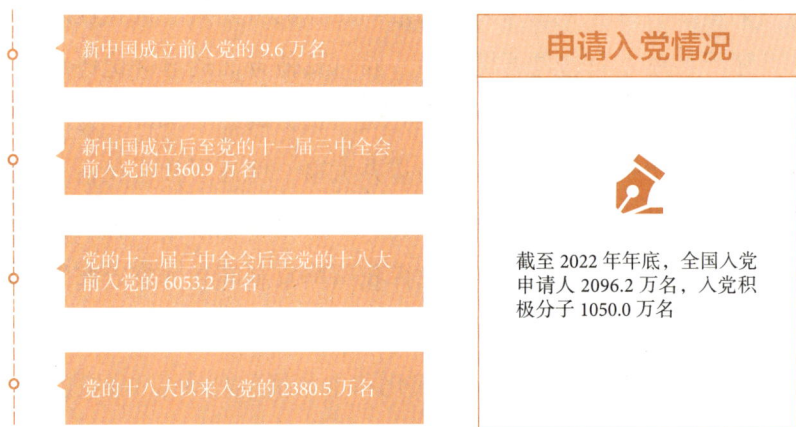

截至 2022 年 12 月 31 日，中国共产党党员总数为 9804.1 万名，比 2021 年年底净增 132.9 万名，增幅为 1.4%。

1.4%

中国共产党现有基层组织 506.5 万个，比 2021 年年底净增 12.9 万个，增幅为 2.6%。

2.6%

新中国成立前入党的 9.6 万名

新中国成立后至党的十一届三中全会前入党的 1360.9 万名

党的十一届三中全会后至党的十八大前入党的 6053.2 万名

党的十八大以来入党的 2380.5 万名

申请入党情况

截至 2022 年年底，全国入党申请人 2096.2 万名，入党积极分子 1050.0 万名

数据来源:《中国共产党党内统计公报》(中共中央组织部 2023 年 6 月 30 日发布)

二、党的领导是全面的、系统的、整体的

党政军民学，东西南北中，党是领导一切的。党作为最高政治领导力量，党的领导必须是全面的、系统的、整体的，必须体现到经济建设、政治建设、文化建设、社会建设、生态文明建设和国家安全、国防军队、祖国统一、外交工作、党的建设等各方面，体现在党和国家工作的各个领域、各个环节，体现在国家政权的机构、体制、制度等治国理政方方面面的设计、安排、运行之中，确保党的领导全覆盖，确保党的领导始终坚强有力。

党的领导是全面的、系统的、整体的，要义在于发挥党的领导核心作用。"六合同风，九州共贯。"国家治理体系是由众多子系统构成的复杂系统，这个系统的核心是中国共产党，形象地说就是"众星捧月"。人大、政府、政协、监委、法院、检察院、军队，各民主党派和无党派人士，各企事业单位，工会、共青团、妇联等群团组织，都要坚持中国共产党领导，一个都不能少。习近平明确指出："在国家治理体系的大棋局中，党中央是坐镇中军帐的'帅'，车马炮各展其长，一盘棋大局分明。"① 党的任何组织和成员必须以实际行动维护党中央一锤定音、定于一尊的权威，必须服从党中央集中统一领导。在党中央的集中统一领导下，党政军民学既各司其职、各负其责又相互配合，这样治国理政才有方向、有章法、有力量。否则就会出现各自为政、一盘散沙的局面，不仅我们确定的目标不能实现，而且必定会产生灾难性后果。当然，党的领导是全面的、系统的、整体的，并不是说党要包揽包办一切，并不是事无巨细都抓在手上，要防止越俎代庖、陷入事务主义。

全面、系统、整体落实党的领导，要求党在同级各种组织中发挥领导核心作用。党组织既要坚定地总揽全局，把方向、谋大局、定政策，

---

① 《习近平著作选读》第一卷，人民出版社 2023 年版，第 192 页。

又要善于协调各方，调动方方面面的积极性，把党的领导作用贯穿于工作全过程。既要实行民主的科学的决策，制定和执行正确的路线方针政策，又要做好党的组织、宣传等工作，发挥党员的先锋模范作用，保证党的路线方针政策全面落实。要探索党的领导规律，提高科学执政、民主执政、依法执政水平，适应形势的发展和情况的变化，不断探索党领导国家政权机关、武装力量、企事业单位、基层自治组织、人民团体、社会组织的体制机制和工作机制，不断完善党对经济建设、政治建设、文化建设、社会建设、生态文明建设的领导方式，以科学的体制、机制和方式保证党的全面领导。

党的十八大以来，以习近平同志为核心的党中央制定《关于新形势下党内政治生活的若干准则》，出台《中共中央政治局关于加强和维护党中央集中统一领导的若干规定》，严明政治纪律和政治规矩，防止和反对个人主义、分散主义、自由主义等。党健全党的领导制度体系，健全党中央对重大工作的领导体制，完善推动党中央重大决策落实机制，从制度上保证党的领导全面覆盖。强化政治监督，深化政治巡视，查处违背党的路线方针政策、破坏党的集中统一领导问题，保证全党在政治立场、政治方向、政治原则、政治道路上同党中央保持高度一致。经过全党不懈努力，党中央权威和集中统一领导得到有力保证，党的领导制度体系不断完善，党的领导方式更加科学，全党思想上更加统一、政治上更加团结、行动上更加一致，党的政治领导力、思想引领力、群众组织力、社会号召力显著增强，为推进中国特色社会主义事业提供了坚强保证。

三、健全和完善党的领导制度体系

坚持中国共产党的坚强领导，是通过党的领导制度来保证实施的。党的十九届四中全会从制度建设层面对坚持和加强党的全面领导作出新的战略安排，把党的领导制度明确为我国的根本领导制度。这是我们党第一次从坚持和完善中国特色社会主义制度的高度，确定党的领导制度在我国国家制度和国家治理体系中关乎长远、关乎全局的地位和作用，抓住了制度建设和国家治理的关键和根本。党的领导制度体系是一个系统完备、内涵丰富的体系，坚持和完善党的领导制度体系，要建立和完善六个方面的制度。

第一，建立不忘初心、牢记使命的制度。确保全党遵守党章，恪守党的性质和宗旨，坚持用共产主义远大理想和中国特色社会主义共同理想凝聚全党、团结人民，用习近平新时代中国特色社会主义思想武装全党、教育人民、指导工作，夯实党执政的思想基础。把不忘初心、牢记使命作为加强党的建设的永恒课题和全体党员、干部的终身课题，形成长效机制，坚持不懈锤炼党员、干部忠诚干净担当的政治品格。全面贯彻党的基本理论、基本路线、基本方略，持续推进党的理论创新、实践创新、制度创新，使一切工作顺应时代潮流、符合发展规律、体现人民愿望，确保党始终走在时代前列、得到人民衷心拥护。

第二，完善坚定维护党中央权威和集中统一领导的各项制度。推动全党增强"四个意识"、坚定"四个自信"、做到"两个维护"，自觉在思想上政治上行动上同以习近平同志为核心的党中央保持高度一致，坚决把维护习近平总书记党中央的核心、全党的核心地位落到实处。健全党中央对重大工作的领导体制，强化党中央决策议事协调机构职能作用，完善推动党中央重大决策落实机制，严格执行向党中央请示报告制度，确保令行禁止。健全维护党的集中统一的组织制度，形成党的中央组织、地方组织、基层组织上下贯通、执行有力的严密体系，实现党的组织和党的工作全覆盖。

第三，健全党的全面领导制度。完善党领导人大、政府、政协、监察机关、审判机关、检察机关、武装力量、人民团体、企事业单位、基层群众性自治组织、社会组织等制度，健全各级党委（党组）工作制度，确保党在各种组织中发挥领导核心作用。完善党领导各项事业的具体制度，把党的领导落实到统筹推进"五位一体"总体布局、协调推进"四个全面"战略布局各方面。完善党和国家机构职能体系，把党的领导贯彻到党和国家所有机构履行职责全过程，推动各方面协调行动、增强合力。

第四，健全为人民执政、靠人民执政各项制度。坚持立党为公、执政为民，保持党同人民群众的血肉联系，把尊重民意、汇集民智、凝聚民力、改善民生贯穿党治国理政全部工作之中，巩固党执政的阶级基础，厚植党执政的群众基础，通过完善制度保证人民在国家治理中的主体地位，着力防范脱离群众的危险。贯彻党的群众路线，完善党员、干部联系群众制度，创新互联网时代群众工作机制，始终做到为了群众、相信群众、依靠群众、引领群众，深入群众、深入基层。健全联系广泛、服务群众的群团工作体系，推动人民团体增强政治性、先进性、群众性，把各自联系的群众紧紧团结在党的周围。

第五，健全提高党的执政能力和领导水平制度。坚持民主集中制，完善发展党内民主和实行正确集中的相关制度，提高党把方向、谋大局、定政策、促改革的能力。健全决策机制，加强重大决策的调查研究、科学论证、风险评估，强化决策执行、评估、监督。改进党的领导方式和执政方式，增强各级党组织政治功能和组织力。完善担当作为的激励机制，促进各级领导干部增强学习本领、政治领导本领、改革创新本领、科学发展本领、依法执政本领、群众工作本领、狠抓落实本领、驾驭风险本领，发扬斗争精神，增强斗争本领。

第六，完善全面从严治党制度。坚持党要管党、全面从严治党，增强忧患意识，不断推进党的自我革命，永葆党的先进性和纯洁性。贯彻新时代党的建设总要求，深化党的建设制度改革，坚持依规治党，建立健全以党的政治建设为统领，全面推进党的各方面建设的体制机制。坚持新时代党的组织路线，健全党管干部、选贤任能制度。规范党内政治生活，严明政治纪律和政治规矩，发展积极健康的党内政治文化，全面净化党内政治生态。完善和落实全面从严治党责任制度。坚决同一切影响党的先进性、弱化党的纯洁性的问题作斗争，大力纠治形式主义、官僚主义，不断增强党的创造力、凝聚力、战斗力，确保党始终成为中国特色社会主义事业的坚强领导核心。

中国特色社会主义制度的优势能不能发挥好，关键在党的领导制度能不能执行好。要健全总揽全局、协调各方的党的领导制度体系，提高落实党的全面领导制度的能力和水平，把党的领导落实到国家治理各领域各方面各环节。要强化制度意识和制度监督，善于从制度上思考把握问题，善于依据党的全面领导制度制定政策、完善措施、解决问题，坚决杜绝做选择、搞变通、打折扣的不良现象，在制度轨道上推进各项事业。

第二节　建设长期执政的马克思主义政党

坚持党的全面领导，必须坚定不移全面从严治党，深入推进新时代党的建设新的伟大工程。党的十八大以来，以习近平同志为核心的党中央提出一系列管党治党、兴党强党的新理念新思想新战略，形成习近平关于党的建设的重要思想，为深入推进新时代党的建设新的伟大工程提供了根本遵循。其主要内容集中体现为"十三个坚持"：坚持和加强党的全面领导；坚持以党的自我革命引领社会革命；坚持以党的政治建设统领党的建设各项工作；坚持江山就是人民、人民就是江山；坚持思想建党、理论强党；坚持严密党的组织体系；坚持造就忠诚干净担当的高素质干部队伍；坚持聚天下英才而用之；坚持持之以恒正风肃纪；坚持一体推进不敢腐、不能腐、不想腐；坚持完善党和国家监督体系；坚持制度治党、依规治党；坚持落实全面从严治党政治责任。新征程上，要加强全面从严治党永远在路上的政治自觉，着力提高党的管党治党水平，着力增强抵御风险能力，使我们党坚守初心使命，始终成为中国特色社会主义事业的坚强领导核心。

一、新时代党的建设面临的新形势

中国特色社会主义进入新时代，党面临的主要任务是，实现第一个百年奋斗目标，开启实现第二个百年奋斗目标新征程，朝着实现中华民族伟大复兴的宏伟目标继续前进。新形势下，一系列长期积累及新出现的突出矛盾和问题亟待解决。党内存在不少对坚持党的领导认识模糊、行动乏力问题，存在不少落实党的领导弱化、虚化、淡化问题。有些党员、干部政治信仰发生动摇，一些地方和部门形式主义、官僚主义、享乐主义和奢靡之风屡禁不止，特权思想和特权现象较为严重，一些贪腐问题触目惊心。特别是"七个有之"问题严重影响党的形象和威信，严重损害党群干群关系。落实党要管党、从严治党的任务比以往任何时候都更为繁重更为紧迫。

党的十八大以来，以习近平同志为核心的党中央勇于面对党面临的重大风险考验和党内存在的突出问题，坚定不移加强党的建设，卓有成效推动全面从严治党，党的创造力凝聚力战斗力显著增强，党的团结统一更加巩固，党群关系明显改善，党在革命性锻造中焕发出新的强大生机活力。推动全党尊崇党章，增强政治意识、大局意识、核心意识、看齐意识，坚决维护党中央权威和集中统一领导，严明党的政治纪律和政治规矩，层层落实管党治党政治责任。扎实开展党的群众路线教育实践活动和"三严三实"专题教育，推进"两学一做"学习教育常态化制度化，广泛开展"不忘初心、牢记使命"主题教育，推动党史学习教育常态化长效化，深入开展学习贯彻习近平新时代中国特色社会主义思想主题教育。深入推进党的建设制度改革，形成比较完善的党内法规体系。

把纪律挺在前面，着力解决人民群众反映最强烈、对党的执政基础威胁最大的突出问题。出台中央八项规定，严厉整治形式主义、官僚主义、享乐主义和奢靡之风，坚决反对特权。实现中央和省级党委巡视全覆盖。坚持反腐败无禁区、全覆盖、零容忍，不敢腐、不能腐、不想腐一体推进，"打虎""拍蝇""猎狐"多管齐下，反腐败斗争取得压倒性胜利并全面巩固，消除了党、国家、军队内部存在的严重隐患，确保党和人民赋予的权力始终用来为人民谋幸福。经过不懈努力，党找到了自我革命这一跳出治乱兴衰历史周期率的第二个答案，自我净化、自我完善、自我革新、自我提高能力显著增强，管党治党宽松软状况得到根本扭转，风清气正的党内政治生态不断形成和发展，党的执政基础和群众基础更加巩固。

新时代全面从严治党取得显著成效的同时，也要认识到我们党作为长期执政的马克思主义政党，历史久、人数多、规模大，既有办大事、建伟业的巨大优势，也面临治党治国的难题。如何始终不忘初心、牢记使命，如何始终统一思想、统一意志、统一行动，如何始终具备强大的执政能力和领导水平，如何始终保持干事创业精神状态，如何始终能够及时发现和解决自身存在的问题，如何始终保持风清气正的政治生态，都是我们这个大党必须解决的独有难题。解决这些难题，是实现新时代新征程党的使命任务必须迈过的一道坎，是全面从严治党适应新形势新要求必须啃下的硬骨头。

解决大党独有难题，是一个长期而艰巨的过程。习近平强调："我们党作为世界上最大的马克思主义执政党，要始终赢得人民拥护、巩固长期执政地位，必须时刻保持解决大党独有难题的清醒和坚定。"[1]这是我们党从所处的历史方位、肩负的使命任务、面临的复杂环境出发，深刻把握党的根本性质和党情国情发展变化，对新时代新征程全面从严治党

---

① 《习近平著作选读》第一卷，人民出版社 2023 年版，第 52 页。

提出的新的重大命题。要清醒看到，党内一些深层次问题尚未根本解决，一些老问题反弹回潮的可能始终存在，稍有松懈就会死灰复燃，新的问题还在不断出现，党面临的执政考验、改革开放考验、市场经济考验、外部环境考验将长期存在，精神懈怠危险、能力不足危险、脱离群众危险、消极腐败危险将长期存在。全面从严治党永远在路上，管党治党一刻也不能放松。要站在事关党长期执政、国家长治久安、人民幸福安康的高度，把全面从严治党作为党的长期战略、永恒课题，始终坚持问题导向，保持战略定力，永远吹冲锋号，把严的基调、严的措施、严的氛围长期坚持下去，确保党永远不变质、不变色、不变味。

二、新时代党的建设总要求

党的十九大深入分析新形势下党面临的新情况新问题，提出了新时代党的建设总要求，即：坚持和加强党的全面领导，坚持党要管党、全面从严治党，以加强党的长期执政能力建设、先进性和纯洁性建设为主线，以党的政治建设为统领，以坚定理想信念宗旨为根基，以调动全党积极性、主动性、创造性为着力点，全面推进党的政治建设、思想建设、组织建设、作风建设、纪律建设，把制度建设贯穿其中，深入推进反腐败斗争，不断提高党的建设质量，把党建设成为始终走在时代前列、人民衷心拥护、勇于自我革命、经得起各种风浪考验、朝气蓬勃的马克思主义执政党。新时代党的建设总要求，突出了马克思主义执政党的政治属性，明确了新时代全面从严治党的思路和方略，指明了新时代党的建设的方向。

新时代党的建设总要求不是空洞的、抽象的、说教的，而是来自加强党的建设、推进全面从严治党的现实需要，来自解决党内存在的突出矛盾和问题的现实需要，来自保持党的先进性和纯洁性、增强党的创造力凝聚力战斗力的现实需要，来自永葆党的性质和宗旨、保持党同人民群众血肉联系的现实需要，来自坚持党的执政地位、提高党的执政能力、扩大党的执政基础的现实需要。党的二十大强调，要落实新时代党的建设总要求，健全全面从严治党体系，全面推进党的自我净化、自我完善、自我革新、自我提高。

第一，坚持和加强党的全面领导，这是新时代党的建设根本原则，是党的建设的根本出发点和落脚点。新时代党的建设总要求把党的领导地位和作用提到了前所未有的高度，不仅突出强调了党的全面领导对中国特色社会主义事业的特殊重要性，而且突出强调了党的全面领导对党的建设特别是新时代全面从严治党的特殊重要性。这就抓住了落实全面从严治党主体责任的关键，抓住了切实解决长期以来党的建设方面存在的宽松软等问题的关键，也彰显了中国共产党的政治自信和党的建设的初心。

第二，坚持党要管党、全面从严治党，这是新时代党的建设的根本方针。"党要管党、全面从严治党"是对党的十八大以来管党治党成功经验的科学总结，是对党的自身建设规律认识的深化，实现了党的建设指导方针的与时俱进。这对于始终坚持"严"字当头，把始终坚持从严从紧从实贯彻落实到党的建设全过程和各方面，不断提高党的建设质量，具有重要意义。

第三，加强党的长期执政能力建设、先进性和纯洁性建设是党的建设的永恒主题。从"执政能力建设"到"长期执政能力建设"，更加凸显党长期执政、全面领导要经受的重大考验，凸显保持党的先进性和纯洁性对坚持党的全面领导、巩固党的执政地位的极端重要性，凸显全面从严治党永远在路上的思想内涵和实践导向，进而警示全党必须不断适应伟大斗争和伟大事业的需要，时刻防止背离党的性质和宗旨的倾向，时刻防止不正之风和腐败的侵蚀，永葆党的先进性和纯洁性。

第四，以党的政治建设为统领，全面推进党的政治建设、思想建设、组织建设、作风建设、纪律建设，把制度建设贯穿其中，深入推进反腐败斗争，这是新时代党的建设总体布局。这一总体布局把政治建设和纪律建设纳入其中，并将政治建设摆在首位，凸显了政治建设在党的各项建设中的统领地位，抓住了马克思主义执政党建设的关键点和根本点，体现了管党治党要把纪律挺在前面的鲜活经验，回归了制度建设在党的各项建设中的内在规定性，充分表明了党坚定不移正风肃纪和反腐败的坚强决心。这一总体布局是对党的建设历史特别是党的十八大以来党的建设宝贵经验的科学总结和理论升华，对于推进党的各方面建设、提高党的建设质量必将起到纲举目张的作用。

第五，不断提高党的建设质量，把党建设成为始终走在时代前列、人民衷心拥护、勇于自我革命、经得起各种风浪考验、朝气蓬勃的马克思主义执政党，这是新时代党的建设总目标。这一目标集中体现了党的基本性质、根本宗旨、鲜明品格和精神风貌。新时代党的建设总目标指出了马克思主义执政党的五个鲜明特征，每一个特征都各有所指且内涵丰富，构成一个统一整体，充分彰显了党与时俱进、引领时代潮流的品格，强调了党同人民群众的密切联系，揭示了党保持先进性和纯洁性的内在动力，体现了党为中国人民谋幸福、为中华民族谋复兴的使命担当，展现了党为理想信念不懈奋斗的精神状态。

三、推动全面从严治党向纵深发展

全面从严治党向纵深发展是一项系统工程。新时代党的建设新的伟大工程，要结合伟大斗争、伟大事业、伟大梦想的实践来进行，以政治建设为统领，全面推进党的政治建设、思想建设、组织建设、作风建设、纪律建设，把制度建设贯穿其中，深入推进反腐败斗争，推动全面从严治党向纵深发展，健全全面从严治党体系，做到内容上全涵盖、对象上全覆盖、责任上全链条、制度上全贯通，为党和国家事业健康发展提供政治、思想、组织保证。

一是把党的政治建设摆在首位。旗帜鲜明讲政治是我们党作为马克思主义政党的根本要求。党的政治建设是党的根本性建设，决定党的建设方向和效果。政治建设抓好了，政治方向、政治立场、政治原则、政治大局把握住了，对党的其他建设就可以起到纲举目张的作用，党的建设就铸了魂、扎了根。我们党把政治建设纳入党的建设总体布局并摆在首位，明确了政治建设在新时代党的建设中的战略定位，抓住了全面从严治党的根本性问题。必须加强党的政治建设，深刻领悟"两个确立"的决定性意义，坚决维护习近平总书记党中央的核心、全党的核心地位，坚持用习近平新时代中国特色社会主义思想武装头脑、指导实践、推动工作，进一步坚定政治信仰，强化政治领导，提高政治能力，净化政治生态，实现全党团结统一、行动一致。要坚持正确政治方向，坚守共产主义远大理想和中国特色社会主义共同理想，坚持党的基本理论、基本路线、基本方略，引导全党把智慧和力量凝聚到坚持和发展中国特色社会主义伟大事业中来，确保党和国家各项事业始终沿着正确政治方向前进。要坚守政治立场，坚决站稳党性立场和人民立场，坚持以党的旗帜为旗帜、以党的方向为方向、以党的意志为意志，坚持以人民为中心，践行全心全意为人民服务的根本宗旨，树立真挚的人民情怀，崇尚实干、勤政为民，把对党负责和对人民负责高度统一起来。要营造良好政治生态，严格执行新形势下党内政治生活若干准则，增强党内政治生活的政治性、时代性、原则性、战斗性，加强党内政治文化建设，弘扬忠诚老实、公道正派、实事求是、清正廉洁等价值观，以良好政治文化涵养风清气正的政治生态。要提高政治能力，不断提高党员领导干部把握方向、把握大势、把握全局的能力和辨别政治是非、保持政治定力、驾驭政治局面、防范政治风险的能力，不断加强政治能力训练和政治实践历练，把对党忠诚、为党分忧、为党尽职、为民造福作为根本政治担当，永葆共产党人政治本色。

二是思想建党和制度治党同向发力。党的思想建设和制度建设紧密结合，在全面从严治党系统工程中具有基础性、综合性的地位和作用。思想建党和制度治党要同向发力，统筹推进全面从严治党。思想建设是党的基础性建设。回顾党的奋斗历程可以发现，中国共产党之所以能够历经艰难困苦而不断发展壮大，很重要的一个原因就是党始终重视思想建党、理论强党，使全党始终保持统一的思想、坚定的意志、协调的行动、强大的战斗力。新时代加强党的思想建设，要把坚定理想信念作为首要任务，教育引导全党牢记党的宗旨，挺起共产党人的精神脊梁，解决好世界观、人生观、价值观这个"总开关"问题，自觉做共产主义远大理想和中国特色社会主义共同理想的坚定信仰者和忠实实践者，推动全党更加自觉地为实现新时代党的历史使命不懈奋斗。用党的创新理论武装全党是新时代党的思想建设的根本任务。坚持不懈用习近平新时代中国特色社会主义思想统一思想、统一意志、统一行动，全面系统掌握这一思想的基本观点、科学体系，把握好这一思想的世界观、方法论，坚持好、运用好贯穿其中的立场观点方法，不断增进对党的创新理论的政治认同、思想认同、理论认同、情感认同。要弘扬马克思主义学风，坚持学思用贯通、知信行统一，把习近平新时代中国特色社会主义思想转化为坚定理想、锤炼党性和指导实践、推动工作的强大力量。党的制度建设为新时代党的建设提供了根本性、全局性、稳定性、长期性保障。全面从严治党，必须加强党的制度建设、坚持依规管党治党。党的制度建设需要体现在政治建设、思想建设、组织建设、作风建设、纪律建设等各方面建设之中，各方面建设也需要以制度建设来保证、落实。党的十八大以来，党中央把制度建设贯穿新时代党的建设各方面，完善党内法规制定体制机制，全方位、立体式推进党内法规制度建设，形成以党章为根本，以民主集中制为核心，以党的组织法规、党的领导法规、党的自身建设法规、党的监督保障法规为框架的党内法规体系，全面实现落实党的领导有制可循、从严管党治党有规可依。党的二十大提出完善党的自我革命制度规范体系，这是我们党坚持制度治党的重大创新和战略部署。将思想建党和制度治党紧密结合、有机统一，是中国共产党全面从严治党的显著特点和特有优势。思想建党打造的是思想防线，制度治党打造的是制度防线。思想教育要结合制度落实来进行，制度落实也需要通过思想教育来启发自觉，二者相得益彰，相互促进，不可偏废。

三是加强干部队伍建设和组织体系建设。组织建设是党的建设的重要基础。党的组织路线是为党的政治路线服务的。新时代党的组织路线提出坚持德才兼备、以德为先、任人唯贤的方针，就是强调选干部、用人才既要重品德，也不能忽视才干。党的干部是党和国家事业的中坚力量，严密的组织体系是党的优势所在、力量所在。适应新时代中国特色社会主义发展要求，进行具有许多新的历史特点的伟大斗争，要求加强干部队伍建设，增强党组织政治功能和组织功能。全面建设社会主义现代化国家，必须有一支政治过硬、适应新时代要求、具备领导现代化建设能力的干部队伍。要坚持党管干部原则，坚持德才兼备、以德为先，坚持五湖四海、任人唯贤，坚持事业为上、公道正派，把好干部标准落到实处。要坚持正确选人用人导向，提拔重用牢固树立"四个意识"和"四个自信"、坚决维护党中央权威、全面贯彻执行党的理论和路线方针政策、忠诚干净担当的高素质专业化干部，选优配强各级领导班子。党的力量来自组织，党的全面领导、全部工作要靠党的坚强组织体系来实现。只有党的各级组织都健全、都过硬，形成上下贯通、执行有力的严密组织体系，党的领导才能"如身使臂、如臂使指"。各级党组织要适应形势任务新变化，认真履行党章赋予的各项职责，把党的路线方针政策和党中央决策部署贯彻落实好，把各领域广大群众组织凝聚好。要坚持大抓基层的鲜明导向，着力增强政治领导力、组织覆盖力、群众凝聚力、社会号召力、发展推动力、自我革新力，把各领域基层党组织建设成为实现党的领导的坚强战斗堡垒，这是新时代对党的基层组织的必然要求。

四是以严的基调正风肃纪。党的作风就是党的形象，关系人心向背，关系党的生死存亡。党的作风建设始终是摆在党面前的一项重大而紧迫的任务。党的十八大以来，以习近平同志为核心的党中央从落实中央八项规定精神破题，雷厉风行抓作风，锲而不舍纠"四风"，作风建设成效凸显，党内正气上升，良好社会风气上扬，赢得人民群众交口称赞。新时代加强党的作风建设，必须紧紧围绕保持党同人民群众的血肉联系，增强群众观念和群众感情，不断厚植党执政的群众基础。凡是群众反映强烈的问题都要严肃认真对待，凡是损害群众利益的行为都要坚决纠正。坚持以上率下，巩固拓展落实中央八项规定精神成果，常抓不懈、久久为功，直至真正化风成俗，以优良党风引领社风民风。持续深化纠治"四风"，把纠治形式主义、官僚主义摆在更加突出的位置，作为作风建设的重点任务，研究针对性举措，科学精准靶向整治，动真碰硬、务求实效。把握作风建设地区性、行业性、阶段性特点，抓住普遍发生、反复出现的问题深化整治，推进作风建设常态化长效化。正风必先肃纪，党的纪律是党的各级组织和全体党员必须遵守的行为规范和规则，是党的生命线。纪律建设是全面从严治党的治本之策，为其他各项建设提供规范和保障。在党的所有纪律和规矩中，第一位的是政治纪律和政治规矩，它是全党在政治方向、政治立场、政治言论、政治行动方面必须遵守的刚性约束，也是最重要、最根本、最关键的纪律和规矩。要重点强化政治纪律和组织纪律，带动廉洁纪律、群众纪律、工作纪律、生活纪律严起来。坚持开展批评和自我批评，坚持惩前毖后、治病救人，抓早抓小、防微杜渐。加强纪律教育，强化纪律执行，让党员、干部知敬畏、存戒惧、守底线，习惯在受监督和约束的环境中工作生活。

五是坚定不移推进反腐败斗争。我们党是代表最广大人民根本利益的马克思主义政党，同任何腐败现象水火不容。党的十八大以来，我们党以雷霆之势、霹雳手段惩治腐败，取得反腐败斗争压倒性胜利并全面巩固，成功走出一条中国特色反腐败之路。但是，反腐败斗争形势依然严峻复杂，遏制增量、清除存量的任务依然艰巨。新征程反腐败斗争，必须在铲除腐败问题产生的土壤和条件上持续发力、纵深推进，总的要求是坚持一体推进不敢腐、不能腐、不想腐，深化标本兼治、系统施治，不断拓展反腐败斗争深度广度，对症下药、精准施治、多措并举，推动防范和治理腐败问题常态化、长效化。要加强党对反腐败斗争的集中统一领导，切实强化对反腐败斗争全过程领导，坚决支持查办腐败案件，动真碰硬抓好问题整改。要持续保持惩治腐败高压态势，盯住"七个有之"问题，把严惩政商勾连的腐败作为攻坚战重中之重。要深化改革阻断腐败滋生蔓延，抓住定政策、作决策、审批监管等关键权力，聚焦重点领域深化体制机制改革，加快新兴领域治理机制建设，建立腐败预警惩治联动机制，加强廉洁风险隐患动态监测，强化对新型腐败和隐性腐败的快速处置。要进一步健全反腐败法规制度，健全加强对"一把手"和领导班子监督配套制度，持续推进反腐败国家立法，加强重点法规制度执行情况监督检查。要加大对行贿行为惩治力度，通报典型案例，以正视听、以儆效尤。要持之以恒净化政治生态，坚持激浊和扬清并举，严格防止把商品交换原则带到党内，坚持不懈整治选人用人上的不正之风。要加强新时代廉洁文化建设，深入开展党性党风党纪教育，营造崇廉拒腐的良好风尚。

第三节　推进新时代党的自我革命

　　勇于自我革命，是马克思主义政党的政治品格，是中国共产党永葆先进性纯洁性的奥秘所在。党的十八大以来，以习近平同志为核心的党中央不断深化对自我革命的规律性认识，科学回答了我们党为什么要自我革命、为什么能自我革命、怎样推进自我革命等重大问题，明确提出"九个以"的实践要求，对持续发力、纵深推进反腐败斗争作出战略部署，形成了习近平关于党的自我革命的重要思想，为新时代新征程深入推进全面从严治党、党风廉政建设和反腐败斗争提供了根本遵循。

> 勇于自我革命是中国共产党区别于其他政党的显著标志。我们党历经千锤百炼而朝气蓬勃，一个很重要的原因就是我们始终坚持党要管党、全面从严治党，不断应对好自身在各个历史时期面临的风险考验，确保我们党在世界形势深刻变化的历史进程中始终走在时代前列，在应对国内外各种风险挑战的历史进程中始终成为全国人民的主心骨！
>
> ——习近平

一、党的自我革命是跳出历史周期率的第二个答案

如何跳出治乱兴衰的历史周期率，是中国共产党人一直思索的问题。1945 年，毛泽东在延安的窑洞里给出了第一个答案，这就是"只有让人民来监督政府，政府才不敢松懈"①。毛泽东提出的这条"民主新路"，坚持发展人民民主、保障人民权利、满足人民诉求，以监督的人民性、真实性、广泛性来防止权力滥用和政治腐化，避免因腐败堕落脱离群众，导致政权更迭、人亡政息。经过百余年奋斗特别是党的十八大以来新的实践，我们党又给出了跳出历史周期率的第二个答案，这就是自我革命。敢于进行自我革命，才能不断清除侵蚀党的健康肌体的病毒，不断提高自身免疫力。勇于自我革命和接受人民监督是内在一致的，都源于党的

---

① 《毛泽东年谱（1893—1949）（修订本）》中卷，中央文献出版社 2013 年版，第 611 页。

初心使命。100 多年来，党外靠发展人民民主、接受人民监督，内靠全面从严治党、推进自我革命，勇于坚持真理、修正错误，勇于刀刃向内、刮骨疗毒，保证了党长盛不衰、不断发展壮大。

勇于自我革命，是我们党的优良传统，始终贯穿中国共产党的奋斗历程。1949 年，全国革命胜利前夕，毛泽东在党的七届二中全会上提出"两个务必"，强调"中国的革命是伟大的，但革命以后的路程更长，工作更伟大，更艰苦"①，就是要求全党继续保持和发扬革命精神。改革开放以后，邓小平强调要"发扬革命和拚命精神"②。中国特色社会主义进入新时代，习近平反复指出："我们千万不能在一片喝彩声、赞扬声中失去了革命精神，逐渐进入一种安于现状、不思进取、不敢斗争、贪图享乐的状态。"③ 100 多年来，我们党就是在不断自我革命中成长成熟的，我们一次次拿起手术刀革除自身的病症，一次次靠自己解决了自身问题。从大革命失败后，纠正了右倾机会主义错误，确立实行土地革命和武装起义方针的八七会议，到挽救红军、挽救党的遵义会议；从"惩前毖后，治病救人"的延安整风，到新中国成立初期践行"两个务必"思想的整风整党运动；从粉碎"四人帮"的胜利和党的十一届三中全会开始的全面拨乱反正，到党的十八大以来开启的全面从严治党新征程，中国共产党人以高度的政治自觉、思想自觉和行动自觉不断进行革命性锻造，使我们党一路勘误纠错，永葆先进。

勇于自我革命，是我们党的最大优势，也是我们党区别于世界上其他政党的显著标志。我们党之所以有自我革命的勇气，是因为我们党除了国家、民族、人民的利益，没有任何自己的特殊利益。马克思主义政党以实现人的自由全面发展和解放全人类为己任，要实现这样的崇高使命，就必须一刻不放松地解决自身存在的问题。不谋私利才能谋根本、

---

① 《毛泽东选集》第四卷，人民出版社 1991 年版，第 1438 页。
② 《邓小平文选》第二卷，人民出版社 1994 年版，第 368 页。
③ 《习近平著作选读》第一卷，人民出版社 2023 年版，第 576—577 页。

谋大利。中国共产党始终代表最广大人民根本利益，与人民休戚与共、生死相依，没有任何自己特殊的利益，从来不代表任何利益集团、任何权势团体、任何特权阶层的利益，因而才能从党的性质和根本宗旨出发，从人民根本利益出发，检视自己；才能不掩饰缺点、不回避问题、不文过饰非，有缺点克服缺点，有问题解决问题，有错误承认并纠正错误。

> 有些人迷恋西方多党轮替、三权鼎立那一套，认为一党执政无法解决自身存在的问题。实际上，纵观各国政党，真正像中国共产党这样能够始终如一正视自身问题，能够形成一整套自我约束的制度规范体系，能够严肃惩处党内一大批腐化变质分子的，可以说少之又少。
>
> ——习近平

全面从严治党是新时代党的自我革命的伟大实践。党的十八大以来，我们提出全面从严治党，以敢于刀刃向内的勇气向党内顽瘴痼疾开刀，以一抓到底的钉钉子精神把管党治党要求落实落细，贯穿着强烈的自我革命精神，体现了我们党自我革命的决心和意志。坚持以党的政治建设为统领，坚守自我革命根本政治方向；坚持把思想建设作为党的基础性建设，淬炼自我革命锐利思想武器；坚决落实中央八项规定精神、以严明纪律整饬作风，丰富自我革命有效途径；坚持以雷霆之势反腐惩恶，打好自我革命攻坚战、持久战；坚持增强党组织政治功能和组织力凝聚力，锻造敢于善于斗争、勇于自我革命的干部队伍；坚持构建自我净化、自我完善、自我革新、自我提高的制度规范体系，为推进伟大自我革命提供制度保障。全面从严治党探索出依靠党的自我革命跳出历史周期率的成功路径，形成了关于党的自我革命的丰富思想成果和重要实践经验，开辟了百年大党自我革命的新境界。

新征程上，深入推进党的自我革命，需要把握好"九个以"的实践要求：以坚持党中央集中统一领导为根本保证，以引领伟大社会革命为根本目的，以习近平新时代中国特色社会主义思想为根本遵循，以跳出历史周期率为战略目标，以解决大党独有难题为主攻方向，以健全全面从严治党体系为有效途径，以锻造坚强组织、建设过硬队伍为重要着力点，以正风肃纪反腐为重要抓手，以自我监督和人民监督相结合为强大动力。要不断深化对党的自我革命的规律性认识，把党的自我革命的思路举措搞得更加严密，把每条战线、每个环节的自我革命抓具体、抓深入，把党的伟大自我革命进行到底。

二、以伟大自我革命引领伟大社会革命

我们党是马克思主义执政党，同时是马克思主义革命党，始终坚持协同推进党的自我革命和伟大社会革命。有没有强烈的自我革命精神，有没有自我净化的过硬特质，能不能坚持不懈同自身存在的问题和错误作斗争，不仅是决定党兴衰成败的关键因素，也是决定党的事业成功与否的关键因素。

党的自我革命是伟大社会革命的基础和先导。党的自我革命为伟大社会革命提供方向引领，党的自我革命的成效决定伟大社会革命的成效。毛泽东曾指出："革命党是群众的向导，在革命中未有革命党领错了路而革命不失败的。"[①] 世界社会主义发展的历史表明，党的自我革命的成功往往会带来社会革命的成功，反之则会导致失败。中国共产党的不懈奋斗史，就是一部不断以党的自我革命引领伟大社会革命的历史。我们党领导中国人民取得了新民主主义革命、社会主义革命和建设、改革开放和社会主义现代化建设、新时代中国特色社会主义的伟大成就，归

---

① 《毛泽东选集》第一卷，人民出版社 1991 年版，第 3 页。

根结底是因为党始终保持承认并改正错误的勇气，始终把自身打造成领导人民事业发展的坚强力量，始终以自我革命推动伟大社会革命。可以说，党的自我革命是我们党领导人民进行伟大社会革命的内在要求，党在什么意义和程度上实现了自我革命，党的先进性和纯洁性保持到什么水平，党领导的伟大社会革命就能够达到什么样的历史高度和实践深度。

伟大社会革命是党的自我革命的根本目的。党的自我革命本身并不是目的，其直接目的在于使我们党自身必须始终过硬，最终目的在于通过自我革命推动伟大社会革命，使我们党始终走在时代前列，始终成为时代先锋、民族脊梁。伟大社会革命召唤党的自我革命，它为党的自我革命提供广阔舞台。可以说，伟大社会革命、党和人民事业发展到什么阶段，党的自我革命、全面从严治党就要跟进到什么阶段。中国共产党经历了百余年的奋斗历程，党领导的社会革命经历了百余年实践进程，而党的自我革命也同样如此。中国共产党的自身建设史，就是一部适应社会革命的阶段性目标和要求不断推进自我革命的历史。持续推动和引领伟大社会革命的发展，为党和人民事业提供根本保证，就是我们党为什么要进行自我革命的根本意义所在。

伟大自我革命和伟大社会革命统一于把中国特色社会主义事业推向前进的伟大实践中。新时代中国特色社会主义是我们党领导人民进行伟大社会革命的成果，也是我们党领导人民进行伟大社会革命的继续。要把新时代伟大社会革命进行好，我们党必须勇于进行自我革命，把党建设成为始终走在时代前列、人民衷心拥护、经得起各种风浪考验、朝气蓬勃的马克思主义执政党。这既是中国共产党作为马克思主义政党建设和发展的内在需要，也是我们党在新形势新挑战下领导人民进行伟大社会革命的客观要求。习近平指出："在新时代，我们党领导人民进行伟大社会革命，涵盖领域的广泛性、触及利益格局调整的深刻性、涉及矛盾和问题的尖锐性、突破体制机制障碍的艰巨性、进行伟大斗争形势的复杂性，都是前所未有的。"①新时代伟大社会革命面临的新矛盾新挑战，推动党的自我革命向纵深发展。

新时代，以党的自我革命来引领和推动党领导人民进行的伟大社会革命，就是要通过使党不断自我净化、自我完善、自我革新、自我提高，不断增强党的政治领导力、思想引领力、群众组织力、社会号召力，进而推动新时代中国特色社会主义事业行稳致远。习近平指出："全党必须牢记，全面从严治党永远在路上，党的自我革命永远在路上，决不能有松劲歇脚、疲劳厌战的情绪，必须持之以恒推进全面从严治党，深入推进新时代党的建设新的伟大工程，以党的自我革命引领社会革命。"②今天，我们党团结带领全国各族人民踏上了实现第二个百年奋斗目标新的赶考之路，强国建设、民族复兴的接力棒历史地落在我们这一代人身上。面对新征程上的新挑战新考验，要回答好"从哪里来、往哪里去"这个基本命题，铭记生于忧患、死于安乐，继续发扬彻底的自我革命精神，对那些影响党的先进性和纯洁性的问题，对那些党内政治生活和党内监督方面存在的问题，对那些人民群众反映强烈的突出问题，要以义无反顾、动真碰硬的勇气去解决。要永远保持赶考的清醒和谨慎，务必不忘初心、牢记使命，务必谦虚谨慎、艰苦奋斗，务必敢于斗争、善于斗争，坚定历史自信，增强历史主动，确保党在新时代坚持和发展中国特色社会主义的历史进程中始终成为坚强领导核心。

---

① 《习近平著作选读》第二卷，人民出版社 2023 年版，第 190 页。
② 《习近平著作选读》第一卷，人民出版社 2023 年版，第 52 页。

思考题

1. 如何理解"党的领导是全面的、系统的、整体的"这句话的内涵及其重要意义？

2. 如何健全和完善党的领导制度体系？

3. 为什么必须时刻保持解决大党独有难题的清醒和坚定？

4. 为什么说全面从严治党永远在路上？

5. 如何理解伟大自我革命与伟大社会革命的关系？

参 考 文 献

1. 毛泽东:《中国革命和中国共产党》,《毛泽东选集》第二卷,人民出版社 1991 年版。

2. 毛泽东:《论人民民主专政》,《毛泽东选集》第四卷,人民出版社 1991 年版。

3. 毛泽东:《论十大关系》,《毛泽东文集》第七卷,人民出版社 1999 年版。

4. 毛泽东:《关于正确处理人民内部矛盾的问题》,《毛泽东文集》第七卷,人民出版社 1999 年版。

5. 邓小平:《解放思想,实事求是,团结一致向前看》,《邓小平文选》第二卷,人民出版社 1994 年版。

6. 邓小平:《党和国家领导制度的改革》,《邓小平文选》第二卷,人民出版社 1994 年版。

7. 邓小平:《一切从社会主义初级阶段的实际出发》,《邓小平文选》第三卷,人民出版社 1993 年版。

8. 邓小平:《在武昌、深圳、珠海、上海等地的谈话要点》,《邓小平文选》第三卷,人民出版社 1993 年版。

9. 江泽民:《在庆祝中国共产党成立八十周年大会上的讲话》,《江泽民文选》第三卷,人民出版社 2006 年版。

10. 江泽民:《全面建设小康社会,开创中国特色社会主义事业新局面》,《江泽民文选》第三卷,人民出版社 2006 年版。

11. 胡锦涛:《在庆祝中国共产党成立九十周年大会上的讲话》,《胡锦涛文选》第三卷,人民出版社 2016 年版。

12. 胡锦涛:《坚定不移沿着中国特色社会主义道路前进,为全面建成小康社会而奋斗》,《胡锦涛文选》第三卷,人民出版社 2016 年版。

13.《习近平著作选读》第一卷,人民出版社 2023 年版。

14.《习近平著作选读》第二卷,人民出版社 2023 年版。

15.《习近平谈治国理政》第一卷,外文出版社 2018 年版。

16.《习近平谈治国理政》第二卷,外文出版社 2017 年版。

17.《习近平谈治国理政》第三卷,外文出版社 2020 年版。

18.《习近平谈治国理政》第四卷,外文出版社 2022 年版。

19.《习近平新时代中国特色社会主义思想专题摘编》,中央文献出版社、党建读物出版社 2023 年版。

20.《中国共产党章程》,人民出版社 2022 年版。

21.《中华人民共和国宪法》,人民出版社 2018 年版。

22.《中共中央关于党的百年奋斗重大成就和历史经验的决议》,人民出版社 2021 年版。

23.《十八大以来重要文献选编》上,中央文献出版社 2014 年版。

24.《十八大以来重要文献选编》中,中央文献出版社 2016 年版。

25.《十八大以来重要文献选编》下,中央文献出版社 2018 年版。

26.《十九大以来重要文献选编》上,中央文献出版社 2019 年版。

27.《十九大以来重要文献选编》中,中央文献出版社 2021 年版。

28.《十九大以来重要文献选编》下,中央文献出版社 2023 年版。

29. 中共中央宣传部:《习近平新时代中国特色社会主义思想学习纲要(2023 年版)》,学习出版社、人民出版社 2023 年版。

后　记

本教材在高校思想政治理论课教材编写领导小组领导下组织编写。在编写过程中，得到了马克思主义理论研究和建设工程咨询委员会的指导，得到了中央有关部门和有关专家学者的帮助和支持。同时，广泛听取了高校思想政治理论课教师和硕士研究生的意见和建议。

本教材原为教学大纲，2012 年出版，顾海良主持编写。王炳林、秦宣、丁俊萍、顾钰民、周向军、陈跃、郭建宁、李玉峰参加撰写和修改工作。参加集中阅看并提出修改意见的有：李捷、瞿振元、卫兴华、宁骚、李景治、严书翰、刘大椿、吴彤、郭湛、洪大用、张曙光、张宇、刘少杰、肖贵清、李友梅、谭君久、韩喜平、杨清明、商志晓、何自力、辛向阳、翟振武、欧阳志远、王敬国、卫灵、贺亚兰、李金河、周茂荣、刘戟锋、王乐理、陈勇、关信平、罗文东、孙蚌珠、张新、王树荫、沈壮海、陈锡喜、吕有志、钟明华、周良书、胡卫红、高英等。为了更及时、更充分地反映党的理论创新和实践创新成果，中宣部、教育部组织课题组先后于 2013 年、2015 年、2018 年、2021 年进行了 4 次修订。2013 年，顾海良主持修订，丁俊萍、王炳林、陈跃、周向军、郭建宁、秦宣、顾钰民参加修订。参加审看并提出修改意见的有：李君如、侯惠勤、张中云、王跃、吴满意、古世平、尹洁、张新、孔祥云、程美东等。2015 年，顾海良主持修订，秦宣、周向军、王炳林、丁俊萍、陈跃、艾四林、孟宪生、房广顺、李玉峰、王生升参加修订。参加审看并提出修改意见的有：闫志民、朱景文、常光民、张新、颜晓峰、于沛、姜辉、高正礼、王跃、韩冬雪、宋进、寇清杰、钟明华、陶文昭等。2018年，根据师生们的反映，此次修订将原来的教学大纲改为教材的形式进行编写。顾海良主持修订，王宗礼、李玉峰、颜晓峰、丁俊萍、房广顺、陈曙光、贺大兴、田鹏颖、李健、陈鹏参加修订。2021年，顾海良主持修订，王宗礼、孟宪生、李玉峰、贺大兴、李国泉、张士海、田鹏颖、陈鹏、王越、李冉参加修订。

马克思主义理论研究和建设工程办公室具体组织实施了原教学大纲和教材的编写和审阅修订工作。2012年，张磊主持审改工作，田岩、邵文辉、宋凌云、何成、冯静、邢云文、武斌、张造群、宋义栋、王燕燕、宫长瑞、汤荣光、唐棣宣等参加具体审改工作。2013年，张磊主持审改工作，宋凌云、邵文辉、王昆、田岩、冯静、潘顺照、吴伟珍、范为、李军、魏学江、宋义栋参加具体审改工作。2015年，夏伟东、邵文辉主持审改工作，宋凌云、王昆、田岩、冯静、沈永福、杨荣、陈硕、邢国忠、曹守亮、蒋旭东、陈培永、严文波、冯潇然参加具体审改工作。2018年，夏伟东、邵文辉主持审改工作，王昆、宋凌云、王勇、田岩、冯静、曹守亮、陈硕、陈瑞来、刘小丰、薛向军、王燕燕、蒋岩桦、卢江、马文武等参加具体审改工作。2021年，徐李孙、陈启清主持审改工作，王昆、王勇、田岩、冯静、石文磊、吴学锐、刘志刚、张明、贾鹏飞、刘儒鹏、余立等参加具体审改工作。

2023年，为更好推动习近平新时代中国特色社会主义思想进教材、进课堂、进头脑，贯彻落实党的二十大和十九届六中全会精神，中宣部、教育部组织对教材进行了修订。顾海良主持修订，孙来斌、常庆欣、贺大兴、燕连福、张士海、田鹏颖、孟宪生、李玉峰、李国泉、陈硕、段妍、张凯参加修订。王维国、冯务中、宋友文、刘武根协助后期统稿。教材修订中提出修改意见建议的有：秦宣、仝华、孙代尧、韩振峰、王庭大、周良书、王传利、沈江平、何虎生、冯留建、王晓广、李海春、李娟、沈湘平、凌胜银、韩华、肖光文、王生升、宋建丽、陈文旭、蔡万焕、张维、林毅、孙宗伟、夏璐、李娉、刘佳、祝猛昌、刘锋、史为磊、韦幼苏、柳兰芳、丁晔。徐李孙、陈启清主持工程办公室组织的审改定稿工作，王昆、王勇、石文磊、吴学锐、胡强、颜恺、沈夏珠、任鹏等参加具体审改工作。

2024 年 3 月

郑重声明

高等教育出版社依法对本书享有专有出版权。任何未经许可的复制、销售行为均违反《中华人民共和国著作权法》，其行为人将承担相应的民事责任和行政责任；构成犯罪的，将被依法追究刑事责任。为了维护市场秩序，保护读者的合法权益，避免读者误用盗版书造成不良后果，我社将配合行政执法部门和司法机关对违法犯罪的单位和个人进行严厉打击。社会各界人士如发现上述侵权行为，希望及时举报，我社将奖励举报有功人员。

反盗版举报电话　（010）58581999　58582371
反盗版举报邮箱　dd@hep.com.cn
通信地址　北京市西城区德外大街4号　高等教育出版社知识产权与法律事务部
邮政编码　100120

读者意见反馈

为收集对教材的意见建议，进一步完善教材编写并做好服务工作，读者可将对本教材的意见建议通过如下渠道反馈至我社。

咨询电话　400-810-0598
反馈邮箱　gjdzfwb@pub.hep.cn
通信地址　北京市朝阳区惠新东街4号富盛大厦1座
　　　　　高等教育出版社总编辑办公室
邮政编码　100029

防伪查询说明

用户购书后刮开封底防伪涂层，使用手机微信等软件扫描二维码，会跳转至防伪查询网页，获得所购图书详细信息。

防伪客服电话　（010）58582300

图书在版编目（ＣＩＰ）数据

新时代中国特色社会主义理论与实践：2024年版 /
《新时代中国特色社会主义理论与实践（2024年版）》编
写组编. --2版. -- 北京：高等教育出版社，2024.6
ISBN 978-7-04-062291-1

Ⅰ. ①新… Ⅱ. ①新… Ⅲ. ①中国特色社会主义-研
究生-教材 Ⅳ. ①D616

中国国家版本馆 CIP 数据核字（2024）第 104837 号

Xinshidai Zhongguo Tese Shehuizhuyi Lilun yu Shijian

策划编辑	刘成荫　张　浩	出版发行	高等教育出版社
	赵一同　李　想	地　　址	北京市西城区德外大街4号
		邮政编码	100120
责任编辑	刘成荫　夏　阳	购书热线	010-58581118
		咨询电话	400-810-0598
封面设计	姜　磊	网　　址	http://www.hep.edu.cn
			http://www.hep.com.cn
版式设计	姜　磊	网上订购	http://www.hepmall.com.cn
			http://www.hepmall.com
责任绘图	杨伟露		http://www.hepmall.cn
		印　　刷	北京市鑫霸印务有限公司
责任校对	张　薇	开　　本	787mm×960mm　1/16
		印　　张	21.5
责任印制	刁　毅	字　　数	280千字
		版　　次	2021年8月第1版
			2024年6月第2版
		印　　次	2024年11月第3次印刷
		定　　价	29.00元

本书如有缺页、倒页、脱页等质量问题，
请到所购图书销售部门联系调换

版权所有　侵权必究
物 料 号　62291-00